比較教育

鍾魯齋 著

民國滬上初版書·復制版

比較教育

鐘魯齊 著

上海三聯書店

图书在版编目(CIP)数据

比较教育 / 钟鲁齐著. ——上海:上海三联书店,2014.3
(民国沪上初版书·复制版)
ISBN 978-7-5426-4620-0
Ⅰ.①比… Ⅱ.①钟… Ⅲ.①比较教育 Ⅳ.①G40-059.3

中国版本图书馆 CIP 数据核字(2014)第 035512 号

比较教育

著　　者 / 钟鲁齐
责任编辑 / 陈启甸 王倩怡
封面设计 / 清风
策　　划 / 赵炬
执　　行 / 取映文化
加工整理 / 嘎拉 江岩 牵牛 莉娜
监　　制 / 吴昊
责任校对 / 笑然

出版发行 / 上海三联书店
(201199)中国上海市闵行区都市路 4855 号 2 座 10 楼
网　　址 / http://www.sjpc1932.com
邮购电话 / 021-24175971
印刷装订 / 常熟市人民印刷厂

版　　次 / 2014 年 3 月第 1 版
印　　次 / 2014 年 3 月第 1 次印刷
开　　本 / 650×900　1/16
字　　数 / 358 千字
印　　张 / 29.5
书　　号 / ISBN 978-7-5426-4620-0/G·1319
定　　价 / 138.00 元

民国沪上初版书·复制版

出版人的话

如今的沪上，也只有上海三联书店还会使人联想起民国时期的沪上出版。因为那时活跃在沪上的新知书店、生活书店和读书出版社，以至后来结合成为的三联书店，始终是中国进步出版的代表。我们有责任将那时沪上的出版做些梳理，使曾经推动和影响了那个时代中国文化的书籍拂尘再现。出版"民国沪上初版书·复制版"，便是其中的实践。

民国的"初版书"或称"初版本"，体现了民国时期中国新文化的兴起与前行的创作倾向，表现了出版者选题的与时俱进。

民国的某一时段出现了春秋战国以后的又一次百家争鸣的盛况，这使得社会的各种思想、思潮、主义、主张、学科、学术等等得以充分地著书立说并传播。那时的许多初版书是中国现代学科和学术的开山之作，乃至今天仍是中国学科和学术发展的基本命题。重温那一时期的初版书，对应现时相关的研究与探讨，真是会有许多联想和启示。再现初版书的意义在于温故而知新。

初版之后的重版、再版、修订版等等，尽管会使作品的内容及形式趋于完善，但却不是原创的初始形态，再受到社会变动施加的某些影响，多少会有别于最初的表达。这也是选定初版书的原因。

民国版的图书大多为纸皮书，精装（洋装）书不多，而且初版的印量不大，一般在两三千册之间，加之那时印制技术和纸张条件的局限，几十年过来，得以留存下来的有不少成为了善本甚或孤本，能保存完好无损的就更稀缺了。因而在编制这套书时，只能依据辗转找到的初版书复制，尽可能保持初版时的面貌。对于原书的破损和字迹不清之处，尽可能加以技术修复，使之达到不影响阅读的效果。还需说明的是，复制出版的效果，必然会受所用底本的情形所限，不易达到现今书籍制作的某些水准。

民国时期初版的各种图书大约十余万种，并且以沪上最为集中。文化的创作与出版是一个不断筛选、淘汰、积累的过程，我们将尽力使那时初版的精品佳作得以重现。

我们将严格依照《著作权法》的规则，妥善处理出版的相关事务。

感谢上海图书馆和版本收藏者提供了珍贵的版本文献，使“民国沪上初版书·复制版”得以与公众见面。

相信民国初版书的复制出版，不仅可以满足社会阅读与研究的需要，还可以使民国初版书的内容与形态得以更持久地留存。

2014 年 1 月 1 日

比較教育

鍾魯齋著

中華民國二十四年九月初版

杜序

教育的設施，固當根據自國過去的情形，現時的需要，和將來的趨勢，來決定各種政策與方案；但絕亦不應閉戶造車，固持成法，以求其實現。我國實行新教育以來，變遷頻仍，舉棋不定，至今尙無確定完備的教育制度！我們從事於教育的，一方面固當力求教育制度本國化，以謀適合社會的需求；但另方面借鏡各國先例，以爲參考，亦是必要的。「比較教育」的研究，乃是我們一種很重要的準備工作。

年來國內出版界，對於這方面的著作，逐漸知所注意，誠是一種很好的現象；但欲找一內容充實，編述完善的佳本，仍不易得。友人鍾魯齋先生有感於此，特於授課之暇，編著比較教育一書，不特其所包含的範圍較爲廣大，即其編述的方法，亦與他書不同。他除採用逐國敍述法外，又兼用列國並比法。關於各種教育問題的討論，均針對國內教育的實際情形而立言。如是，比較研究的價值，自必可以充分的表現了。這些特點，眞是値得在此爲之特別介紹；將來書出，其將爲教育界所共歡迎，我敢爲之預卜的。

杜佐周序於厦門大學教育學院

民國二十三年，九月，十九日。

序言

這本稿子，曾經修改了幾次。一九三〇年編者在滬江大學的時候，既有意編世界各國教育改進之趨勢一書，其時剛纔遊歷歐美回來，對於各國教育制度之研究，興味頗濃。又蒙劉湛恩先生之鼓勵，卽着手起草寫了一小部份。不過其時材料缺乏，倉卒寫來，眞是『擇焉不精語焉不詳』。後來竟風塵僕僕由淸華而廈大，無暇執筆。至一九三二年，教授廈大教育學院的比較教育。其時翻閱中西文的書籍，都沒有適當的課本。或是日記式的，既乏系統，又無趣味。或一書由幾人執筆，各寫一國，全書無甚聯絡。或一本專論一國教育，極其詳細，然要採用幾本合教，既不利便，又乏比較。以是不揣譾陋自編講義，閱一年而草稿成。至一九三三年美國哥倫比亞（Columbia）大學教授亨德盧（Kandel）著比較教育（Comparative Education）出世，材料豐富而新穎，誠爲空前的著作。友人陳友松兄在哥大讀書，黃覺民兄在大夏大學任職，均函促編者將該書翻譯，貢諸國人。然查該書詳於初等中等和師範教育，而對於幼稚教育，高等教育，職業教育，成人教育各方面，則絕不注意。又未曾論及日本。用爲吾國學校的課本，殊欠完備。以其徒事翻譯，不如採取其精華編入本書。以是將他的書作最要的參考，更參考其他最新出版的專書和雜誌（每章附參考書目錄）將稿子再修改一次，篇幅倍增，而成是書，命名爲『比較教育』。然時候不斷的過去，今日是新，將來又變做舊。出版後編者擬繼續收集新材料，隔五六年或於相當復版時期，再事修改，以期使材料及時，以餉國人。

本書的編法有幾個特點：第一、敍述各國的教育，章節段落，力求一律。先作簡略的引言，次略史，次行政制度與學校系統，後則由幼稚教育說到成人教育，再歸納到其趨勢。使讀者便於比較，且有材料可以比較。第二、編制法是折衷式的，折衷於逐國敍述法與列國並比法之間（說明在本書第一章第三節。）首先提起讀者何故讀比較教育，如何讀比較教育後，逐國去研究各國教育制度。至最後一章則歸納起來，將各國教育制度分節分段去比較，而求出其同異點或普通原則，使讀者既明瞭其詳細，復總合爲大綱。每章最後說到該國教育的趨勢。本書之末，更說到世界教育的趨勢。第三、在編制上隨時提起中國教育的改造問題。因爲讀比較教育的目的，是研究外國教育制度與方法，爲改進吾國教育的借鑑或參考。但須讀者明瞭本國教育的情形，方有比較研究之可能。據編者的經驗，有許多學生對於本國的教育制度，不甚明瞭，有課堂上無從討論。原欲寫一章中國教育之演進及其現況，不過中國的教育參考材料，容易找得，而本書的篇幅，又形太長。只得除指導學生自己去閱讀外，在第九章附入一些最要緊的中國教育現況的材料，以資比較與討論。第四、本書敍述各國教育，每章都有一節略論該國的教育史。因爲我們研究各國教育的現況，總要明白一點歷史背景。鑑往知來，智識上方有系統。且加進這種材料，與教育史一課，可以連絡。有點歷史的比較，而本書的效用，可以加增。頗具苦心，成此撰述。譾陋之處，尙望讀者有以正之，是幸。

本書原爲大學教育學院，教育學系，或師範大學之比較教育的課本而作。所以每章之末均附着練習題和參考書。爲適合吾國學生參考便利起見，加選最近中文雜誌所刊載比較有價值的教育論文幾篇，附於參考書之後。

教授時可囑學生加讀參考書，以補原書之不足。

本書稿成後，蒙廈大教育學院孫貴定院長，杜佐周李相勗吳家鎮諸教授校訂一番。並賜批評及意見，以資改正。又曾蒙友人劉湛恩陳友松諸先生，給予材料上的指導，或言語上的鼓勵，用誌數言，以表謝忱。

鍾魯齋誌於廈門大學教育學院　一九三四年，六月。

目次

比較教育

第一章　緒論

第一節　我們爲什麽研究比較教育

比較教育在吾國大學教育學院或教育學系的課程中，是一種很重要的科目。牠爲什麽佔着這樣重要的位置？推其理由，大約有三：（一）在比較教育的內容來說，因其與各種教育科目關係最切，所以成爲研究各種教育科目的中心點。例如教育史是敍述古今來各國教育發達的情況，讀了比較教育，對於現在各國的教育狀況，有一個分析，比較，和總合的研究，使得關於教育史的學識，更加豐富而有趣味。課程編製，是研究編製課程的原則，方法，及其實施；讀了比較教育，可以把各國中小學校的課程，參考對照，或比較論列。教育行政，是敍述國家與地方教育行政之組織與其功用；讀了比較教育，可以研究各國教育行政機關之組織，做個實例。其他與研究關於職業教育，幼稚教育，中等教育，高等教育各科目，有直接的關係。與研究關於教育調查，教育思想，教育經費等科目，有間接的關係。總之讀了比較教育，可得一種基本知識，以爲研究其他的教育科目之助。（二）在學生教育知識方面來說，比較教育的內容包羅甚廣，可使他們有閱讀普通教育出版物的常識。須知研究教育者，對於本國教育及世界教育改進之趨勢，定要有相當的知識和見解，然後方能參考外國教育制度，來討論吾國教育的改造問題。讀了比較教育，就能明白各種教育出版物中，關於討論各國教育改造問題的資料。（三）在國家方面來說，吾國教育正在改造時期，必需研究各國教育改造的情形，以爲借鏡。世界上教育最進步的國家，其方法與制度，常在中國發生極大的影響。在既往爲德法及日本，最近爲英法美。自國聯教育考察團至中國考察以後，吾國也遣歐洲教育考察團至意大利德俄諸國，作一度考察，或者中國教育又將由美化而趨於歐化。蓋國與國之間，交際日繁，凡自己對於舊制度舊方法有所不滿而思改造時，總是着手調查外國改革教育的情形，以作參考。卽在平時一般教育進步的國家，對於外國教育的設施，亦常加以繼續的注意。如英國教育視察團，考察俄國教育，（該團編有蘇俄活教育王西徵譯上海華通書局發行）美國內務部之教育科(Bureau of Education)，普魯士邦之教育調查局，英國教育部之教育研究所，皆以研究報告外國教育狀況爲其任務之一。美國哥倫比亞大學師範院國際研究所每年有教育年鑑出版，刊印各國教育學者的報告。吾國教育部刊印第一次中國教育年鑑（開明出版）也有一小部份報告歐美教育的槪況。由此可知比較教育對於個人方面和國家方面，都有極大的價值和貢獻。

第二節　研究比較教育應注意的問題

比較教育有時使學者不易發生興趣，其原因約有三端：一則因有許多著作家僅將各國的教育制度由幼稚教育講到高等教育，完全採用敍述的方法，並沒有做比較和解釋的工作，以致讀者對於各國教育制度的同異點，茫無所知。且讀後容易忘記，無甚心得。二則因這種敍述僅限於教育本身，而於社會政治經濟各方面，則未曾涉及。徒知該國現在教育制度的情形，而不知其所以產生這種教育制度的原因。以至讀比較教育者，知其然而不知其所以然。三則因讀比較教育的人，在研究的過程中，常常不知要注意那一種問題。全本書已經看完，還不知道那一部份的材料是最有用處，最有趣味；也不知道各國的教育問題究是什麼；現在世界各國教育改進的趨勢，究是怎樣？其結果是讀個死書，不易消化。現在要避免了這些弊病，最要緊的一步就要明白研究比較教育應當注意的問題。先有問題在胸，就會隨時讀，隨時比較，隨時解釋，隨時研究其社會背景，幷看各國解決各種問題用着何種不同的方法。惟各人的志趣不同，要研究的問題也不相同。立志從事中等教育的人，其所注意的問題，是關於各國的中等教育。立志從事教育行政的人，其所注意的問題，是關於各國教育行政的制度。現在要提出許多問題適合各人的需要，是完全不可能的事。然為研究比較教育本身的知識起見，試臚列多少問題，以供讀者們的參考。

以下分為普通問題和特殊問題兩種：前者範圍較廣，後者是關於比較教育的各部份。讀者可隨時加減，以適合各人的需要與興趣。

一般的問題。這一類是泛指各國教育共有的問題。比較教育專家亨德盧氏（I. L. Kandel）在其新著比較教育（在 Houghton Mifflin Co. 一九三三年出版）的緒論中，曾臚列了許多作者試引述其一部份，並參加自己意見，而成一表如下：

1. 決定教育制度性質的原動力究是什麼？　各國的教育制度，性質不同，當然因各國的社會背景不同。社會背景有爲歷史的，有爲經濟的，有爲政治的，種種都與現在的教育制度有密切的關係，可稱爲決定教育制度性質的原動力。我們要拿來研究一下，方能將該種制度下個解釋。

2. 民族主義（Nationalism 或譯國家主義）究有何意義？與教育有何關係？　自世界大戰以後，各民族都有極大的覺悟，或謀獨立自強，或謀擴充勢力。各國主張的民族主義，各有特殊的意義，其對於教育理想與實施有何影響？

3. 私立學校所處的地位如何？　各國對於私立學校採用何種政策？私立學校在國家教育制度上佔着何種地位？此是極有研究價值的問題。美國哥倫比亞大學師範院國際研究所曾刊印一本年鑑（1932 Yearbook）專爲研究各國國家對於宗教教育之關係而作。

4. 社會或國家負教育人民的責任，到了何種程度？　國家對於人民的教育，總負着相當的責任，不過程度不同。試比較各國對於教育人民負責程度之差別。

5. 幼稚教育之範圍如何？　幼稚教育的範圍，很不容易完全確定。其上一部份容易和初等教育相混，下一部份又往往包括家庭教育。實施幼稚教育，在各國有各種不同的場所，求學兒童的年齡和修業時期亦有不同，可作一比較的研究。

6. 初等和中等教育的範圍如何？　初等和中等教育的界限，因各國學制不同而有差異，試比較其同異點。

7. 普通教育與專門教育應有何種關係？　國家辦理教育，何一段應爲普通？何一段應爲專門？專門與普通應如何聯絡？試比較各國制度，加以討論。

8. 各國各級的教員如何訓練？教員在社會上的地位如何？　試比較各國的師範教育制度，和教員的待遇等等。

9. 教育行政制度應爲集權制抑爲分權制？試討論其利弊。　教育行政制度有中央集權的，有地方分權的，有折衷兩者的。各有利弊，試舉例而討論之。

10. 維持教育標準用何方法？　比較各國的國家或學校的考試制度。

11. 編製課程由誰人負責？　教育行政人員，校長，教師，抑或專門家？

12. 教育機會平等有何意義？

13. 各國教育制度各有何特殊之點？　敍述各國教育之特點及其產生這特點的原因。

14. 試述生產教育的理論與其實際。　如比較各國的職業教育專門教育等。

15. 各國教育的經費問題，　各國的預算和教育經費的來源，及其分配等。

16. 其他。

特殊的問題

關於教育行政的

1. 教育立法和行政的機關如何組織？
2. 一般公民及教育家，參與教育行政應有何限度？
3. 除普通行政區外，再設教育行政區是否適當？
4. 聯邦國家與單一國家教育行政之組織有否不同？
5. 研究各國教育行政制度後，對於吾國教育行政制度有何改革的建議？
6. 其他。

關於學校系統的

1. 學校系統是否可分爲英美派與大陸派？試言其理由。
2. 雙軌制與單軌制有何分別？近年來各國的學校系統有何改進之點？
3. 各級各類的學校應如何互相聯絡？
4. 各國之學校系統各有何特異之點？
5. 研究各國學校系統後對於吾國現行學制有何評議？
6. 其他。

關於幼稚教育的

1. 幼稚教育在學制上佔何種地位？

2. 討論幼稚教育所根據的原理及其設施。
3. 幼稚教育應否作爲義務教育的一部份?
4. 比較各國實施幼稚教育的機關。
5. 對於促進吾國幼稚教育的建議。
6. 其他

關於初等教育的

1. 初等教育在學制上佔何種地位?
2. 初等教育與義務教育有何關係?
3. 初等教育之課程編製問題。
4. 初等學校與他類學校應當保持何種關係?
5. 各國實驗學校的概況如何?
6. 關於改進吾國初等教育的建議。

關於中等教育的

1. 中等教育在學制上佔何種地位?
2. 比較各國中等學校的組織。

3. 中等教育有何特殊的任務？
4. 中等學校與他類學校應當保持何種關係？
5. 各國中等教育各有何特點？
6. 關於改進吾國中等教育的建議。
7. 其他。

關於高等教育的

1. 高等教育在學制上佔何種地位？
2. 比較各國大學校的組織。
3. 除大學外另設高等專門學校是否必要？
4. 各國大學有何特殊之點？
5. 關於改進吾國大學教育的建議。
6. 其他。

關於師範教育的

1. 師範教育在學制上佔何種地位？
2. 比較各國初等學校師資訓練制度。

3. 比較各國中等學校師資訓練制度。
4. 各國對於師範生及教師待遇問題。
5. 關於改進吾國師範教育的建議。
6. 其他。

關於職業教育的

1. 職業教育在學制上佔何種地位？
2. 試述各國補習教育及工餘職業教育的概況。
3. 職業教育應當獨設，抑併入同等級的學校之內？
4. 各國職業教育有何重要問題？
5. 關於改進吾國職業教育的建議。
6. 其他。

關於成人教育的

1. 試述成人教育的範圍。
2. 比較各國對於成人教育的設施。
3. 成人教育應由國家主持抑由私人經營？

4. 成人教育應具何種目的？

5. 關於改進吾國成人教育的建議。

6. 其他。

以上的問題，不過可作簡單的例子，還有許多問題，未能詳細加入。我們讀比較教育的時候，宜隨時注意着，最後用着歸納的方法以求相當的解答。

第三節　編著比較教育之方法及其目的

比較教育的編法，大約有三種：（一）爲逐國敍述法。即將各國教育情形，述完一國後，再述另一國。換一句話說：即是將每一國的教育，關爲一章或二章，然後併合各章而成一書。如桑抵福(P. Sandiford)編比較教育(Comparative Education)，常導之編的德法英美四國教育概觀（商務出版）和比較教育（中華出版）可以做個例子。這種編法有其長處也有其短處：能將一國教育作整個的敍述，完畢後再敍述他國的教育，使教者讀者採用參考書都極方便，不必將述各國教育的書籍同時去閱讀，且讀了一國再讀一國，對於各國的教育情形，自然比較專一而有系統，是其長處。惟著者並未曾做比較的工作，對於各國教育制度相同或相異之點，與夫最近各國教育改進之趨勢，都少說及。學者若不自己努力去分析去比較，何能明白各國最近教育的狀況，這卻失了比較的意義。且書中所敍述各國教育的情形，詳略不同，觀點亦異，所編的材料如師範教育或職業教育等，有詳述一國，而別國或從簡略，或竟沒有涉及，使讀者雖欲比較，未免發生困難，是其短處。（二）爲列國並比法。即將各國的教育行政制度，學校系統，幼稚教育，初等教育中等教育等等，各國平行排列分章比較。換一句話說：即是把各國教育行政歸爲一章，其他各方面也另歸專章。如莊澤宣編的各國教育比較論（商務出版）亨德盧著的比較教育（I. L. Kandel: Comparative Education, Houghton Mifflin Co., 1933）就是這樣。此種編法的長處，就是著者曾做一部份比較的工作，使讀者易於明瞭。然其短處，也有一二：蓋一國的教育系統，各方面是有聯續或相關的性質，極不易截然劃分。今把初等，中等，師範等教育截成一段去比較，至讀者在一國的教育系統上缺乏了一貫的研究，相似一條長而多枝的大樹被截了幾段以至聯絡困難。且各國學校系統不同，有時各級學校的性質也不一樣。分段去比，未免有點勉強，此其一。講授比較教育的人，須將所有各國教育的參考書，都放在一起，每讀一段就要同時去翻閱各書，未免有點不便，此其二。（三）爲折衷法。是折衷於前二法之間。先將研究比較教育應注意的問題，藏之於胸，然後逐國去研究去敍述，即是逐國敍述法。隨將研究所得，再做比較的工作，然後歸納到各段教育在各國教育制度上的同異點和今後的趨勢，又爲列國並比法。本書的編製是採取第三法，原欲避免上二法之短，而採取其長。所以先將美英俄德法意大利日本諸國的教育，逐國敍述，最後一章，則做比較的工作，以爲本書的結論。

編著本書的目的大約有二（一）盡量採取新的材料，編成是書，爲研究比較教育的同志們做一種課本或參考；（二）敍述各國教育制度的性質和概況，及其所以發生這種制度的原因，然後觀察其教育實施上或改進上的種種問題，及其解決的方法，爲改進吾國教育的借鏡或參考。然以材料和能力之所限制，其簡陋和缺點自不能免，還祈讀者賜教。

第二章　美國教育之演進及其現況

美國合四十八省而成。總面積爲三、七四三、五〇〇方英里。人口一萬萬二千餘萬。歐戰後教育進步非常迅速。一則因歐戰時美國加入戰團。既應徵的兵而被拒絕入伍者，六百萬人中竟有一百三十萬。問其故，謂因體力不強，或因文字欠通。美人得了這種教訓，遂竭力改進教育，以普及全國人民教育爲唯一目標，所收效率極爲優良。二則因財富加增，卽用於教育上的經費，在一九一四年公立初等及中等學校費用爲五五五、〇七七、〇〇〇金元。至一九二六年竟增至二、〇二六、三〇八、〇〇〇金元。大學專門學校及高等職業學校之生產費學費聯邦政府與地方津貼，及其他一切收入，亦有四〇七、四〇〇、〇五六金元，三則因其教育家非常努力，以致新方法新實驗勃然而興。研究教育的人，總以美邦爲最適宜之地。美國的教育制度影響於吾國特大，茲將其發達略史，及其現況，敍述如下。

第一節　美國教育之史的考察

美國教育的發達史，約略可分爲三時期：一七五〇年以前，爲宗教教育時期。一七五六至一八五〇年爲汎愛教育時期。一八五〇年後以至今日，爲省政教育及教育改進的時期。大家都知道北美原爲歐洲好幾個國家的殖民地，白人由歐至美祖國不同，宗教派別也不一致。以是各部份殖民地的人民，對於教育的主張或觀念，亦隨其祖國或宗教而有差異。至一七五〇年間，美國人對於教育主張約可分爲三派：第一派富有可文（Calvinistic）的宗教概念，主張有一種學校系統，下自小學上至大學，爲宗教和公民的目的而設立。新英（New England）諸省中，以麻塞邱塞（Massachusetts）省可爲代表。此種思想隨新英的移民西向而廣佈於各省，以至後來學校制度發達，教育管理權，卒由教會而歸於國家。第二派主張學校當由教會管理，以荷蘭人，德之路德派人（German Lutherans）浸信會人及天主教人等爲代表。新教諸省如本辟文尼亞（Pennsylvania），舊教傳佈地，如馬利蘭（Maryland）皆主張一切教育事業當由教會去管理去支配。對於後來各省管理教育的運動，頗具阻力。第三派以爲公共教育除高等教育外，原爲孤兒和窮苦兒童而設。教育原是慈善事業，與國家無干。凡高等或中等人家的子弟，可受私塾和家庭教育，繳納學費。其他少數的貧苦兒童，可由教會捐款，給以相當之教育。這種放任式的教育政策，可以阜勤尼亞省（Virginia）爲代表，一直到十九世紀末葉，都仍存有這種主張。以上三派的教育思想，對於美國教育之發達，影響殊大。卒至第一派得勢，後來果進而至省政教育時期。在一七五六至一八五〇年之間，慈善教育事業頗爲發達，是由宗教教育至省政教育一個過渡時期，名爲汎愛教育時期（period of philanthropic education）此時期之教育，與宗教仍有密切的關係。社會上盛行之教育機關，有主日學校，城市學校團體（City School Societies），嬰孩學校（infant school）和由英國傳來蘭喀斯德（Lancaster）所創的訓導制度（Monitorial system）。此種種都叫做汎愛學校，在市鎮比較發達。至若鄉下常由數家人合請教師，推舉董事，建設學校，發生了鄉區學校制度(district school system)。在這汎愛教育盛行當中省政教育也逐漸發達。其發達的步驟，(一)教育稅之抽收。由政府規定某種稅收，爲辦理學校之用。此外還有教育基金幷指定某地方所有的收入以爲公家辦理教育之用。(二)淘汰學校僅爲窮人子弟設施的思想，漸進而至教育事業，是爲着全體的兒童，斷無貧富之分。辦理教育的責任，是在國家不在教會。(三)減輕學生的經濟負擔，漸進而至入學自由，不收學費。(四)各省漸次設立教育行政的機關。以紐約省爲最早，在一八一二年即有省教育局長之設立。至一八三七年，省教育董事局始設於麻塞邱塞。其時教育大家荷蘭斯門氏(Horace Mann)任該局局長，及後遂創公立學校的新制度。亨利巴拿(Henry Barnard)也是一時美國教育的英傑，於康奈克的克脫(Connecticut)和羅特島(Rhode Island)二省，設立教育行政制度。(於一八三九年在康省立教育法。一八四三年到羅島。)此後各省的教育行政機關，相繼設立，自一八五〇年後，公立學校制度以及強迫教育等，竟由麻塞邱塞紐約等先進省分，而傳至他省。至一八六七年，有省教育制度及省教育局長者，已有二十六省，且經過一八六一年至一八六五年的南北戰爭以後，中央政府實權加增。十九世紀之末，工廠制度漸興，職業教育和公民教育，遂興起而應時勢的要求。近三十年來美國教育之改進，殆有一日千里之勢，其重要點有足敍述者，可略說如下。

(一)普及教育　美國教育據一九二〇年統計，全國不識字者仍有四、九三一、九〇五人，佔全國人口中百分之六又十分之一。其中以黑人佔多數，外國生者次之，本國白人又次之，混合種爲最少。美人特別注意者，就是如何使外來移民爲美國化(Americanization)，如何使教育普及全國，而減少文盲。以是對移民施以美國化的教育，對文盲則施以識字教育。近年來已得着相當的成績。

（二）學制之改革　美國之舊學制，初等八年，中學四年。自一八八八年有愈利遏校長(President Elliot)之提議，經一八九三年之十八委員會(The Committee of Ten)與一八九九年大學入學考試委員會之研究，議將學制改為六六制。至一九〇六與一九〇九年間，全國教育會(National Education Association)舉出委員五人，再加詳細討論，以是六三三制從此產生。此外還有初級學院的運動。

（三）實驗學校之興起　美國的實驗學校，實驗新課程新教學法者，近二三十年來頗形發達。設計法已漸通行。此外尚有道爾頓制，為柏克赫斯特女士(Miss Helen Parkhurst)所創，葛雷制(Gary system)為溫特(W. Wirt)所創。文納特卡(Winnetka)制為華虛朋(Washburne)所創。

（四）教育科學研究的運動　美國教育家欲使教育為科學化，以是用科學方法去研究教育。近十餘年來有課程研究、標準、測驗、學務調查等運動，研究法漸趨於科學化。此層有拙著『教育之科學研究法』一書（在商務出版）詳論其概況。

此外如各級教育之進步，與夫教育制度之改革，以下當分節敘述。

第二節　美國教育之行政制度與學校系統

美國之教育行政，其實權完全操於各省，至若中央教育行政機關，不過有中央教育局、兒童局、中央職業教育部和農部。

中央教育局　美國中央政府之組織，當時對於教育全未說及。一七九一年，組織法經過第十次的修改(Tenth Amendment)，說明教育權限在組織法內，凡未說屬中央或未在限制之列者，其權卽屬於各省或人民。換一句話說：凡教育權限組織法未說明屬於中央政府者，各省自當有權處理。一八六七年中央設教育部，二年後範圍縮小，於內務部設教育局。一九三〇年又復稱教育所（Office of Education）。所長稱爲United States Commissioner of Education，本所之職責，大約有三：

（一）管理阿拉斯加（Alska）之印第安人和埃斯基摩人的教育（Indians and Eskimos）。

（二）指導各地方有關於教育問題的疑問，并各地方若有困難問題要本所襄助解決者，得由本所派員會同地方人員去辦理。

（三）調查全國教育狀況，并刊印報告和統計。最近兩年來曾調查全國教育經費，師範教育，和中等教育。

除以上三項權責外，對於各地方的教育，無干涉和管理權。

兒童局（Children's Bureau）　兒童局創設於一九一二年，屬於農工部之下。本局的職責是調查報告關於一切兒童幸福的事宜；如死亡率，孤兒，犯罪的兒童，疾病，童工等，都在調查之列。

中央職業教育部（Federal Board for Vocational Education）本部成立於一九一七年。有權管理史密司許和司（Smith-Hughes）議案，（一九一七）和佐治烏利（George Reed）議案，（一九二九年）所擬定的改進職業教育的基金。此種職業教育，是在大學以下的程度，關於農工商的職業。

農部（Department of Agriculture）　農部除做關於研究工作外，還監督許多專門大學，（或稱學院）爲莫利爾議案（Morrill Acts (1862, 1890)）而設立者。并許多農事實驗場，爲海地議案（Hatch Act (1887)）所建設者。且做許多農事推廣工作和家庭經濟，爲史密司利華（Smith-Lever）（一九一四）和恰怕克爾(Capper Ketcham）議案（一九二九）所規定者。

此外如印第安人的教育，歸內務部之印第安事務所（Office of Indian Affairs）管理。菲律濱和波士利告(Porto Rico)教育，歸軍務部的島務局管理（Insular Bureau in the War Department）。有許多海陸軍人員養成所，歸聯邦政府管理。又聯邦政府每年分撥許多教育補助費，在一九三〇年分撥補助普通和專門教育的經費，共達二三、七七八、〇〇〇金元。

美國的聯邦政府，對於管理教育的權限，竟如此之小，一方面實因中央集權，恐與各省的自由，大有妨礙，使他們不能任意設施，以適應各省各地的需要。但一方面又有一種運動，主張聯邦政府對於教育事業，應當分勞。自一九一七年以後，有主張聯邦政府須設教育部者(Federal Department of Education)，其部長應爲內閣之一員，以擴充其在教育上的權力，卽聯邦政府的教育補助費，亦當盡量加增，補助貧窮的學區，使各地在教育經濟上比較平等。一九二九年，內務部長威爾巴（R. L. Wilbur）曾委全國教育顧問委員會(The National Advisory Committee of Education）研究聯邦政府對於教育應負的職責，在其「聯邦政府與教育」（Federal

Relations to Education, Washington D. C. 1931）的報告，也建議設教育部，將各部管理的教育事業，皆集於教育部，以便統一事權，並聯邦政府的教育補助費，當較注意於普通教育，分給各省去分配。

省教育行政機關　美國教育行政，其實權既操於各省，自各省而至地方，教育行政組織可分為兩大部。一為董事部，司教育上立法事宜，對於議會負責任。一為執行部，總理行政事宜，其首領為局長，對於董事部負責任。茲先述省教育行政機關之組織，次及地方。

（1）董事部　自麻塞邱塞省一八三七年設立董事部以後，各省聞風響應，董事部相繼成立。其初職權甚小，僅管理教育經費和學校地（school lands），及後事權擴大，有多少省份的董事部，其權限與外國的教育部相類。

董事部的組織，幾乎各省不同。且在四十八省中，有六省未設董事部者，有九省（Colorado, Florida, Kentucky, Mississippi, Missouri, Nevada, North Carolina, Oregon and Texas）的董事部，其董事是由省府官吏兼任。通常包括省長、省財政長、秘書、審判長、查帳員和教育局長。有二十四省（Alabama, Arizona, Arkansas, Connecticut, Georgia, Idaho, Indiana, Kansas, Louisiana, Michigan, Montana, New Hampshire, New Mexico, North Dakota, Oklahoma, Pennsylvania, Rhode Island, South Carolina, Tennessee, Utah, Virginia, West Virginia, Washington, Wyoming）的董事部，其董事一部份由省政府官吏兼任，一部份為學校職員和普通人員，由選舉或委任出來。有九省（California, Delaware, Iowa, Maryland, Massachusetts, Minnisota, New Jersey, New York, Vermont）的董事部，其董事是由省立法部

選出，或由省長委任。

董事部的名稱通常稱爲State Board of Education，但有稱爲Board of Regents of the University of the State of New York, the Advisory Board of Education (Mass.), the State Council of Education (Penn.), The State Board of Administration (North Dakota)等。

董事部的人數，少則三人，多則十三人，通常以七人爲度，其任期少則二年，多則十二年，最普通者爲六年，有多少省份董事年薪由一百元至三千元，還有其他雜費。有些省份薪水數目看年中開會的次數而定。有些省份董事自費，用去多少然後由公家償還。有些省份完全由省府職員兼任，並不支薪。

董事部的職權，隨各省不同，有些省份董事部，僅有管理教育經費之責。有些省份有監督省立學校之責。有些省份更進而監督管理一切教育事務。如執行教育法令，建立教育政策，預算教育經費，選舉教育局之執行職員等，並有監督和指導的工作。普通來說，董事部的職權，是立法的和監督的，幷決定一切教育政策。至若行政事務，完全是由教育局長和其他職員去管理。

(2)行政部　行政部的人員，爲省教育局長和其各部職員。

省教育局長　省教育局長爲一省教育行政的首領，通常稱爲state superintendent of public instruction，但也稱superintendent of public schools或Commissioner of education，美國有三十三省的教育局長是選舉出來的，有六省是省長委任的，有九省是由董事部委任的，普通的教育局長是本省的人或被選舉，或被委任，其資格凡受過相當教育的人，或受有終身教員憑證者，或由專門大學畢業，且有幾年的辦事經驗。其選舉法甚多，所限的資格亦不一律。年薪少則二千元，多則一萬二千。任期短者一年，長者六年，普通爲四年。

省教育局長之權責，是監導和管理教育各方面的事宜。如執行教育法律與教育政策，監督教育經費，檢定教員，指導課程編製，辦理教育報告和統計，開教育會議，監督專門與職業教育，并監督全局各分科職員之任務。

各部職員　省教育局長因權責擴大，於是局內職員加增，以收分工合作之效。職員人數少者五位，多者至七十位，紐約省的教育局，規模頗大，職員有正局長一人，代表一人，助理局長三人，內分下列各科：即行政科，文案科，考試和視察科，財政科，特殊學校科，圖書擴充科，學校建築科，職業及推廣教育科，教育測驗科，農村教育科，醫務視察科，師資訓練科，體育科，省立師範學校管理科等。即省立博物館圖書室等，也歸教育局長去監督。

省教育行政機關據克伯萊(E. P. Cubberley)的意見，理想中的組織，有如下圖。

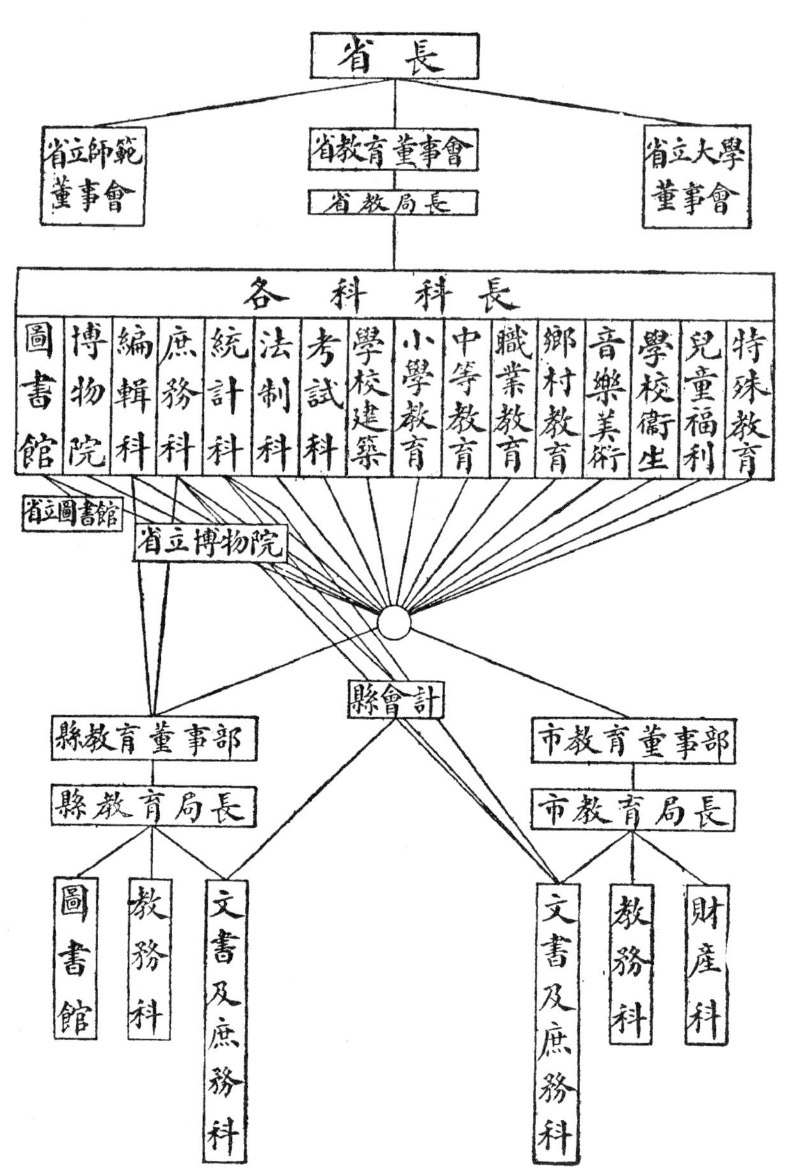

最近的趨勢，是教育行政工作，將由專家去負責，由人民選舉董事部，或選舉幹事委任董事部由董事部聘任

專家擔任教育行政，對董事部負責。由此董事部，是直接或間接代表人民的。

地方教育行政機關　美國教育行政制度之發達，其程序是由下而上的。換一句話說：是由鄉區制而鎮制，而縣制，而市制，而省制，由小的範圍漸次擴充到大的範圍。省教育行政制度上面約略說過，現在再從鄉區制說到市制。

（1）鄉區制　美國人民當由外國移來時，因自然地理的關係，有數家共處一區，漸次在教育制度上，形成一種鄉區制，每區數家的住戶，合聘一教師，教其子弟，另舉董事三人，管理校舍經費事宜。此制發源於麻塞邱塞省，每區面積大約二三英方里。近來美國中部和西部的鄉區制度，均證明弊多利少，於是逐漸廢除，而趨向以較大的區域爲教育行政上的單位。

（2）鎮制　此制以一鎮爲地方教育行政之單位，也是麻塞邱塞首先採用。新英各省相繼倣傚，即北中部如印地安那省也採用鎮制。惟新英諸省之鎮，係以河流山脈爲天然的界線。印地安那則鎮界由政府劃成，此其異點。鎮制比鄉區制稍優，惟亦嫌區域太小，不能維持一中學。且各鎮的貧富之差，彼此不能調濟。

（3）縣制(County system)　此制以一縣爲教育行政單位，比鎮較大，其面積自三百方哩至九百方哩不等。其組織有董事部，有教育局長，與省相類。其董事由五人至七人。有委任者，（由省長委任或由縣教育局長委任）有選任者，（由縣議會選任或由人民直接選任）有兼任者，（縣行政官或學校職員兼任）由董事部選舉教育局長，代表董事部，管理縣內一切教育事宜。

（4）市制 (City system)　市教育行政，直接於省教育局，不涉於縣。然較小城市，遂不能脫離縣的關係。市設董事部，董事人數少者五人，多者四十六人。其產生法，或由人民直接選舉，或由市議會選舉，或市長委任，或由市審判長委任。大約以民選居多。多數教育家主張以七人爲度。若城市大者可由九人至十五人。在一九三〇年，計算有市二八五〇個，其中每市在萬人以下者，有二〇七五市。在一萬及三萬人中間者，五一九市，三萬與十萬人中間者，一八八市，十萬人以上者，六十八市，市教育局長或由董事部選任，或由人民直接選舉，其任期在一年與七年之間。

市教育局行政人員之多寡，隨市之大小而不同。大市之組織，市教育局長以下有圖書科，健康教育科，學校效率考查科，義務教育科，學校產業科等。市之小者僅設庶務文書科，和專科視學而已。自一九一二年波第冒 (Baltimore) 的教育局，設研究部 (Bureau of Research) 以後，繼起者有七十市，聘請專家研究一切教育改革的問題。研究部的工作，各市不同，大約是關於學生分級，學力智力測驗，改良課程，學生紀錄和報告，審查課本，教育經費與預算，職業指導等。

其他的問題

1. 教師參加教育行政問題　美國教師漸趨專業化，最近二十年來常聚集討論公同的教育問題，全國教員聯合會之活動，會員，十年間竟由一萬人增至三十萬之多。又有代表大會由各省教育會之代表組成。省教育會之代表大會，又由地方教育會之代表組成。各級會中會員數目達七十五萬，佔全國教師四分之三。此四分三之教師，對於教學目的與方法均有發言議決之權，惟參加教育行政一事，仍舊太過忽略。設有教師參議會以幫助教育局長者，雖有幾十個市然其權力太小，與教育事業不生若何的影響。教育行政當局對於教師意見向不尊重，不過有各少省市，教育行政人員與教師合作編製課程而已。

2. 教育經費問題　美國教育經費出自中央政府者，不過百份之一。出自各省者，不過百份之十七。其餘則籌自各地方。然而近年來因有些地方工業發達，忽然人口加增而變為繁盛，人民的財富亦日見加增。有些地方則農業退步，人民苦不可言。以此貧苦之區，要人民負擔教育經費，確是戛乎難事。為補救貧富不均的現象起見，中央應增多教育經費以幫助窮苦之區。然近來雖有這種動議，終以未見實行，此是一個問題。省府補助各地經費分配時應當以何者為根據？根據學齡兒童數呢？註册入學的兒童數呢？每天入學兒童的平均數呢？教師應得最低的薪水數呢？或根據上列一二項或幾項去分配呢？此又是一個問題。

此外與教育行政機關之組織，當附帶說明者，即美國的視學制度。其性質頗複雜。大約視學可分為兩種：一為教授上的輔導，一為行政上之輔導。前者是由輔導員去輔導各校教師關於教科組織排訂課程以及管理法教學法等問題。後者是輔導行政，關於鄉村教育，義務教育，中小學教育，師範教育，職業教育等問題。如各省之省視學，屬於此類。

美國之學校系統　美國改革學校系統的歷史，在本章第一節略有說及。至其學校系統之性質，完全是根據其民本主義的精神，和教育機會平等的原則，單軌制因而產生。因其各省的情形不同，至各省學制亦不相同。如麻塞邱塞省，小學校收受五歲兒童，而小學年限延爲九年。南方少數省份，小學年限爲七年。即義務教育年齡也自四年至九年不等。在一九二八年小學校中上課時間，在密士失必（Mississippi）省平均一三八・九日。在牛亭厦(New Hampshire)省平均一八八日。全國總平均爲一七一・五日。兒童入學之日數，在密士失必省平均九八日。在密歇根（Michigan）省平均爲一七一日。至若兒童入學之百分數，在渥克拉何馬（Oklahoma）省是六七。在印第安那(Indiana）省爲九二。且鄉村情形異於市鎮，大約農村小學常設備簡單，每校僅有一二教員者，約佔全國小學之一半。而在市鎮之小學，設備較好，學生教員數亦較多，年中上課時間亦較長，有至十個月或二百日者。美國各省各地情形，各方面看來，都有種種的差異，所謂學校系統，也不過一種規定的制度而已。現行之學校系統可繪圖如下：

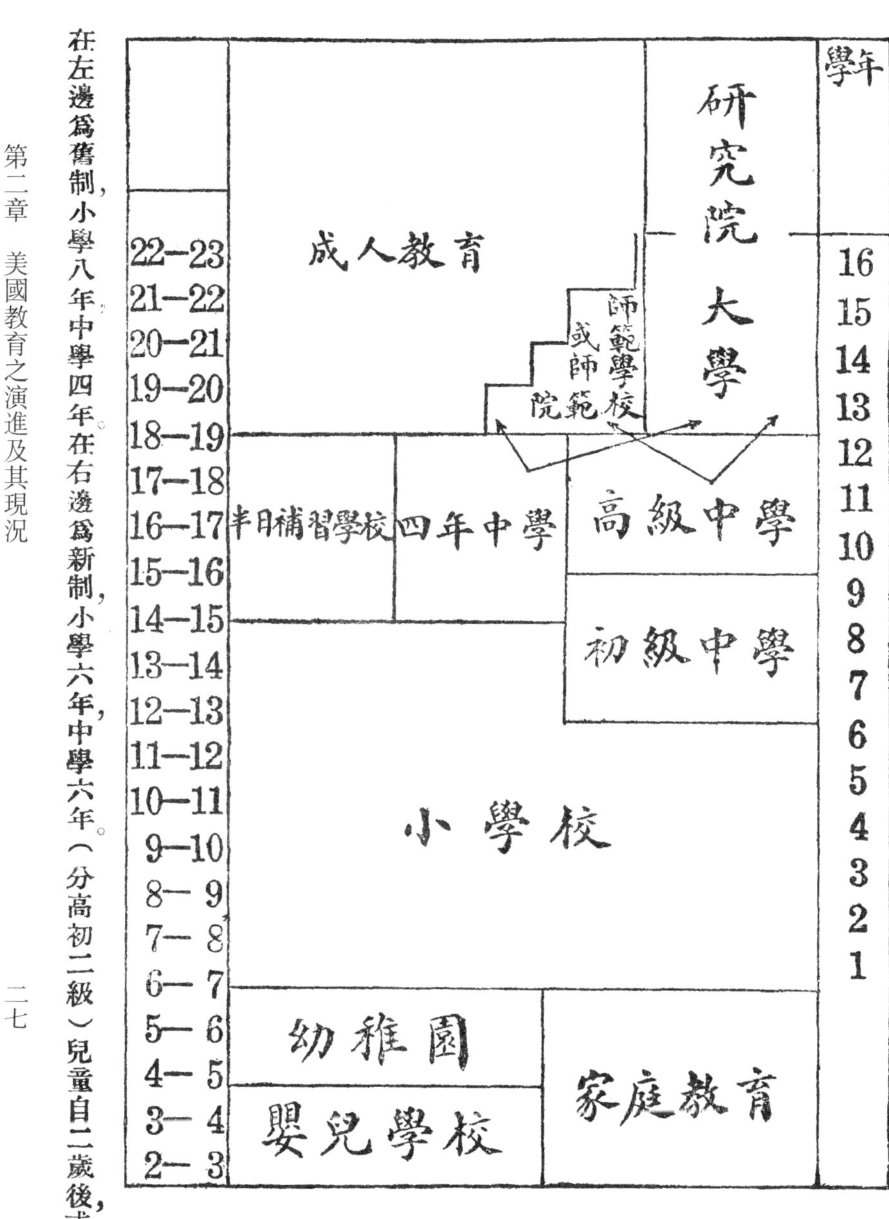

在左邊爲舊制，小學八年中學四年。在右邊爲新制，小學六年，中學六年。（分高初二級）兒童自二歲後，或入

二年的嬰兒學校，再進而至幼稚園，六歲後入小學。或者受一種相當的家庭教育至六歲後入小學。若果入新制則小學六年後入初中，後高中後大學或師範。若入舊制則小學八年後入四年的中學，後入大學或師範，由下而上成單軌制。據美國中央教育局一九二八年的報告，一千兒童入初等小學者，有九七四人可到六年級，八五五人可到七年級。七六八人可到八年級。六一〇人可入舊制中學一年級，四三八人至二年級，三二一人至三年級，二六八人至四年級。二六〇人可畢業中學。一六〇人可進大學。到大學畢業僅有五十人了。

至若各級教育情形如何，下面當分節說明。

第三節　幼稚教育與小學教育

幼稚教育　幼稚教育是指兒童未達入正式小學年齡以前所受之教育。近年來美國幼稚教育有二種運動。一則兒童教育由父母主持，不特由嬰孩而至小學，即小學教育也可由家庭中去施設。美國中央政府暨各省各地，獎勵家庭教育極其熱心。在中學大學設家政學，在各學校和各地設父母和教師聯合會（Parent-teachers' Associations），其目的是使學校與家庭合作，以促進兒童的教育與福利。一則兒童教育由學校主持，即二歲後入嬰兒學校，四歲入幼稚園，幼稚園畢業後即入小學。此種運動進行遲緩。據一九二八年統計嬰兒學校有一二一所，至若幼稚園則有兒童七〇〇、〇〇〇人。

美國幼稚園有公立私立二種，大約一萬人以上的城市，則設有公立幼稚園，入公立幼稚園的兒童，約佔百分、之八十入私立者約百分之二十。多數公立幼稚園設於初等小學校內。近年來有一種趨勢，將幼稚園附於鄉村集合學校。(consolidated schools) 及許多小學中將小學之初年級與幼稚園聯絡，同由一小學校長去管理。

幼稚園的設備，總有廣大通風而富陽光之教室。內有鋼琴一具，堂內羅列小桌椅，或兒童玩具圖畫等。教學注重游戲、唱歌、讀書寫字、故事等，此外還有手工歷史。

幼稚園之教師，（稱保姆）須經中學畢業後加二年師範學校的訓練。得了充當幼稚保姆的證書，方爲合格。

小學教育　美國公立初等小學，除少數兒童入私立學校外，是爲全體美國人所必經之教育階段。照舊制是八年，兒童六歲入學至十四歲讀畢。新制推行甚速，年限六年，兒童六歲至十二歲。惟各省各地情形不同，年限亦不同，上面曾略說過。甚至美國仍有一六〇、〇〇〇所學校的學生，並未分級，學校中僅有一位教員主持一切，爲集中財力人力起見，以是有集合鄉村學校的運動。(consolidated rural schools) 例如愛渥華省 (Iowa) 制定一法律，凡學童不滿五名之學校，不能繼續開設，須將所有兒童合於一校施教。此種運動現在頗爲旺盛，從此能集中財力人力所設的小學校，當然成績較佳。茲將關於小學教育的各方面分別敍述如下。

(1) 小學之行政　凡有幾位教師的小學，其行政由一校長負責。該校長是由該地教育局長呈請該地教育局董事部委任出來的。其資格比普通教員較高，須具有特別的憑證。其職責是關於本校的行政和教員的監導。通常的最大缺點，就是校長工作竟偏於保存文件和例行公事，對於教育上的指導，極少負責。學校之有精神與否，多靠教育局長的監督，校長不過受教育局長的指揮罷了。

（2）小學之分級　美國小學各校的學生人數，多寡懸殊。鄉村小學，竟有少至一校僅有幾人至十人者。大市的小學，竟有一校有千餘學生者，至若每學級的人數普通由三十至四十，每級分為兩組，（甲與乙）每半年有一組升級。但為適合兒童個性起見，還有下列好幾種分級法。

一、能力分級法　此法是根據兒童智力測驗的成績，分學生為三組。一為低能組，其課程僅限於綱要，非常簡略，使學生易於修習。一為平常組，課程分量適合中材兒童。一為聰明組，其課程比較豐富而完備。畢業年限，則三組相同。又有將兒童分為兩組者。一為聰明組，一為低能組。聰明組是將小學課程六年修畢。低能組則八年修畢。學生能由此組轉過彼組，看其平常成績而定。

二、特殊指導法　在巴他維亞（Batavia）凡遲鈍兒童，學校有特別的額外教師，給予特殊之指導，以便使他們能夠趕上某班之程度。

三、個別教學法　此法叫做文納特卡制（Winnetka Plan）為華虛朋（Washburne）所創。將課程分為二部。一部為關於每人必需之知識與技能，如習字、數學、讀書等是。一部為兒童自己的表現，按其趣味，用其材能，使有機會貢獻於團體。前者為必修的，後者為課外活動的。對於技能知識方面，將應習科目詳分為若干單元。每單元備有講義，任學生自學。學生將練習問題一一做好後，即請教員給以正式測驗，者能及格，則自己再習新單元。打破分班教學，兒童們學習的進步率各人不同，以求個性的發展。

四、葛雷制（Gary system）　葛雷制是杜威的弟子温特（Wint）所創，其原則是校舍經濟的運用，將學生分爲二團或三團。一團在教室上課，他團學生則到他處做工作。由是互相調換，一個學校在運用上，正與兩個學校相等。由此校舍的每部份，都用得着，原來可容受二百人的學校，就可以收受學生四百人。

此外尚有道爾頓制，現時不甚通行，玆不備述。

（3）小學之課程　改革小學課程，是美國近十餘年來教育界一種新運動。美國小學的課程各省不同，各地也不同，以下試引一表，將西亞圖（Seatle）小學校各科時間之分配，與四十九市所有小學校各科之平均時間相比，可見一斑。

西亞圖小學校各級每週各科時間分配之平均數，（以分鐘計）與四十九大市所有小學校每週各科平均時間比較表。

科目		學級 I	II	III	IV	V	VI	VII	VIII	總數
國語	四九市	130	141	167	176	187	194	207	215	1417
	西亞圖	0	50	75	110	200	225	225	225	1110
讀書	四九市	421	401	332	245	182	141	142	136	2003
	西亞圖	600	525	425	310	135	135	225	42	2567
拼字	四九市	39	82	87	85	82	78	72	73	598
	西亞圖	0	75	100	100	60	60	60	60	515

寫字	四九市	67	72	77	78	77	75	63	58	567
	西亞圖	50	75	75	75	60	60	60	60	515
算術	四九市	64	143	193	206	211	211	212	211	1451
	西亞圖	0	150	250	240	225	255	250	200	1570
歷史	四九市	17	19	30	54	84	97	148	167	616
	西亞圖	100	30	50	75	135	135	250	125	900
公民	四九市	9	12	11	12	14	15	23	27	123
	西亞圖	0	30	25	25	35	30	0	75	220
地理	四九市	11	14	59	137	156	162	137	84	760
	西亞圖	0	0	50	100	180	180	0	112	622
科學	四九市	22	23	23	23	21	21	22	26	181
	西亞圖	38	20	25	25	25	40	40	40	253
衞生	四九市	16	16	16	22	27	27	25	22	173
	西亞圖	37	20	25	25	25	25	35	35	227
體育	四九市	90	67	89	90	90	89	98	104	737
	西亞圖	0	0	50	50	50	50	50	50	300
遊戲	四九市	22	19	18	14	16	16	16	15	136
	西亞圖	150	150	100	50	50	50	50	50	650

休息	四九市	105	106	106	96	91	90	84	74	752
	西亞圖	100	100	100	100	100	100	100	100	800
工藝	四九市	22	22	25	30	50	65	90	106	410
	西亞圖	25	50	63	60	61	0	0	0	258
圖畫	四九市	87	88	87	86	82	75	77	79	661
	西亞圖	75	50	63	75	75	75	75	75	563
音樂	四九市	71	74	74	77	76	74	70	75	591
	西亞圖	75	75	75	80	80	80	80	80	625
其他	四九市	97	93	99	97	99	98	88	37	758
	西亞圖	0	0	0	50	50	50	50	50	250

由此看來西亞圖小學校與四九市的小學相比，在各科時間上的分配，都有許多不同。例如西亞圖小學校一年級沒有教學公民，算術，地理，體育等科，而四九市的小學則否。遊戲在西亞圖小學極其注重，每週六五〇分鐘，而四九市僅一三六分鐘。美國各地小學課程之差別蓋可想見了。

美國教育專家對於課程編製，極有特殊的研究，然爲各小學利便起見，課本教學亦極通行。一九二七年有二十一省的立法，小學生的課本應由公家供給，不取書資。有二十三省的立法，則監定課本，各地自由。有五省的立法，則對課本問題，並未提及。近年來公家供給課本既變爲普遍的運動，有二十五省，全省課本既經一律，除少數獨立市外各校當一律採用。有六省則允許各縣選擇，有十七省則允各地選擇。至若選擇方法，有由省教育局董事部主持者。有由特別圖書委員會選定者，有由各地教育局主選者，選定後採用時期有三省以四年爲度，二十一省五年爲度，九省六年，二省八年，有一省竟以十年爲度。

(4)小學之教學法　美國小學課本教學從前頗極盛行，後來經過一般教育家之批評，視爲呆板而不適於實際生活。赫爾巴脫(Herbart)派的五段教學法，變爲過去的陳迹，新教學法，應時而與，以是有設計教學法，然設計須根據兒童生活上的經驗，宜充分利用環境和兒童自然的動作。舊課程不能適用，必編製新課程。此種新方法新課程，曾經過許多教育家詳細的討論。至若實行，仍以實驗學校比較熱心。

根據一九二八年的統計，美國公立幼稚園和小學校共有學生二〇、九八四、〇〇二人。私立幼稚園和小學校共有學生二、五五四、六四八人總數，二三、五三八、六五〇人。

若單就私立小學校的學生數來說，共有二、一三四、九九九人。其中大半是入天主教的教會學校。有些私立小學或爲大學教育學院所附設，或完全爲私立，專以實驗新課程新教法爲目的，對於新教育的運動頗有特殊的貢獻。

第四節　中學教育與高等教育

在美國的中學校，學生可免學費，直接着初等教育，此點與各國不同。若學生讀完八年制的小學，則入四年的中學。讀完六年的小學，則入六年的中學。（初中三年，高中三年。）中學招收小學畢業生，絕對沒有入學考試，惟對於在小學年期中，因家庭經濟壓迫而至工讀相兼者，或讀了強迫教育後，曾入半工讀學校再入中學者，則須經過相當的選擇。中學校爲適應個性起見，曾設種種不同的課程。除少數中學校外，美東各中學大都是男女同學。玆將其發達略史及現況，略述如下。

(1)中學校的略史　美國在殖民時代，曾由歐洲傳來的一種中學校，名拉丁文法學校(Latin Grammar School)　其目的是預備學生進入大學。後來因社會情形之變遷，拉丁文法學校不足以應時代的需求，阿克狄美(Academy)乘之與起。阿克狄美的目的，一方面固然爲學生入大學之準備，一方面是供給種種知識，使學生畢業後能適用於社會。一七九七年麻塞邱塞省，將公私立的阿克狄美併入正式學校系統之內，及後各省的阿克狄美發達得非常迅速。至一八五〇年間，計有阿克狄美六、〇八五所，學生二六三、〇九六人，教員一二、二六〇人。其中有一種注重手工，課程詳備的阿克狄美，在一八二〇年至一八四〇年間，曾風行一時。及後平民主義的教育思想漸次發達，以爲學校是爲全體人民而設，不應有貧富階級之別，中學校應由公家設立，公費維持。以是公立中學(public high school)又代阿克狄美而興。公立中學之設立，曾經過四個步驟。(一)省立法允許各市鎮以及鄉區，抽收教育稅以設立中學。(二)允許較小的學校區域，組成中學教育區，抽收教育稅，以維持中學校。(三)承認各縣區設立中學校。(四)各省籌款補助中等校。至若中學與大學之關係，一則是由大學設審議會，該會會員年中參觀各間中學校，若認爲滿意，即由大學承認該中學是一種聯絡的中學。該中學畢業生，若由該校長或教育局長介紹入大學時可免試驗。此制始於一八七一年密歇根大學（University of Michigan），後來通行於中美和西美。惟美東的大學入學考試法不一，以故採用承認中學與大學聯絡的方法比較困難。二則由大學組織考試委員會，例如一八九九年大學入學考試部（The College Entrance Examination Board）成立，以試驗中學畢業生欲進大學者。一八九四年中北聯合會（North Central Association）成立，以謀中大學的聯絡，現在美國各部頗多有此種類似的組織。三則是設一種特別委員會，研究中學課程。例如一八九二年美國全國教育會（The National Education Association）委定中等學校課程十人委員會，對於中學之設施與課程，都有許多研究與建議，且會規定各種科目的課授時間，爲一種中學課程的標準，到了現在美國中學生有百分之九四入公立中學校，學生有五、二一二、一七九人。其餘百分之六入私立中學校，學生有三〇九、〇五二人。大約私立中學有百分之七十五是各教會所設。

(2)中學教育的目的　美國中等教育極難有固定的目的。一則因美是新興國家，不若歐洲有長久的歷史，社會上有固定的遺傳與習慣。二則因美國的中學，仍在過渡時代，進步甚速，常有不時的更改。一九一三年美國全國教育會指派中等教育改組委員會，同時成立中等學校各科目委員會，後來研究結果，認爲中等教育的課程，須能達到下列幾個目的。（一）健康。（二）有基本的知識。（三）爲家中有用之一員。（四）職業。（五）公民教育。（六）善用暇時。（七）道德行爲。古時教授（Professor Koos）將此意而引伸之，謂中等教育之目的有四，其功用有六。目的：（一）公民社會道德的責任。（二）休憩的美術的參加和欣賞。（三）職業的效率。（四）身體的效率。功用（一）造成平民的中等教育。（二）注意個性差別。（三）考察學生的個性，而加以指導。（四）注意學生青年時期的天性。（五）供給根本的知識與技能。（六）適用學習的遷用。

（3）中學的課程　自形式訓練說失勢以後，中學的課程選擇，是以心理爲基礎。爲適應個性差異起見，中學科目因而加增。除爲商業農業或職業的目的中學外，在一九二八年中學的組織有一五二種，其中有一三二種是極完備的，在一校內有分門別類的科目。三種是分設的，十七種是合上二種而成的。

課程組織約有二種，一種是課程數目太多，各課程的科目已經規定，學生可以任意選擇。一種是編製時分科目爲必修與選修。選修科目，隨學生的興趣與需要而定。學生選課時，教員給予相當的指導。前者可以勞安極立司中學（Los Angeles High School）和在抵吐來（Detroit）的中學課程爲例。

（A）勞安極立司中學

（1）農業科　（2）美術科　（3）繪圖科　（4）工科大學預科　（5）家政科　（6）文學科　（7）音樂科　（8）自然學科　（9）社會學科　（10）簿記科　（11）售貨術專科　（12）自動車業務科　（13）建築業科　（14）工業電氣科　（15）機械科　（16）印刷科　（17）選科

（B）抵吐來（Detroit）的中學有三十二種課程如下

（1）建築繪圖科　（2）文藝科　（3）汽車建築科　（4）航空科　（5）建築科　（6）染

館管理科　(7)工業化學科　(8)大學預科　(9)商科　(10)商業藝術科(11)服式裁製科　(12)食物科　(13)電氣科　(14)工程科　(15)工程預科　(16)醫科　(17)家政科　(18)寶石製圖科　(19)洗濯科　(20)機械藝術科　(21)貨物科　(22)冶金科　(23)音樂普通科　(24)音樂專門科　(25)看護預科　(26)職業治療科　(27)磁器學　(28)印刷學　(29)科學　(30)商店學　(31)旅館工作

在較小的中學校僅有學生百八左右者，爲適應他們個性不同的需要起見，亦設了許多科目。據一九三〇年的報告美國有中學校二二、二三七所，其中有一二、〇〇七所(或百分之五十七，)每校學生數在一百左右，教員大約六八。又據一九二八年報告，每校僅有三位教員左右者，還有五、五一二校。(約佔百分之三十)如此規模極小的中學，還設二十二至三十餘科目。

(4)中學的標準　美國的中學設備既殊，大小亦異，即課程和修業年限，亦參差不齊。原意是求合乎各地的情形，和各學生個性的需要，歐洲之考試制度由教育部監導，藉以整齊學生程度者，除紐約省外，各省並未聞，及現在美國通行考查中學是否合乎標準的方法，約有下列三種。第一是省教育行政長官用的調查法。凡受特別補助的中學，必須合乎相當的標準，平時常派專員至各中學去調查若結果圓滿，方能領受補助金。第二是由省立大學立定標準，凡由中學畢業進大學者，必須和標準相合。有許多省教育行政當局與省立大學合作，派遣視察員，凡中學經過視察，認爲合標準時，即將該中學歸入許可之列。有些大學是根據該中學畢業生的成就，以評定其學校程度之高下。第三是合幾省而設的一種聯合會立定標準，以評判中學的優劣。如中美中等和高等學校聯合會中北聯合會(North Central Association)新英倫中等和高等學校聯合會(New England Association of Colleges and Secondary Schools)中北部中等和高等學校聯合會。是有中學曾經第一種方法認爲滿意而經許可者，有中學曾經二種或三種方法都爲合程度者，但不是一概中學都會列在這三種許可表之中。凡中學合標準者，卽列入許可表(accredited list)

至若學校設備和上課期間，課程編製，教員資格，教學時間，學分制度等，近年來也漸趨於標準化。美國全國會議大中學標準委員會(National Conference Committee on Standards of Colleges and Secondary schools)曾代表好幾省立定標準去測量各中學。

(5)初級中學之現況　新學制中學六年，前三年爲初級中學。自一九〇八年起，各地漸次興設，其目的是設一種比小學較深而富於各種常識的課程，以考察兒童的興趣與趨向，以爲將來分入專科的準備。因此初級中學有混合式的科目。如普通數學，普通科學，普通英文之類。現在初級中學之科目有如下列：

數學——代數、算術、普通數學、三角。

英文——文法、作文、寫字、讀書、拼字。

自然科學——生物學、植物學、生理學、動物學、地文學、普通科學。

社會科學——美國歷史、古代史、英國史、通史、中古史、近世史、地理、公民。

外國語——拉丁文、法文、德文、西班牙文。

商業科目——簿記、商業數學、商業地理、速記法、打字。

美術與實用藝術——圖畫、音樂、農業、烹飪、縫紉、商店、手工、機械畫、印刷術、木工、金工。

體育——體操、柔軟體操、衞生、看護、體育性衞生等。

據一九三〇年的統計初級中學獨設者有一、八四二所。與高級中學合設者有三、二八七所。獨設的高級中學有六四八所。新制中學的總數共五、七七七所。

美國近年來中等教育之發達，一方面固因人民好學，兼之教育機會平等，一方面也因財富加增，使教育發達較有可能性。美國國家之財富在一九〇〇年爲八九、〇〇〇、〇〇〇、〇〇〇金元。至一九二二年增至三二一、〇〇〇、〇〇〇、〇〇〇金元。其進步之速誠世界各國莫能及。至若美國人民每年之進款，在一九〇九年爲二七、〇〇〇、〇〇〇、〇〇〇元，至一九二九年增至九一、〇〇〇、〇〇〇、〇〇〇元。二十年來竟加增三四倍之多。中學校在一九〇〇年有六、〇〇五所，學生五一九、二五一人。至一九三〇年有中學校（新舊制）二二、二三七所，學生五、二一二、一七九人，（計男生二、五二二、八一六人女生二、六八九、三六三人）此外尚有私立中學校一九〇〇年爲一、九七八所，學生一一〇、七九七人。至一九三〇年有二、七六〇所，學生三〇九、〇五二人。（其中男生一四六、五一七人，女生一六二、五三五人）

高等教育。學生在中學畢業後，則進大學或專門學校，或師範學校與師範院，入學規則，在美東好幾間大學，學生入學須由大學給予入學考試者。有須由紐約大學入學考試部 (College Entrance Examination Board) 經考試及格，給予證書者。有須由既得幾間大學承認的中學，或由一種標準機關如中北聯合會 (North Central Association) 所承認的中學，給予證書者。又有比較小規模的大學學生入學考試，用智力測驗，幷須繳驗中學求學的成績。至若大學之種類及其性質，可略說如下。

1. 初級學院　近年來美國因大學中學人數之加增，爲便利各地學生求學起見，以是有初級學院之設。這種運動，始於一八九六年芝加哥大學，將第一二年級劃爲獨立課程，名初級學院。至一九○二年伊令諾斯 (Illinois) 省早利憶 (Joliet) 地方的中學，擴加二年，也稱初級學院。自此後各地的初級學院，陸續設立。至一九三二年全美國有初級學院四六九所。其中公立的一八一所，私立的二八八所。

初級學院 (Junior College) 的教學科目，與一般四年大學前二年之普通科相同，兼爲醫法神學之預備。初級學院畢業後，可升入大學三年級。

2. 大學 (University)　大學是合許多學院而成，普通四年畢業。法科醫科則例外，凡中學畢業生可以進入。畢業後可得學士學位。各大學所設學科，至爲不一。哈佛大學 (Harvard University) 設有文理、法、醫、教育、工程、商業、牙醫、神學等科，哥倫比亞大學設文理、法、醫、工程、商業、教育、牙醫、新聞等院。此外還有與大學專科同等程度之農業工業等專門學校。

大學畢業後，則入研究院 (post graduate school) 讀碩士 M.A. 學位，通常一年或二年。讀博士 (Doctor)

學位，通常爲三年。然亦有讀了四年或五六年仍不能取得者。此層看各人的材能學問而有差異。

美國大學大多數爲省立或私立，間有市立者。四十八省每省至少有省立大學一所。據一九二八年統計，美國稱大學，學院，或專門學校者，共有一、〇七一所。男教員五二、二六三人。女教員一四、九四六人。男學生五六四、四〇二人。女學生三五五、八六八人。學生總數九二〇、二七〇人。然各大學程度不一，有許多大學是設備簡單，名不副實的。

第五節　師範教育與職業教育

(一)師範教育的略史

美國的師範學校，種類頗多，歷史也頗長久。一八三九年，在麻塞邱塞的利辛頓(Lexington)有第一省立師範之設立。及後各省聞風興起，省立師範頗盛行一時。不過當時程度頗低，直至一九〇五年後，公立中學日見發達，省立師範的入學考試，程度提高，非經中學畢業不能進入，又將二年課程，延至四年，稱省立師範院，畢業生不特可得學士學位，且可得碩士學位，到現在美國養成師資之機關，可分三類。一爲二年畢業，以培養小學教師爲主旨的師範學校。一爲大學教育學院，教育科，和省立師範院等，以培養教育界各項領袖並中小學教師爲主旨。三爲其他學校附設之師範科，如農業學校的師範科，以培養鄉村教員爲主旨。中學校也有師範班，視各地方的需要而設立。此三類學校之入學資格，均爲中學畢業生。

通常師範學校，皆以中學畢業生爲基礎，由此再加二年之專門訓練。若修業期限延長到四年，即稱爲師範院。據一九三〇年的統計，省立師範有六六所，市立師範二六所，縣立師範四七所，私立師範五八所。師範院（Teachers Colleges）一三四所，私立師範院六所。

師範學校的課程　師範學校，問題極其複雜。因其所欲養成之教師，種類至繁。幼稚園教師，小學中學各級教師，都仰求他們供給。其課程編製爲適合各種需要起見，以是有二年的有三年和四年的，下面試舉幾個例子。

（A）爲養成小學教師而設的二年課程。（在阜勤尼亞省 Virginia, Fredericksburg 的省立師範院）

第一年級

秋季	冬季	春季
普通文藝（general arts）	小學文藝	讀文
教育心理	教育心理	基礎英文
基礎英文	基礎英文	體育
音樂	音樂	美國歷史
體育	體育	任擇一種
美國地理	美國歷史	（同上）
任擇下列一種	任擇一種	

教育史　　(同上)

兒童文學

數學

第二年級

秋季	冬季	春季
文藝的欣賞	兒童文學	自然研究
教育社會學	朗讀	公民學
試驗與測量	音樂欣賞	地理
教學輔導	體育	
教學原理		

在第二年級學生們經當局許可，得選音樂和其他科目。學生分為三組，在這三季中總有一組去做教學實習。

(B)爲養成幼稚園，小學和高級小學教師而設的三年課程。(在紐約的 Cortland 之省立師範)

第一學期　教學與觀察的概論　圖書館方法　科學　文化史　地理　作文　習字

第二學期　教育心理　文學　健康教育　演講學　數學　音樂　教育生物學

第三學期　幼稚園理論　歷史教學法　文學　地理教學法　讀書教學法　健康教育

第四學期　教育原理及教育方法　數學教學法　兒童文藝　教學實習　音樂　選科

幼稚園初等教學法

第五學期	第六學期
特殊心理	教育史
社會學	經濟學
音樂	選修
文藝教學法	教學實習
教學實習	書法教學法
近世歐洲史	

此校附設有實習學校，大約有三百學生，師範生必須做教學觀察的工作，至少一百小時。教學實習至少十個星期以上，這六學期的課程隨學生所需要而選習。

(C)省立師範院的四年課程。以State Teachers College, Greeley, Colorado 爲例

該校的課程組織，是根據四個原則。（一）有一種科目是普通的，文化的，根本的。（二）有一種科目是包括專門訓練的。（三）有一種科目，是爲訓練某種教師職業的。（四）有一種科目是任學生選擇以適合各人的需要。

（1）必修課程

第一年級

秋季	冬季	春季
社會科學概論	文藝欣賞	文學概要
教育概論	文學概要	教學觀察
衛生	音樂概要	教育心理學概論
科學概論	科學概論	體育
體育	體育	

第二年級

秋季	冬季	春季
教學實習	上古中古的世界對於近代文化的貢獻	近代歐洲文化的發達
學習心理		
體育		體育

第三年級

秋季	冬季

第四年級　普通社會學

秋季　冬季　春季

教學實習　教育哲學

(2)主要科之必修科目

(a)以幼稚園和小學教學爲主要科者

第一年級　冬季　小學文藝　春季　教學觀察　小學社會文藝　公民歷史教學法

第二年級　秋季　教學實習　冬季　音樂　美術方法　幼稚園小學方法　兒童發育　春季

初級生物學　教育原理　農村學校問題　鄉土地理

第三年級　秋季　拼字讀書概論　課程編製　選課　冬季　各科教學法　美國教育史　實用藝術教學法　選課　春季　書寫作文和數學教學法　教學測驗　選課

第四年級　秋季　創造教育　選課　冬季　發生學與優生學　選課　春季　道德教育　選課

(b)以農村教育爲主要科者

第一年級　冬季　農學　春季　教學觀察　中年級文藝　歷史和公民教學法

第二年級　秋季　教學實習　冬季　農村學校管理法　教育原理　選課　春季　初級生物學　中年級地理教學法　算術教學法　中年級美術教學法　選課

第三年級　秋季　拼字和讀書教學法　農村生活最近之發展　美國社會工業史　冬季　中年級地理教學法　選課　春季　寫字作文數學教學法　教學測驗　近世歐洲文化史

第四年級　秋季　課程編製　選課　冬季　各科教學法　選課　春季　道德教育　選課

其他課程的組織，有爲訓練初級和高級中學教員者，此間未曾詳引。凡預備做高中教員，須修習主要科和次要科。省立師範院能給各種文憑與學位。

師範學校之實習工作　大多數師範學校，自己附設有實習學校，也有借本地公立學校爲學生實習場所者。平常由教員指導學生到實習學校去實習。其實習時間之多寡，則隨各校的章程而不同。據一九三〇年的調查，在省立師範學校實習時間的中數是一九〇小時，在市立師範學校爲二七〇小時。縣立師範學校爲二六〇小時。私立師範學校爲二二五小時，師範院爲一五〇小時。

師範學校之標準　近年來因師範學校之發達而程度不一，美國師範院聯合會（American Association of Teachers Colleges）乃立定種種標準，使辦理師範教育者，有所遵循。凡稱師範院者，無論爲省立市立或私立，必須中學畢業生方准入學，入學後必須有完全四年課程的訓練，學校方能授予學位。師範學校給以二年左右課程者，沒有授學位之權。師範院或師範學校教員以得有碩士學位者爲合格。至論其設備必須有附設的實習學校，完備的圖書室，即課程與每期授課時數，亦須合乎標準。

教員之檢定　美國教員之檢定各省各地，方法不同，尋常檢定法，是由地方當局給予考試。及格後，即給予教員證書。至若其資格如何，訓練如何，則沒有相當之規定。現在的趨勢，檢定權漸歸於省當局。不注重考試，而注重由已被承認的學校所得的文憑。省教育董事部，能給予教員終身教學之憑證，但經過相當年期，失其效力，必須再經過考驗，或有較深之研究方能繼續有效。如加利佛尼亞省是。也有由省立師範院給予終身教學憑證者，如康塞斯(Kansas)省之省立師範院是。教學憑證有由省或地方委員會給予者，如麻塞邱塞省是。

教員之任用　教員任用的方法，上面論師範學校和教員檢定已略示大意。任用的手續，通常是經過教育局長的選擇。做候補教員者必須與教育局長接談，并有塡表格，繳薦書，筆試，體格檢查等手續。大約聘教員者可由下列幾個機關介紹。（一）商業機關。（二）大學和師範學校設的職業介紹部。（三）省教育局或省教員聯合會設的介紹部。至論候補者的資格，於一九三一年在二千五百人以上的市，大約受過二年師範訓練的，約有百分之七四·七。三年師範訓練的，百分之一六·一。四年以上的百分之六·一。且有許多城市除學業外，尙要經驗。計有百分之十八市，必須一年經驗。百分之二二，必須二年。百分之一必須二年以上。教員任期普通一年轉聘書一次者居多。經過幾年任用後，若無他故，有改爲永久任用者，或任期無定。

小學教員之待遇　美國教員的薪水，隨市之大小而不同。以下試列一表，以示一斑。

（一九三一年調査）

市別	校長兼教員的中數薪金
十萬以上人口的市	二四三六元
三萬至十萬人口的市	二〇一一元
一萬至三萬人口的市	一五七二元
五千至一萬人口的市	一五八三元
二千五百至五千人口的市	一四〇九元

校長兼輔導員中數薪金	教員薪水中數平均	
三五一九元	幼稚園	小學
二六四六元	二〇七七元	二一一八元
一九二五元	一六〇九元	一六〇九元
二二三九元		一四二八元
二一七五元	一三〇三元	一三〇三元
		一一六二元

可見市之大小，與教員薪金的高低，甚有關係。小學教員薪水低的通常還在千元左右，校長薪水高的是三千餘元。最近有一種主張以爲中小學教師，應有相等的訓練，而俸給多寡不應以中小學之校別，級別，科別，或鄉村城

市之別爲標準，應當根據下列二項。（一）教師之資格，即其所受訓練年期的長短。（二）經驗及成績。

自薪金制度改良後，近年來有相伴而生的新制度，即退隱金制度。自一八九三年芝加哥市創此制後，各市聞風興起。其目的是使教員在年老沒有能力做事的時候，得有經濟上的保障。到了現在成立了此種制度者，除哥倫比亞區外，（District of Columbia）尙有二十二省。省之中各市的制度，亦不相同。有要教員捐款者。有要教員每年付款者。有扣除百分之幾薪金者。教員服務的時間，能獲享退隱金之資格者，少則十年，多則四十年，普通以三十年爲度。退隱年紀以六十歲爲最低，以七十歲爲最高。茲將紐遮西（New Jersey）教師退隱金制度的要點，略述如下：

1. 退隱金由教師與省政府各出一半。

2. 教師年俸抽百分之二至百分之五，納入退隱金管理處管理。

3. 獲享退隱金的資格，要任職三十五年，年滿六十五歲。若因故受傷，不能繼續任職，在受傷前，也須曾任職滿十年。

4. 各退隱員每年應受退隱金的數目，按照其任職時所得平均年薪之半數給與。

在任教員之改進　教員在職的時候，爲促進專業增加效率起見，有下列幾種方法。

1. 凡由師範學校或師範院畢業的學生，開始做教師時，尙缺乏教學的經驗，可由該母校給予種種的指導與幫助。

2. 教育行政當局，派遣輔導員，如普通輔導員，或各科輔導員，平時到各校參觀，凡教員有教學上困難的問題，即給予種種的建議或幫助其解決。

3. 教員設聯合會或討論會，研究種種教學上的問題。

4. 教育行政當局，用教師教學效率的量表。(rating scales of efficiency) 或其他教育測驗，智力測驗，決定教師工作的優劣，爲升進或減少薪水的根據。

5. 教師利用暑假期間，至大學師範學校或師範院，研究暑期學校的功課，加增新知識，學校即根據暑期求學成績，加增教員薪金。大約有百分五的市，已有實行。

6. 教員任教若干年後，給相當休息時間，任其到各處遊歷，或做研究工作。據一九三一年的報告，給教員休息作專門研究的有六一六市，遊歷旅行的二九〇市，完全休息的三五二市。大約有百份之十的市，教員在休息時間，不能支薪。有三十一市，能支半薪。有多少市，仍能支全薪。

中學教員之現況　小學教員的檢定及其待遇等，上面已略說過。現在再補一段論中學教員的現況。美國中學教員之任用，其標準是漫無一定。一則因中等教育的目的各人主張極不一致。二則因中學教員之檢定，各地各省的標準，並不相同。三則因中學校大小不等，學生人數多寡懸殊。四則因教學尚未變成一種專業。據一九二八年調查，美國中學校共一八、一一六所，其中有一〇、二四八所，(佔百分之五六)是規模極小的，每校教員在六人以下，學生不及百人者有五、五一二校。(佔百分之三十強)每校教員尚不及三人，學生每校不及二百人者尚有百分之七五。至論教員呢，據栢邏孟(Bachman, F. P.)教授的研究。在小的中學校裏，開始教學全無經驗的教員，尚佔百分之二十左右。每年調換位置的教員，約有百分之四十。未曾經大學畢業的教員有百分之五十。年紀太輕尚無選舉權之教員，尚有三分之一。

中學教員的程度既如此低下，而學校內又科目繁多，以是教員所教授的科目，有時他們自己尚未曾學習，即濫竽從事。在南方五省中，據一九二九年調查竟有一個教員擔任二十二至二十七種科目者。二位教員擔任二十四至三十六種科目者。四位教員二十四至三十七種科目者。六位教員二十八至三十九種科目者，每週上課的鐘點，平均由三十至三十五，簡直沒有一點時間可以預備。且有時許多科目其性質完全不同，竟合併到一位教員去教。如農業與英文，拉丁文與心理學，體育與歷史，公民學與科學等等，其結果中學教員變成百科全書式，並沒有一點專精的學問。惟大城市所設立的中學，則情形較佳。

中學教員的檢定法，也是各省不同。有用考試選取者。有規定大學畢業即合格者。亦有未經師範或師範院畢業，也能得檢定文憑者。各省情形不同其教員檢定法亦異。有二十七省僅規定凡大學畢業即有做中學教員的資格。有十六省規定凡主要科目和次要科目，必須在大學選修，且經畢業者。有五省規定好幾種科目，凡預備做該科教員者必須修習，此外尚須修習教員科目五學分至二十四學分。在加利佛尼亞省的中學教員，除大學畢業外，還要在研究院加讀一年。

至若中學教員之薪水，據一九二九年的調查可列表如下。

十萬以上人口的市	教員薪金中數	二六八〇元
三萬至十萬人的市	（同上）	二一二〇元
一萬至三萬人的市	（同上）	一八六九元
五千至一萬人的市	（同上）	一七二九元
二千五百至五千人的市	（同上）	一五八四元

美國師範教育最高深之研究機關，爲哥倫比亞大學的師範院，該院學生有五千餘人，來自世界各國，教授多是美國的著名學者。吾國研究教育的留學生，多入此校。美國西部有士丹佛大學（Stanford University）的教育院，由克布雷博士主持（Dr. E. P. Cubberley）該院與哥大的師範院東西並峙，我國留學生在士大教育院求學者亦頗不少。美國中部則支加哥大學的教育學院頗負盛名。

（二）職業教育

美國職業教育之興起，乃是近二三十年的事。蓋自一九〇〇年後，一方面因世界工商業之爭競，不注重職業教育，不足與外國人角逐於商場。一方面因教育思想之改變，以爲職業技能，乃爲良好公民所應有。至一九〇六年，麻塞邱塞省遂有實業教育委員會（State Commission on Industral Education）之組織。後來設立許多實業學校和鄉區農業學校。一九〇七年維斯康斯省始立職業學校法，允許各市設立職業學校。一九〇九年紐約省繼之。及後各地職業學校，漸次興起。至一九一七年美國國會通過全國職業教育案，極力提倡各省實行強迫職業教育。至一九二一年，四十八省中通過強迫補習教育法律者，既有二十省。到了現在美國職業教育的各方面，可略述如下。

1. 職業教育補助金　美國中央政府，照一九一七年議案，預算撥國庫一、八六〇、〇〇〇元爲補助職業教育經費。遞增至一九二六年爲七、三六七、〇〇〇元。及後每年預算都規定此數。各省領中央補助款者，至少也要由本省籌足同一數目，方准如數發給。（卽中央補助一元，省政府亦籌一元。省政府對於各地方同樣辦理。）

2. 職業學校之類別　美國職業教育，是施於十四歲以上的青年，故職業學校的位置，是在中等學校制度之內。其類別可分爲三：（一）全日學校。（二）半日學校。（三）夜學校。

全日職業學校有三種：一爲預備職業者普通修業期爲二年。除禮拜六上課半天外，每日上課八小時，通常稱爲全日工業學校（The all-day industrial school）一爲設置農工商家事等職業科，由一科而至十數科，且有兼設普通科者，其性質是一種混成中學。一爲單施農工商家事四科中之一科者，卽以某科名之。如波斯頓工業中學，商業中學，家事技術中學等是。

半日職業學校或職業科，爲十四歲以上十八歲以下已有職業者入之。學生半日讀書半日作工，全年教室授課至少須有一百四十四小時。統計此種補習學校，美國有二十七省已實行強迫，惟於該地設有補習學校，學生有進學之可能者爲限。其學生年齡有十三省是在十四歲至十六歲之間。有八省是十四歲至十八歲，有二省是十六歲至十八歲，有二省是十四歲至十七歲。有二省至十八歲。

夜學校係爲年長有職業者補習而設。學生年紀至輕者十六歲，地點多附設於各中小學和職業學校。課程視來學者之需要而定，大約來學的工人大別之爲二種。一種是程度較高的。來學之目的，是加增他們職業的效率。科目有職業數學，職業繪圖，科學原理之類。一種是初從事職業者，僅有一點實際的經驗，其來學目的是要得使用工具和建造方法的常識。據一九二五年的統計，美國受國庫補助之夜學學生數，男生有九四、三一二人。女生有九六、〇七六八。

3. 職業指導與介紹　美國職業指導，始於一九〇一年波斯頓設立的職業商榷所。至一九〇八年後，凡大學教育科及省立師範皆添設職業指導一門。一九一〇年美國有三十五大城市，有此類的組織。歐戰時用軍人智力測驗，測驗在役軍人的智力，其結果青年中有百分之三十，其聰明能力僅能畢業於普通中學，其餘百分之七十中有許多人的能力是適合職業教育的訓練。以是各校皆注意於職業指導。到現在全國中等學校以上幾乎都設有職業指導部。至若職業介紹，美國各大城市不少職業介紹所的組織。或爲獨立機關，或附設於他機關，如青年會或大學。其作用是爲欲謀職業的人，解決種種問題。

第六節　成人教育與民衆教育

民衆教育是指對全體民衆所施行的教育。其範圍極大，約略說來可分三種：一是學校式的，二是社會式的，三是特殊式的，成人教育就是學校式和社會式的民衆教育。然則成人教育是在民衆教育範圍之內，即是民衆教育的一部份。民衆教育又包括各級及各種教育，所以有人叫做全民教育。現在各級各種教育，上面都已說過，此間尙有一部份關於民衆裏邊成人的社會的教育。略說如下。

美國人民多由他國移殖而來，教育程度極其參差不齊。在一八八〇年全國不識字的民衆在十歲以上者佔人民中百分之十七。至一八九〇年減至百分之十三・三。至一九〇〇年減至一〇・七。至一九一〇減至七・七。至一九二〇減至百分之六。茲將一九二〇年的調查，列表如下。

種別	人口總數	總人口百分比	十歲以上的人民 總數	十歲以上的人民 不識文字者人數	十歲以上的人民 百分比
土著白人	八一、一〇八、一六一	七六・七	六〇、八六一、八六三	一、二四二、五七二	二・〇
外來白人	一三、七一二、七五四	一三・〇	一三、四九七、八八六	一、七六三、七四〇	十三・一
有色人種	一〇、八八九、七〇五	一〇・三	八、〇五三、二二五	一、八四二、一六一	二三・九
總計	一〇五、七一〇、六二〇	一〇〇・〇	八二、七三九、三一五	四、九三一、九〇五	六・〇

由這表看來，美國在一九二〇年全體民衆不識字者，平均尙有百分之六。其中有色人種不識字者最多。外來的白人次之。土著白人又次之。然則美人對於成人教育的問題：(一)如何使外來的人民受美國化的教育？(二)如何減少本國的文盲？(三)如何增進普通民衆的知識？以是成人教育有下列的設施。

1. 受美國化的教育　大戰後外人移居美國者頗多，全國研究文盲委員會 (The National Commission

of Illiteracy) 主張利用全國的學校，施移民以種種的教育，而使之同化，各省憲法中也有規定美國化教育如何施行者。如康奈克的克脫 (Connecticut) 戴賴桓 (Delaware) 麻塞邱塞渥海烏 (Ohio) 南達夸韃 (South Dakota) 等省，尤爲這種運動的先驅。紐約之省立學校有附設機關，專訓練一般教員去教授移民。加利佛尼亞州，訂有專給施行美國化教育的文憑。其他各州有禁止移民教授外國方言者。人民曾受相當的訓練，考試及格後，可領文憑，證明其有美國公民的資格。

2. 大學之推廣教育　大學之推廣教育，萌芽於一八八五年可杜加大學 (Chautauqua University)。至一八九二年，省立維斯康辛大學，即從事盡推廣教育的義務。至一九〇六年該校設有推廣部，以擴充工作。至一九一三年服務推廣事業者，既有二十八個大學。到現在既爲全國一致的運動。各省省立大學，往往有關於推廣班設置的規定。凡該大學勢力範圍內某地方有五人或十人願學某種功課者，即可呈請該大學派員至該地方授課。薪俸旅費都由大學擔任，惟書籍雜費則由學生自備。計這類推廣教育，有暑期學校，冬季短期班，推廣班，函授班，夜學校等。

3. 社會化的圖書館事業　美國的圖書館極其發達，有省立的，有縣立的，有市立的，有鎮立的。省立圖書館，得省內各地方或鄉村之請，可將書籍和報章雜誌及其他印刷物，送至各地，使人民有機會閱讀。此種運動於一八九三年紐約省開始。二年後維斯康辛繼之。現在既普遍全國。縣立圖書館缺乏書籍時，也得向借於省立圖書館。此外又有各學校圖書館，以哈佛大學圖書館藏書最多，計二百五十餘萬卷。次則耶魯(Yale)凡百五十餘萬卷。市圖書館中如在芝加哥者藏書一百四十萬卷。縣圖書館計二三三所。鎮圖書館四七五所。而華盛頓之國會圖書館（Library of Congress）規模偉大，藏書更富。各省公立圖書館，每千人中（依一九二〇年人口册）平均所得藏書册數，可列表如下。

省名	册數
New Hampshire	1978
Massachusetts	1885
Vermont	1405
Nevada	1338
Connecticut	1329
Rhode Island	1166
Maine	1085
California	957
Delaware	850
Oregon	694
New York	660
Montana	592
Michigan	538
New Jersey	577
Illinois	548
Colorado	537
Arizona	535
Wyoming	499
Iowa	498
Indiania	480
Ohio	467

書名	冊數
Minnesota	455
Wisconsin	443
Washington	442
Utah	420
Maryland	371
Missouri	326
Pennsylvania	310
Nebraska	306
Idaho	295
Kansas	279
Kentucky	213
South Dakota	199

書名	冊數
Tennessee	183
Louisiana	165
North Dakota	165
West Virginia	152
Alabama	130
Texas	112
Florida	126
Oklahoma	102
Georgia	95
Virginia	90
New Mexico	83
Mississippi	82
South Carolina	76
North Carolina	56
Arkansas	37
平均 美國	567

這樣看來南方諸省的圖書事業比較不發達。全美國計算，每千人中有圖書五百六十七册。

據一九二九年美國中央教育局報告，美國平均一一、二二六人中有圖書館一所。全國每館有三千册以上圖書的有六、四二九所。藏書約一六二、〇〇〇、〇〇〇册，自一九二三至一九二九年間，加增了三三、五〇〇、〇〇〇册。

4 特殊教育，凡孩童中有因貧苦不能完全入學者，或因聰明低下抑或身體缺陷，不能入普通學校者。對於前者國家頒定童工法律，規定某年齡某時間範圍內，准做相當工作。對於後者則設特殊班或訓練班。有肺癆病者，則設露天班。低能者，則設特別班。不懂英文者，則設補習班。其他又有盲啞學校，低能兒學校等。據一九二八年的統計，此類學校數和學生數可列表如下。

校別	學校數	教員數	學生數
罪犯工業學校	一五八	一、四八八	八四、三一七
啞人學校	一六八	二、三〇三	一七、五八二
盲人學校	八〇	八六三	六、〇八四
低能兒學校	三〇三	三、四九三	一〇四、〇二一

此外美國各城市，尚有許多博物院，動物園，和其他美術展覽室等，對於人民的普通知識，大有幫助。至若各種出版物，據一九二七年的統計，在美國有日報二、三三二種，週刊一二、九二〇種，半週刊四八七種，月刊三、七

○九種。半月刊四○九種，其他定期刊出版物八三七種，總計二○、六九四種。

第七節　美國教育之趨勢

美國教育在歷史的過去看來，可說是一切設施漫無標準。其中原因，可略爲四：一則由於種族之複雜。二則由於教育觀念之差異。三則由於地域之成見。四則由於平民主義之鼓吹。且新興國家歷史較短，一切事業正在建設中，並無固定的成規可以遵守，也是其中原因之一。蓋美邦原爲歐洲幾國的殖民地，十七世紀英人移殖北美者甚多。十八世紀黑人由非洲輸入爲後來南北戰爭之引線。十九世紀以後，德國人阿爾蘭人意大利人俄羅斯人等相繼至美。歐戰以後各處人民爲經濟壓迫至美國求生活者，數目也不少。北美民族如此混雜，各民族的宗教不同，祖國也不同，對於教育主張自成派別，這層在上面略有說過。且殖民居處各地，自成風氣，交通不便，即生此疆彼界之心。中央權力微薄，各省不願讓中央有多量的政權，即縣之與省也不願省政府專權獨斷。南部諸省主張地方分權，極其劇烈。加之以平民主義盛行，教育事業任各省各地人民去處理，此爲美國教育制度分岐的主因。論其利，則合民治民有民享的原則，且各地方能自由設施，以供各地的需要，新實驗新方法容易產生。論其弊，則各地貧富懸殊，不能調濟，設施上無整齊標準，行政上又缺乏效率，其結果是無系統，無原則，且各地方的教育也不能平均發展。美國近年來經過一般教育家之提倡與努力，爲興利除弊起見，在教育演進上既有下列幾種趨勢。（一）教育行政方面，有漸向集權的趨勢。鄉區制行將廢除，似既不成問題。教育專家克布雷（E. P. Cubberley）主張以縣制代鄉區制。縣爲單位，區域較廣，在一縣中各區貧富不齊者，可由縣分撥款項救濟，使各區教育發達比較平均。縣教育局容易招收人材，以振興一縣教育。縣以上卽爲省，省教育局的權限，近年來日見擴張。卽素來無權的中央教育局，也有人主張改設爲教育部，將中央各部局管理教育的權限，歸教部統屬。且中央增加補助各省的教育費，經濟力擴張，當然管理權也隨而擴張。（二）學校分配方面，有集中的趨勢。從前小學和中學分散各處，學生稀少，各校經費能力非常薄弱，以至有一位教員辦一間小學者。有一二位教員辦一間中學者，設備已非常簡單，程度又非常低劣。鄉村的小學中學其規模小者比之大城市的中小學，眞有天淵之別。其補救方法是用歸併，例如愛渥窪（Iowa）省制定法律，凡學童不滿五名之學校，不得繼續開設，須將所有兒童集合於一校施教，這叫做鄉村集合學校。（consolidated rural school）這種集合鄉校，建築多是新式，每附有教師住宅，學童來回由公家備有大汽車運送。且校中課程豐富，教師薪俸亦較高，比之從前太過簡單的學校自然不同。在中學方面來看，在城市所設者，最大的中學有學生八千數百人，而鄉村中學每校不滿五十人者，在一九二四年尙有五、一一〇所。其教員往往只有一人。近年來政府對於不滿十人者，旣不承認其爲中學，人口稍多地方稍大的區域，卽設較完備的初中，以補其缺。（三）各校程度方面，有標準化的趨勢。維持標準的方法，上面論中小學教育已有說及，誠以太過自由，太過散漫，天下事熱極則風，壅極則通，到極點的時候，當然有所改變，而思有以調濟。且標準測驗日益發達，學生程度之高低，可由測量而決定，卽學校設備，編製課程，亦漸有相當的標準可以遵從。（四）教育方法方面，則有科學化的趨勢。要明瞭各地教育的情形，卽發達了一種調查法。學校調查始於一九一一年美國背西（Boise）地方，及後各省各地的教育行政人員，皆用調查爲改良教育的方法。到了現在，調查結果已印爲報告者，數達四五百種。爲明瞭學生程度起見，則用測量法。經過桑戴克(Thorndike)諸人的努力，據門羅(W. C. Monroe)的報告，在一九二七年前後刊行的測驗已有一千三百餘種。此外如實驗學校的興起，課程編製的研究等等，亦爲教育方法科學化的特徵。美爲新興之國，其教育方法上的進步，反爲歐洲各國所不及。現在仍蒸蒸日上，前途正未有艾呢。

練習題

1. 美國自歐戰後教育進步之迅速，有何原因？
2. 在一七五〇年間，美人對於教育之主張，有何三派？
3. 試述美國在汎愛教育時期的教育情形。
4. 省政教育的發達，曾經過幾個步驟？
5. 略述近三十年來美國教育進步的幾點。
6. 試述美國中央教育行政機關之組織，及其權責。
7. 試比較鄉區制，鎮制，縣制，市制，在美國教育行政上的得失或利弊。
8. 美國教師能否參加或干預國家教育行政？
9. 美國教育經費之籌劃或分配，有何困難問題？
10. 試比較中美兩國的視學制度。

11. 研究美國教育行政系統後，對於吾國的教育行政制度有何改革的建議？

12. 美國的學校系統，有新制與舊制之別，試繪圖明之。

13. 試述美國幼稚教育的概況。

14. 中美兩國小學校之校長，其職權和地位有否不同？

15. 試討論美國小學校學生之分級法。

16. 試比較中美兩國的小學課程。

17. 美國小學校用的課本，是由何人採擇？

18. 比較中美兩國之小學生數，和人口數。

19. 試述美國中學校的歷史，及其目的。

20. 試比較中美兩國的中學課程。

21. 美國中學是否漸趨標準化？試說明之。

22. 試述美國初級中學之沿革，及其現況。

23. 試述美國初級學院之沿革，及其現況。

24. 試比較中美兩國的中學和大學校的數目和學生數。

25. 美國中小學師資訓練機關，共有幾種？

26. 試述美國教員之檢定和任用的方法。
27. 試討論美國教員之退隱金制度。
28. 試討論美國在任教員之改進法。
29. 美國中學校任用教員，何故缺乏標準？試詳說其理由。
30. 試述美國中學教員之現況。
31. 試述美國職業教育的略史，及其現況。
32. 試述美國職業介紹制度。
33. 美國大學對於教育推廣事業，是否努力？
34. 美國南北二部圖書館的發達程度，是否相同？
35. 試述美國之特殊教育。
36. 最近美國教育之改進有何新趨勢？
37. 美國的教育制度與方法對於吾國教育會發生何種影響？

英文參考書

Kandel, I. L. : Comparative Education, Houghton Mifflin Co., Boston, 1932.
pp. 188-206, 313-348, 486-519, 600-624, 790-826, 854-860

Knight, E. W. : Education in the United States (New York 1929)

Cubberley, E. P. : Public Education in the United States (Boston 1929)

Cubberley, E. P. : State School Administration (Boston 1929)

Cubberley, E. P. : Public School Administration (Boston 1929)

Kandel, I. L. : Twenty Five Years of American Education (New York 1924)

United States Office of Education Biennial Survey of Education, 1928-1930 (Washington D. C. 1932)

Kandel, I. L. : History of Secondary Education (Boston 1930)

中文參考書

1. 汪懋祖美國教育概覽（中華）一九三二

2. 古楳美國鄉村教育概觀（中華）

3. 胡叔異英美德日四國兒童教育（中華）

4. 莊澤宣各國教育比較論（商務）一九二九

5. 常導之德法英美四國教育概觀（商務）一七三至二一三頁（一九三〇）

6. 姜琦邱椿歐戰後之西洋教育（師範小叢書）（商務）一九三一

雜誌論文

1. 鍾魯齋近年來美國教育進步之幾方面（教育雜誌二十三卷三號）
2. 傅葆琛美國最近鄉村教育問題之推斷（同上）
3. 徐旭美國民衆圖之史的考案（教育與民衆三卷期）
4. 王鏡清論今日美國之教育（社會與教育十六期）
5. 衞士生一九三〇年的美國教育（教育雜誌二三卷六號）
6. 潘楚基美國學生之左傾運動（東方雜誌三十卷五號）
7. 嚴文郁美國圖書館概況（圖書館季刊五卷三四期合刊）
8. 羅廷光最近美國教育之總合的觀察（時代公論二五與二六號）
9. 陳慶梅譯美國大學圖書館之勃與（安徽教育三卷一期）
10. 李絜非譯美國圖書館發達史略（浙江圖書館月刊一卷五六期合刊）
11. 張安國美國新與教育之發展及其指導原理（中華教育界二十卷九期）
12. 皮公宇美國南部教育之發展（教育雜誌十八卷九號）
13. 常道直美國教育之管規（教育雜誌十八卷四號）
14. 孫說英美國的教育經費（教育研究第十五期）

15. 趙演美國中等教育之性質及範圍（教育雜誌十八卷六號）
16. 李燦輝美國中等教育之趨勢（教育雜誌二十卷三號）
17. 吳哲夫對於美國中等教育的幾個批評（中華基督教育季刊第五卷第二期）
18. 黃溥美國中等教育之缺陷（同上五卷一期）
19. 劉衡如美國公共圖書館概況（新教育七卷一期）
20. 常道直美國之職業教育及特殊教育舉例（教育雜誌十八卷十號）
21. 鄒恩潤最近三年間美國職業教育的進步概述（教育與職業八十四期）
22. 陳博文美國最近二十五年來之職業教育（教育雜誌十九卷八號）

第三章　英國教育之演進及其現況

英國本部合北阿爾蘭(Great Britain and Northern Ireland)面積九四、六三三方英里，人口四四、五〇四、〇〇〇，其屬地遍天下，所謂國旗所指，天日不墜。若果併合各洲的殖民地來說，面積是一三、三五五、四二六方英里，人口是四四九、五八三、〇〇〇。本篇說的教育狀況，是限於英國本部，其屬地的教育狀況，並未涉及。

第一節　英國教育之史的考察

英國教育之發達，約略可分爲三時期。一八〇〇年前，爲宗教教育時期。一八〇〇至一八三三年爲汎愛教育時期。自一八三三年後漸進而至國家管理教育時期。原來英人保守性最深，其初以爲一切教育，原是爲宗教目的而設，教育原非國家事業。以是私立學校教會學校應運而興，而成一種慈善學校制度(Charity school syste m)。主其事者，是一般熱心教育的人，或一種著名團體。如一六九九年基督知識促進會(Society for the Promotion of Christian Knowledge)成立，一七〇一年海外福音宣傳會成立，(Society for the Propagation o the Gospel in Foreign Parts)對於英國本國和海外的教育，均有莫大的幫助。當時的教育經費，是由捐款和基金的利息而來。受教育的人，是社會上一般窮苦人的子女，教以讀書寫字算術拼字和宗教智識，女子則加以縫級。至若貴族和富人的子弟，則有家庭教師高等小學校（grammar school）和大學。至一七六三年，又有主日學校興起，收羅勞工的子女，教以宗教和常識。上課時間則在星期日。自各城市工業漸次發達，工人入工廠作工，無暇教育子女，主日學校適足以應彼輩的需求，至一七九二年學生人數已達五十萬。此外尙有日間學校，夜學校，孤兒學校，窮人學校（ragged schools）等，皆是爲窮苦兒童而設。至一八〇〇年後，一進而至汎愛教育時期。此時期的教育與前期沒有很大的區別。上面所說的慈善學校主日學校窮人學校等在社會上仍舊繼續的發達，不過新生了二種汎愛教育的方法或機關。一爲訓導制度，（monitorial system）二爲嬰孩學校，（infant school）訓導制創自背爾，（Dr. Andrew Bell）在一七九七年刊印他著的教育實驗（An Experiment in Education）敍述在印度麻打拉薩（Madras）用這種制度教導着許多兒童。英人蘭喀斯德（Joseph Lancaster）於一七九八年在英倫也用着訓導者（Monitors）教一般窮苦子弟。所用方法，恰與背爾所創者相合。其教法約有下列三點：（1）一位教員可教授二百至一千學生，他可選擇聰明而程度較好的學生，名爲訓導者，做他的助教。（2）教員先教授這少數訓導者，後將學生分爲若干行，每行由一訓導者去指導。各行的訓導者，將教員所教傳導於各行學生，而達於全班。（3）普通一訓導者，可教學生十人。至一八一〇年在英倫有蘭喀斯德式的學校九十五所，頗能引起一時人士的注意。至一八三一年，受學兒童數旣達九十萬以上。但至一八四〇年後，此種運動變爲過去的陳跡。至若嬰孩學校，始創於蘇格蘭的阿文（Robert Owen）他以慈善爲懷，看見許多貧苦兒童六七歲時，卽入工廠作工，幼年又乏相當的教育，以是創設學校，使兒童三歲時可以進入，教以智識和道德。至一八一四年其成績和辦法，既名震一時。其教學法是以心理爲根據，得自裴司泰洛齊（Pestalozzi）者居多。總之這時期的教育事業，完全由各個人和各團體去主持，國家並未曾盡若何責任。自一八三三年英國議會議決教育補助金以後，國家對於教育的態度，漸次改變。教育法漸次成立，改良教育的議案也陸續頒佈。如一八六九年改良高小的議案，一八七〇年小學教育議案，一八七一年大學宗教教育自由的議案，一八七六年小學教育實行強迫的議案，對於英國教育發達史上，發生了極大的影響。至一八九九年中央教育部（Central Board of Education）竟呱呱墮地了！總而論之，國家管理教育，曾經過三個步驟：議案中明白規定國家對於教育應有權過問，幷指導中等學校之設立，此爲第一步。議定國家辦理小學教育一定的制度，此爲第二步。設立大學爲國家最高學術機關，此爲第三步。至一九〇二年的立法，既將教育行政系統改革一新，教育經費幾乎加增一半，大中小學皆由國家管理。至一九一八年菲奢議案（Fisher Act）通過後，更足爲英國教育歷史上開一新紀元。這議案的要點：（一）強迫教育延長至十五或十六歲。（二）教育行政重地方分權，中央不多事干涉。（三）設立嬰孩學校，和中央學校（central school）（四）設立補習學校收受十四至十八歲的兒童。（五）小學免費。大戰後教育行政和各級教育，都有改進。其最近的情形，將以下分節敍述。

第二節　英國教育之行政制度與學校系統

英國的教育制度，可說是亂雜而無系統，比之美國更甚。明明叫做公立學校，(public schools) 其實又有是私立的。明明是私立學校，又受着公家經費的補助。明明是各教派辦的學校，也可受中央或各地方經費的幫忙。有中等學校可招收幼稚園畢業的學生。有名爲小學竟設有中學的科目。有些地方教育行政長官，其實權是漫無限制。又有些權限甚小，僅能管理小學教育範圍內的事情。至若中央和地方教育行政機關，對於屬下的學校，也是缺乏嚴格的指導或監察，一任各校自由以至學校在實際上竟爲教育行政上的單位。此點在各國罕有聞見，也是英國教育的特色。直至一九〇二年後，纔漸次設立國家教育制度。

英國自一八三三年後，漸進至國家管理教育時期，其經過上面已有說及。一八九九年中央創設的教育部，是管理英倫 (England) 和威爾士(Wales) 的教育。茲先將中央教育行政機關略述如左。

（甲）中央教育行政機關　英國中央教育行政機關的組織，有部長一人，由國王任命，爲內閣之一員，對國會負責。部長以下有國會祕書，(parliamentary secretary) 爲國會之一員。當部長缺席時，一切事務由國會祕書代理。部長任期視其政黨的勢力而定。苟該黨失勢，其職位當然爲他黨所攫取。部長和國會祕書能代表教育部，出席國會，報告或討論教育上種種的問題，或呈報教育的預算案。管理部內的事務，則有常任祕書 (permanent secretary)。

一九二二年前，英國教育部分爲四科，即初等教育科，中等教育科，專門教育科，和師資訓練科。自一九二二年後，此種組織已經取消，以地方分科代之。即以地方爲單位，在教育部設某地方的教育科，管理該地方初等中等高等教育一切事務。以一九〇七年所創威爾士教育科 (Department for Wales) 專管威爾士教育可以爲例。科有科長負聯絡該地方教育行政人員之責，或通信或會議，使地方上一切教育情形，教部得以明瞭。至若教育部普通工作有祕書處 (secretariet) 負指導之責。內有常任祕書代理祕書，威爾士科有常任祕書三位，負責初等中等和專門教育。又有五位襄理祕書。部內員司，分審檢員 (examiners) 與視學員 (inspectors) 兩大類：前者在部內辦事，後者出外視察。視察員有視察長三人，分掌小學中學和專門教育視察的事宜，組成視察部。內有許多視察員，且有女視察長管理女視察員。據一九三二年報告，共有視察員三百三十八人。

恐教育部長專斷太甚，於一九〇〇年成立參議委員會 (Consultative Committee) 於一九二〇年改組，該委員二十一人，由教育部長委任，每二年更動七人。委員中至少要有三分二能代表大學及其他從事教育事業團體之意見，然其作用僅爲教育部長的顧問，其所有的調查報告，或獻議，部長能否聽從與執行，一任自由。

決定國家教育政策除參議委員貢獻意見外，還有幼童委員會。(Juvenile Organizations Committee) 本會成立於一九一六年，幫助內務部 (Home Office) 管理兒童犯罪問題。一九一九年後歸併於教育部，委員四四八，專理兒童一切社交衞生和其他教育上的事宜，此外於一九二〇年組織成人教育委員會 (Adult Education Committee) 幫助教育部關於成人教育事項。一九一七年設立中等學校考試局 (Secondary Schools Examination Council) 助理教部舉行中學考試，本局是合大學代表，各地教育行政官代表，和皇家教員聯合會 (Royal Society of Teachers) 代表而成。又有中央教員檢定顧問委員會 (Central Advisory Committee for the Certification of Teachers) 合二十五人而成，助理教部關於教師訓練和檢定事宜。又設教員註冊局，(Teachers' Registration Council) 在一九三一年在該局註冊者有九萬人，亦可見英國教員漸有專業趨勢之一斑。

此外中央又設有教育研究所，(Office of Special Inquiries and Reports) 研究及報告本國或外國的教育情形。

至論教育部權限甚微，惟有幾點可以說說：（一）批准或否認地方教育行政機關的計劃書。據一九一八年的教育議案，所有縣及縣邑參議會，必須呈交教育計劃書，牠們能否得國庫的津貼，視教部能否承認其計劃而定。（二）教育部能視察地方官廳設立的學校，若發現其實況有不合宜處，中央得減少其津貼。又經一九一八及一九二一年的教育法令，中央政府得擴張其監督權於未受教部津貼的私立學校。（三）管理皇家文藝學院 (Royal College of arts) 維多利亞 (Victoria) 和亞爾巴 (Albert) 博物院，和科學博物院。（四）大學校完全爲自治體，直接由國會發給國庫津貼，不屬教部管轄。

此外如感化院 (Reformatory) 和犯罪兒童的工業學校，歸內務部管理，農業學校歸農部管理，陸軍學校歸陸軍部管理，海軍學校歸海軍部管理。權屬分歧，教育部未曾過問。

（乙）地方教育行政機關　地方教育行政機關之組織，是根據一九〇二年的教育議案。倫敦教育行政是根據一九〇三年的教育議案。按一九〇二年的教育條例，將全國教育行政區域分爲縣 (county) 縣邑 (county boroughs) 市邑 (municipal boroughs) 和鎮區 (urban district) 皆直轄於中央，茲將各種地方教育行政機關之組織分述如下。

(1)縣 (county) (有譯爲府或郡) 縣之大者，如 Yorkshire and Lincolnshire 可再分爲幾縣。英格蘭共有縣六十三。

(2)縣邑 (county boroughs) (有譯爲府邑) 是五萬人以上的市，共有八十三。

(3)市邑 (municipal boroughs) 是一萬人以上的市共有一百三十一。

(4)鎮區 (urban district) 是一有組織的行政區域。相似美國的鎮 (township) 人口在二萬以上者，共有鎮區四十。

縣與縣邑的權責，除管理小學教育外，於必要時可管理中等教育。市邑與鎮區僅管理小學教育，各行政區域中，有選舉出來的參議會 (elected council) 爲地方行政機關，內分許多委員會，如財務委員會，電政委員會之類。關於教育事務，則有教育委員會負責。教育委員的產生，各地不同；有由市長或縣長委任者，有票選者，有按政黨人數的比例分配者。至若教育委員會的人數，並沒有一定。大約由五八至五十八。

教育委員會的權責，各地不同。權責大者，可以決斷一切，小者則所有決議案，須由議會通過。(地方行政機關)因教育委員不受薪水，兼有他項職業，而教育事務又繁且重，以是在委員會下又設許多分組委員會。通常分六組，司理高等教育，初等教育，夜間補習學校，學校管理，督促入學，教育經費等。惟倫敦縣議會(London County Council) 的教育委員會，有分委員七司理設備與入學，書籍與儀器，小學教育，總務，高等教育，特殊設計，教學事務等。

教育委員會的主席通常稱爲教育指導員，(Director of Education) 或教育書記 (clerks) 或教育幹事，(secretary) 其責任是執行教育委員會的訓令事項，須有普通和專門智識，通常須經大學畢業，且有幾年教學的經驗。其薪水隨區域大小而不同，少者四百鎊，多者二千五百鎊。至若行政人員之多寡，則隨事務的繁簡而不同。有在教育指導員下僅設一二助理員，和幾位祕書者；有設許多行政人員，分掌各種事務者。如滿徹斯他 (Manchester) 是一縣邑，人口七五五、九〇〇，設有指導員，副指導員，助理長，助理員（四人）。視察長，副視察長，視察員（六八人）。醫師，助理醫師（二十八人）牙科醫師，體育指導，（有助理二人）音樂顧問（有助理六人）會計師，調查專員，組織主任，童工監察員等。

爲督促學生入學起見，隸屬於教育行政官之下，尙有入學督促員，每學區一人。惟倫敦一市有三百數十人之多，督促員負有調查本區學齡兒童，及學童家庭狀況等職務。

據一九一八年的議案，地方教育行政機關須負責該地教育一切興革發展事項，必調查該地的需要，造成十年發展的計劃。這計劃書的起草，是教育委員會行政人員的責任，尤其是教育指導員。惟後來因經濟困難，不能作這樣長期的預算，於一九二五年起改爲三年發展的計劃。其時計劃書已起草者，約有一千。所有教育改良之建議，及其根據的事實和所用調查的方法，比之美國任用專家去做教育調查，有點不同。大約這種計劃書是說明教育現狀，和此後發展應用的款項，及所希望於中央補助者。得地方上教育人員和父老的同意，卽呈上教育部，請求批准。批准後卽發生效力。若不批准則須再事商酌與修改。

英國教育行政上還有二個特點，第一個特點就是教育行政當局幫助各學校組設校董會。(managers for schools) 其目的是避免當局專權，且可引起人民對於教育的熱心。此制始於一九〇二年，各校校董是由該地教育長官所委任。惟私立學校 (non-provided or denominational schools) (卽非由地方政府設立而由政府維持者) 的校董，有一部份是當時設立學校的校董，所謂基本校董。(foundation managers) 一部份是由教育行政當局委任的校董，僅四人或二人而已。校董的權責，一方面是聯絡學校和教育行政當局，商議關於一切學校整頓事宜，一方面是監護學校，有調查指導的責任。卽教員的任用，亦有薦舉之權。若教員中有糾紛事件發生，校董可以處置。

然則英國現行之教育行政系統可列表如左：

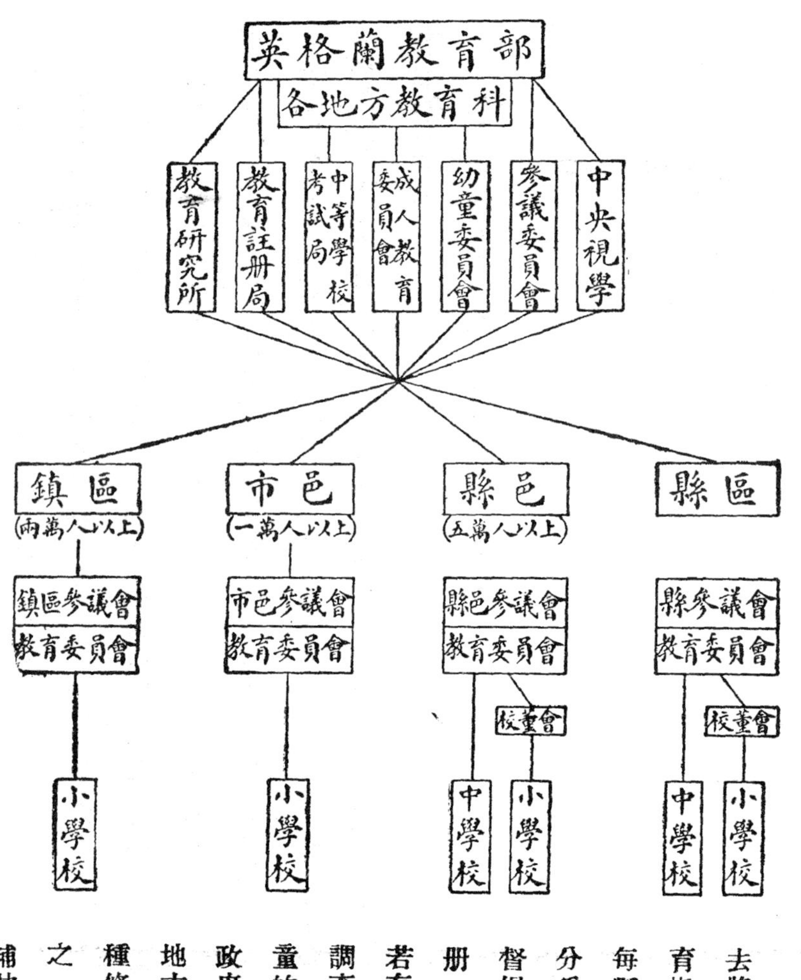

第二個特點，就是用補助費去獎勵兒童入學。英國各地在教育指導員之下，設有入學督促員。每縣區，縣邑，市邑鎮區之下，還細分爲若干鄉區。每一鄉區，置入學督促員一人。各校點名册各置副册一，按週送交入學督促員檢閱。若有無故缺席之兒童，督促員必調查其原因而加以糾正。缺席兒童的數目因之大減。且英國中央政府分撥地方上的補助費，必須地方政府辦理教育能夠合乎種種條件。學生不缺席，是其條件中之一。缺席愈多者，地方上享受的補助費愈少。地方教育行政人員，因此對於兒童入學極其注意。

此外要附帶敍述者，是英國的視學制度。英格蘭共分爲九個視學區，每區內視察的事項：一爲公立初等學校二爲專門及補習學校。三爲中學及教生中心。(pupil-teacher center) 至若地方教育行政機關，則教育指導員之下設有地方視學員及專科指導員若干人。地方視學員的職務，不必與教部視學員相同，但每一地方視學員，必附從於一教部視學員之下，而與之合作。地方視學員常能與學校教職員保持密切的關係。共謀教學上的改進，是他們最有價值的貢獻。

英國的教育經費中央與地方各籌一半。中央的款大部份抽自所得稅，死亡捐，海關稅，及其他間接的稅務。教育部長每年將預算表送陳國會，國會通過後，即將指定款項分撥爲教育部維持費，各地方補助費和教員退隱金。至若各大學補助費，則直接由國庫支給，農業教育經費，則須經過農部。犯罪或流浪兒童的教育經費，則須經過內務部。至論地方教育經費除中央補助外，是由各種地方稅而來，由地方教育委員會，做成預算表，呈交財政委員會，後須經地方參議會通過。

英國之學校系統，英美派的學校，原沒有系統可說，其系統係俟各級學校發展後，不得不發生關係時，然後整理而成。英國的學制，極其複雜。直至一九一八年歐戰以後，全國始漸有整齊劃一的趨向。茲將其學校系統繪圖如左。

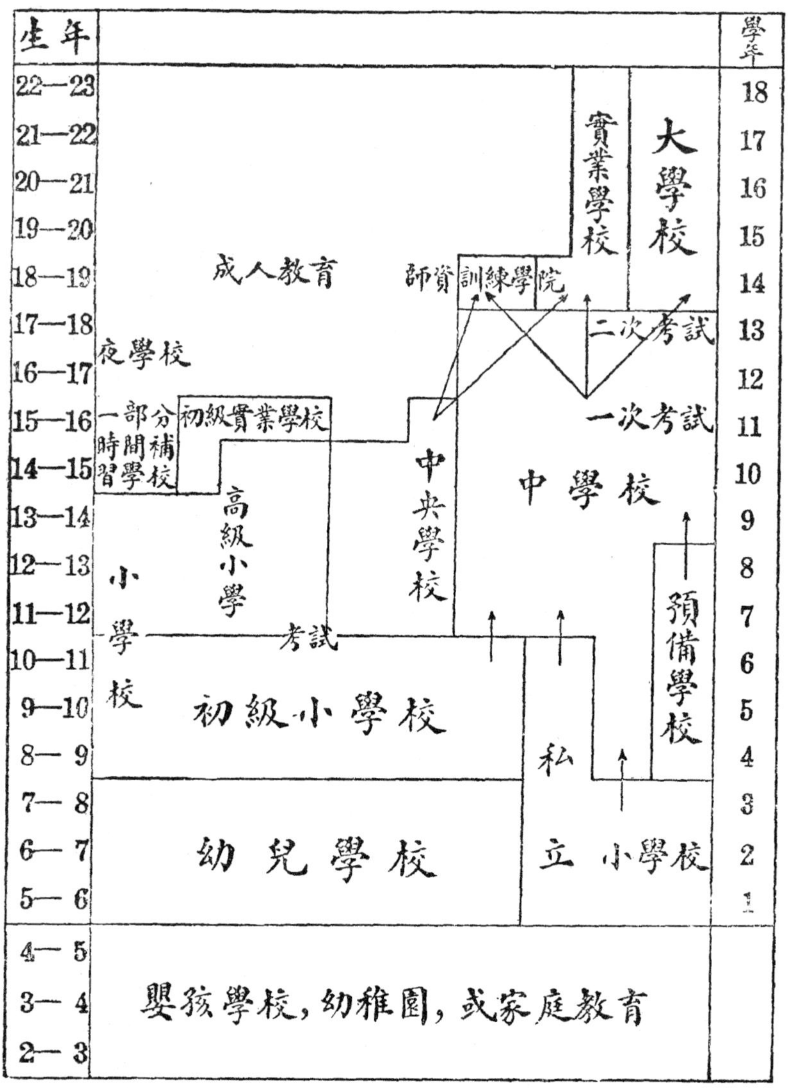
生年
學年
22—23
21—22
20—21
19—20
18—19
17—18
16—17
15—16
14—15
13—14
12—13
11—12
10—11
9—10
8— 9
7— 8
6— 7
5— 6
4— 5
3— 4
2— 3
18
17
16
15
14
13
12
11
10
9
8
7
6
5
4
3
2
1
實業學校
大學校
成人教育
師資訓練學院
二次考試
夜學校
一次考試
一部時間習學
分補校
初級實業學校
中學校
高級小學
中央學校
小學校
考試
預備學校
初級小學校
私立
幼兒學校
小學校
嬰孩學校，幼稚園，或家庭教育

英國的學制，入目爲雙軌制，因其小學與中學一部份成平行，彼此不相交通。修畢高級小學校，可入初級實業學校，補習學校和其他職業學校。惟修畢中央學校和中學校者，則入大學或實業專門學校。英國的義務教育，由五或六歲一直到十四歲。五歲前則入嬰孩學校，五歲到八歲則入幼兒學校。幼兒學校以上，則入初級小學。待兒童達到十一歲的時候（大約由十一歲至十三歲）即受當地教育行政機關所舉行的一種甄別試驗，試驗科目爲英文，算術，歷史地理，默字，拼字，自然研究等，且有智力測驗，輔以筆試和口試。平常在校求學的成績，亦爲計算總成績的一部份。其甄別結果，可分爲三種：（一）成績最優者，由地方政府資助升入中等學校肄業至十六歲。如在校仍成績優良，繼續資助其讀完中學之高級科至滿十八歲。（二）成績次優者，即令轉入中央學校，(central school)肄業到十六歲。（三）其他成績平常者，即令入高級小學。(senior school) 此種考試有選擇作用，使優秀生徒得入中學而大學，實足以補救其雙軌學制的缺點。其中等教育一階段，算最複雜。開始年齡於八九歲爲最早，以十一歲爲普通，較遲的有從十二歲或十三歲方開始者。有許多中學校尤其是女校，在下一段竟招收幼稚園畢業的學生，在上一段竟與大學相接。有許多男中學則招收私立小學學生，年齡以九歲十歲爲度。但按教部定章，中學六年，兒童十二歲至十八歲。這六年課程分爲前後二段：前段四年，後段二年。凡學生讀完前一段，須經過第一次考試。讀完後一段，須經過第二次或高等考試。中學畢業後，或入師資訓練學院，(training college) 養成小學教員之資格。這訓練學院多由私人團體或地方教育人員所設立，由公家給以補助。或入大學或入專門學院，以造成領袖人材。

上面所說的學制，是漫無系統，且不能適應各年齡兒童之所需求，以是學制改革的議論從玆興起。一九二六年教部之參議委員會出版一成人教育報告名黑多報告。(Hadow Report) 其報告裏邊有三個重要的獻議：(一)小學教育大約於兒童十一歲左右可以終止，十一歲後當爲一概兒童設立一種後期小學教育(post-primary education)(二)這種後期小學教育須有各種不同的形式以適應兒童的個性。(三)義務教育當由法律規定至兒童十五歲止。其大意是兒童十一歲後國家當設現代學校(modern school)去代替中央學校，其課程有共同必修的，有選擇的。此外又有其他各種學校，以適應兒童完畢小學教育後，發展各人的材能與天性。至一九二九年教育部長吐黎衞袁(Sir Charles Trevelyan)即有自一九三一年起實行強迫教育至十五歲的提案，雖因困難甚多，不能通過，然現行學制不滿人意必將經過種種的改革，是可斷言的。

在英國的學校系統上還佔着極大勢力者，就是一般私立學校。這種私立學校由私人團體設立，程度不齊，設備岐異。自一九三〇年起教部乃組織一種委員會，專研究私立學校的問題。據該委員會的報告，在英倫有私立學校一〇、〇〇〇所，學生四〇〇、〇〇〇人(年齡由五歲至十四歲)其中曾由教部視察者，僅一千三百所。由地方教育行政當局視察者，僅一千所。其他未經視察的私立學校，太過自由，以至辦理不合標準。該委員會提議要強迫私立學校向地方教育行政機關立案。若與立案條件不合者，則六個月前正式向學校當局警告，促之改良。若不聽命，則令停辦。

英國的教育行政制度和學校系統，已經略述過了。以下將各級教育分段敍述。

第三節　幼稚教育與小學教育

幼稚教育　英國的幼稚教育，在學制上分為二段；一為二歲至五歲的嬰孩學校（nursery school）根據一九一八年的教育議案，這類學校得用公費辦理，然據一九三〇年的調查，公費設立的嬰孩學校，僅二二所。由私人團體設立受教育部補助者，有四三所。近年來雖有教育家熱心提倡，然受經濟恐慌的影響，亦未見有顯著的成績，後一段為五歲至八歲的幼兒學校（infant school）或幼兒班。這一段既入小學教育的範圍，因英國小學校中每將這類兒童編為幼兒部。嬰孩學校，通常每日開放十小時，供給三餐膳食，沐浴和睡眠適當的設備。通例每月有醫生檢查一次。教科有手工唱歌遊戲，和關於想像能力的練習，至若幼兒學校與一般小學校無大差別。惟目前有進步的小學，已經開始採用幼稚園的方法。

嬰孩學校的目的，是順應兒童的天賦本能，而使之自然發展，使有強健而活潑的身體。上課常在露天之下，學校園和遊戲場，實為各校所必需。上午八時入學下午五時放學。其功課表照列如下：

上午	
九點至九點半	入學　報到　唱聖詩　祈禱　參觀各辦事室　呼吸運動
九點半至十點	唱歌　遊戲
十點至十點十五分	談話與說圖

十點十五分至十點五十分	預備午餐　洗手　佈置檯子　午餐　整潔
十點五十分至十一點五分	自由遊戲
十一點五分至十一點三五分	休息　知覺訓練（拜一拜三拜五）　唱歌（拜二拜四）
十一點三五分至十一點五十分	兒歌　繪圖（拜一拜五）　紙工（拜三）　指戲（拜四）
十一點五十分至十二點	穿衣練習等　休課
下午	
點半至二點半	入學報到　巡查教室　手巾練習　參觀各辦事室　休息
二點半至二點四十分	起來　着鞋等
二點四十至二點五五分	自由遊戲
二點五五至三點半	講故事　演戲（拜一）　自由畫（拜二）　作磚（拜三）　玩物（拜四）　唱歌（拜五）
三點半至三點四五分	穿衣　祈禱　休課

由上表看來嬰孩學校的課程，有二個特點，一則每段時間，非常短促。由十餘分鐘至半點鐘左右。二則注重唱歌遊戲繪圖等，花樣甚多，使嬰孩不至厭倦。而注重感官訓練，是受着蒙台梭利教學法的影響。

至若幼兒學校亦注重兒童自由活動、遊戲、演講習練、講故事、談話、圖畫、音樂、跳舞、自然研究等。其科目與時間列下：

科目	一年級（分鐘）	二年級（分鐘）	三年級（分鐘）
報到與宗教教育（上午）	150	150	150
報到與個人衞生（下午）	75	75	75
祈禱　唱歌　休課	25	25	25
各上課時間中的暇時	75	75	75
算數	125	125	125
英文			
讀與做	190	200	200
作文　文法　默寫	150	100	75
寫字　讀書　唱歌	65	75	95
自然研究　談話　故事　圖畫　歷史　地理	140	115	165
體操　遊戲　跳舞　個人衞生	150	150	150
音樂	60	50	50
手工——織補　繪圖　做玩品等	220	285	190
總數	15.75	15:75	15.75

幼兒學校以兒童的興趣爲中心。從前有專重讀書寫字算術等觀念，現在既完全改變，兒童在學校中有種種

活動，務以養成良好習慣且爲體智健全之人。

小學教育　英國人歷來辦學注重實驗而不重理想。凡一種方法或組織，經過長期實驗以後，自然而然的採用。問他們辦理教育究竟根據何種原則？彼等將瞠目不知所答，因此英國的學校系統，眞是弄到五花八門。而小學校的編制，和其種類，也是極難作一系統的敍述。以下只得論其大略以當蠡測。

（1）小學的歷史　英國的小學制度，當溯源與宗教教育和汎愛教育時期，上面略有說過。國家資助小學，是由一八三三年始。至一八七〇年各地方教育行政當局得在地方上籌款設立小學校，因此小學校有公立私立之分。私立者大多數爲教會所設，公立者則由地方設立，有學校董事會去管理。至一八七六年實行強迫教育，其時僅限於十歲以內的兒童，一九〇〇年後延長至十四歲，一九一八年後至十五歲。按據一九〇二年的議案，凡小學無論公立私立，皆須受地方教育行政長官監督。所謂公立者，名 provided schools 因其校舍建築費及維持費，悉由教育行政當局供給。私立者名爲 non-provided schools 言其校舍是由私人或教會所建築，不過租給公家，而其建築學校的董事，還有權聘請教員，或在學校內教授他們所信仰的宗教。現在宗教教育是爲英國各種小學校學生所必修，每日上午九點至九點半，即授關於宗教的功課，惟公立學校的宗教教育，不能教授限於某宗派的教條，而私立學校則看其學校由何教派而設，仍允許教授該派所信仰的宗教。據一九三一年的調查英倫和威爾士有下列各種小學校數和學生數：

校別	學校數	註册學生數	上課學生數
參議會立 (council)	九、六九八	三、六九六、三六〇	三、二八九、七三六
英倫教堂立	九、五九八	一、四〇三、七六五	一、二五三、三二一
威斯列派 (Wesleyan)	一一三	二〇、八六六	一八、五九二
羅馬天主教立	一、一八八	三七六、七八二	三三一、七五三
猶太人立	一三	五、二九一	四、五九七
其他私立學校	二五七	三五、〇七八	三二、〇七七
總數	二〇、八六七	五、五三八、七七二	四、九三〇、〇七六

（2）小學的類別　小學的分類，有公立學校（卽參議會立）英倫教堂學校等，按上表可以一目了然。若就學生程度方面來看，可分爲尋常小學 (ordinary public elementary school) 高級小學 (higher grade school) 高等小學 (higher elementary school) 中央學校和預備學校，茲特分述如下：

尋常小學校是施行普通教育，爲大多數兒童所入之學校。通常爲九年，分爲三階段。第一爲低級段，五歲至八歲，其程度與幼兒學校相當。八歲至十一歲爲中級段，卽初級小學。十一歲至十四歲爲高級段。

高級小學爲地方政府所設立，使優秀的小學生於若干科目得享受較高深的教導，且加習一種現代外國語。

高等小學由教育部所創辦，因中央政府對於高級小學不給予額外津貼，又欲補救高級小學的缺點，乃倡設高等小學，給予津貼。惟受津貼的學校，須遵照着教部規定的課程和設備標準，其缺點就是未能顧及實用方面。故此類學校，設立尚不多。

中央學校最新創立，其目的是供給實用方面的普通教育，爲高級和高等小學所不能供給者。一面不拋棄普通教育，一面又爲學生從事工商生活的準備，尋常分爲工業與商業兩種，亦有兩方並顧的。又常分爲男校與女校，有同校男女分班的，也有同校男女共班的。初辦時其教程爲四年，但有擴充至五年者，其一部份學生是修完初級小學後，經地方考試名列次優等者。

預備學校皆由私人經營，多附設於私立中學，此類學校並不多。

(3)小學的課程　通常小學校的科目：有宗教教育，英文，習字，算術，繪畫，自然研究，地理，歷史，音樂，衛生，體育，手工，家政等。據一九二一年的教育議案，地方教育行政當局，必督促各校施以實用教育，以適應各年齡的兒童之所需求，年齡較長者，應受一種較高深的教育。其課程編製，由各校主任教師和他的同事去擔任。編製完畢後須得政府視察員的同意，方能將其實行。大約編製課程時，主任教師須把教育部的建議(suggestions)和摘要(memoranda)或特殊的報告做個參考，然後再參加自己的專門知識和社會習尙，擬成大綱，以適合各地的需要。編好後仍作一種初稿看，多用筆寫少用印刷。因英人注重實驗，以爲課程宜時常改變的緣故。

茲將混合式的初級小學課程表列下：

科目	II A	II	III A	III	IVA VA	VI V
宗教教目	175	175	175	175	175	175

算術	230	230	230	230	230	230
體育*	75	75	75	75	75	75
地理	110	110	110	110	110	110
英文	195	195	195	195	230	230
休憩	100	100	100	100	100	100
圖畫	150	150	150	150	150	150
針指	120	120	120	120	120	120
歷史	70	70	60	60	60	60
手工	60	60	60	60	60	60
詩歌	70	70	60	60	60	60
音樂	70	70	60	60	60	60
跳舞遊戲	50	50	50	50	50	50
自由活動	70	70	110	100	110	110
觀察的功課	80	80	80	80	80	80
讀書	145	145	180	135	100	100
總數	1,650	1,650	1,650	1,650	1,650	1,650

*男生每禮拜五下午有游泳

關於體育方面，男生禮拜五有游泳課，英文則包括文法，作文，和其他練習。手工則與算術，圖畫，自然研究，歷史，地理，作聯絡教授。

至若高級小學，辦理上極形困難，因讀完初級小學的學生，經過試驗後最優等的兒童已入中學校，次優等的已入中央學校。而留在高級小學者，多是中材以下的學生。近年來高級小學的功課漸次趨於實用方面，據參議委員會的高級小學課程研究會所提議的課程，可略述如下。

英文

外國語　法文

地理

歷史

數學　算術　實用測量　數學史　米突制　代數　幾何　三角　繪圖　初級科學　園藝　科學大要　物理　生物　鄉土格致　衛生

藝術　圖畫手工

音樂

體操

家政學

至若中央學校，比之高級小學有種種不同。因其班級較小，設備較佳，教員薪水較高，程度較優。但比之中學校稍爲遜色。換一句話說中央學校的設備和教員程度，比之中學則不及，比之高小則優勝。其課程有許多與中學相同。茲引四年中學與四年中央學校的課程比較如下：

男生課程

科目	一年級 中校	一年級 中央校	二年級 中校	二年級 中央校	三年級 中校	三年級 中央校 工科	三年級 中央校 商科	四年級 中校	四年級 中央校 工科	四年級 中央校 商科
英文	225	285	180	345	180	335	340	180	285	335
歷史	135	120	90	90	90	90	100	135	90	100
地理	135	120	90	90	90	100	110	90	100	100
算學	270	385	270	320	270	420	330	315	315	315
科學	90	140	135	160	270	220	,,	270	220	,,
語言	270	105	450	135	450	,,	195	450	,,	205
商業科目	,,	,,	,,	,,	,,	,,	320	,,	,,	350
手工	135	,,	90	120	,	150	,,	,,	240	,,
圖畫	90	90	90	120	90	120	,,	,,	195	,,
音樂	90	60	45	65	,,	,,	,,	,,	,,	,,

科目										
聖經	45	60	45	60	45	60	60	45	60	60
體育	90	60	90	60	90	60	60	90	60	50
休息祈禱等	75	125	75	90	75	95	135	75	85	135
總數	1,650	1,650	1,650	1,650	1,650	1,650	1,650	1,650	1,650	1,650

女生課程

科目	一年級		二年級		三年級			四年級		
	中校	央校	中校	央校	中校	央校		中校	央校	
						普通	商科		普通	商科
英文	320	345	160	300	160	375	345	120	205	255
歷史	80	80	80	80	80	120	90	80	90	90
地理	80	90	80	80	40	120	90	80	140	140
算學	160	285	200	280	200	310	330	240	350	260
科學	80	80	80	135	160	90	80	200	140	,,
語言	200	185	160	180	160	210	180	320	190	190
商業科目	,,	,,	,,	,,	,,	,,	250	,,	,,	400
家用手工	80	220	240	230	240	80		,,	110	
圖畫	80	80	80	80	80	60	,,	80	60	

音樂	40	65	40	65	40	65	65	80	65	65
聖經	80	60	80	60	40	60	60	40	60	60
體育	160	60	160	60	160	60	60	180	60	60
休息等	290	100	290	100	290	100	100	290	100	100
總數	1,650	1,650	1,650	1,650	1,650	1,650	1,650	1,650	1,650	1,650

由此看來，中央學校的男生課程，比之女生有許多不同。女生的英文聖經體育等，較男生爲重。男生的算學則較女生爲重。男生則四年級以上分工科商科，女生則分普通科與商科。

至若學校用的課本，教育部從來沒有規定。一則因背讀法在英國未曾通行，二則因最近趨勢，教學材料從廣大的範圍裏邊去搜集，不要爲一定的課本所限制。各地教育行政當局，對於課本方面僅有種種建議，各校主任教員可以到書坊去任意選擇。普通辦法，是由學校購買課本，分給學生，用過後該課本仍由學校保管。其他參考書籍，則由學校與本地圖書館聯絡，向之借用，有許多學校自辦圖書館，各級學生也自設級圖書館。

(4)小學的分級　英國通常將小學生以隔一年程度，分爲一級，每年升級一次，但近來亦有下列幾種分級法：(一)設移動班。將能力較低的學生，由學校主任的視察，及教員報告的結果，置入移動班。在低年級者，合爲一班，名爲低移動班。在高年級者也合組一班，名高移動班。教員用特別方法去教，待學生有顯著的進步時，再依其身心發達的程度，而編入適宜的班級。(二)爲半年升級制，將少數眞有智慧的學生，每半年升一級。其法在編制課程時，將綱目大部份悉於前六個月中教畢，後六個月祇有一部份新課，而學生能用大部份時間，對於前半年功課作深一層的研究。因此學生得半年升級者，也可趕及該班的功課。（三）爲雙軌制，卽同年級設有甲乙兩班，兩班課程有多少之分，而無高低之別，聰明者讀多一些，平庸者讀少一些。

大戰以後，英國小學課程的內容，較從前更加豐富，而宗教教學漸有伸縮性，小學教育的經費比從前加增三倍。這也可見英國小學教育最近進步之一斑。

第四節　中學教育與高等教育

英國的中等學校，類別甚多。有些是由公費設立和維持的。有些用私費設立由公費補助的。有些完全私立與公家不相干，且未受教育行政人員監督的。中等教育有長久的歷史，然由公費設立，是十九世紀後半期的事。茲先敍其歷史，後說類別及其課程。

(1)中等學校的略史　英國的中等學校，其初是私立，後漸進而有公立。國家干預中等學校，是從一八六一年始，其時加拉倫敦委員會(Clarendon Commission)成立，研求九個公立學校的基金，常年經費，課程，和教學方法種種問題。這九個公立學校，規模甚大，名Eton, Winchester, Westminster, Charterhouse, Harrow, Rugby, Shrewsbury, St. Paul's, and Merchant Jaylors。研究結果的報告，於一八六四年出版。至一八六八年有改組公立學校議案，將上列首七個公立學校改組，同年又有學校考查委員會(School Inquiry Commission)(成立於一八六四年)報告英國的中等學校，有許多辦理不完全者，如教員缺乏訓練，教學方法陳腐，目的不確立，設備無標準，是其最彰明較著的缺點。該委員會有種種改革中等學校的獻議，且主張將全國分爲若干區，各區教育行政人員應負改革中等教育的責任。然其時政府徒事敷衍，所有建議，多未能實行，直至一九〇二年的議案，始通過全國各縣和縣邑皆有設施中等教育的權責，教育部協同地方教育行政人員作許多教育調查，至一九〇三年遂有中等學校規程 (regulations for secondary schools) 的刊印，大戰後英國的中等教育，頗能得平穩進展。其校數經費及學生數，都着着增加。在課程方面，戰後注重自然科學，數學，近代語言，文學，歷史音樂，美術手工，體育等。在教學法方面則道爾頓制曾風行一時。近年來英國中等學校在英倫與威爾士者可列表如下：

年期	中學總數	國家津貼之中學校數	學生總數	教員數(在津貼的中學)
一九二六	一、七五三	一、三〇一	四〇四、八二四	一九、六四〇
一九二七	一、七五三	一、三一九	四三九、八二一	一九、二五四
一九二八	一、七八六	一、三二九	四四九、八〇〇	二〇、一〇二
一九二九	一、八一二	一、三四一	四六〇、七二六	二〇、五一七

又據亨德盧 (Kandel) 著的比較教育國家津貼的中等學校與學生數，在一九〇四和一九三一年的比較，可列表如下：

年期	國家津貼之中學校數	學生數

一九〇四	四〇七	三一、七一六
一九三一	一、三六七	四一、三〇九

由此看來近三十年來英國中等教育的發達，算極迅速。此外尚有預備學校二二八所，學生一六、六四七人。

(2)中等學校的類別　英國的中等學校與美國不同。美國的中學 (high school) 科目繁多，能供給一般青年人的需要。而英國的中等學校，課程是普通性質，與美國的阿克狄美相類似。其類別有如下述：

1.公立學校(public schools)　此類學校設備完善，學生程度較高。除上述九個大的公立學校外，先後設立者約共有一百五十所，大部份都是寄宿學校，(boarding schools) 學生有宿舍可住，用費年中由一百五十鎊至三〇〇鎊。有許多奬學金補助優秀學生，兒童普通於十三歲入學，取錄與否，根據入學考試的成績而定。其下有預備學校，(preparatory schools) 須付學費，且是私立，學生也是寄宿，兒童九歲入學，讀完預備學校後，即入中學校，因此預備學校竟變爲中學的一部份。

公立中學以古文學爲最注重，但近年來因社會情形的變遷，在高年級漸趨重職業科目。幷有現代文學，科學，數學，英文，歷史等課程，日見豐富。教員多爲牛津劍橋二大學的畢業生。以其成績甚佳，大戰後入學的人數陡然加增。其注重遊戲與體育，尤爲一種特殊的精神。

2.文法學校與中學校 (day grammar and high schools)　第二類中等學校，爲文法學校和中學校。其歷史的長久，和公立學校相當。其性質頗注重社會的需要，因此其課程之變遷與現代化，比之公立學校還早一些。

在組織方面看來，與公立學校同。畢業年期，也是相等。學校有基金所出的利息，并在相當情形之下能得中央及地方的補助。學生學費較廉，且招收一部份由小學而來的免費學生。

3.議會設立的中等學校(council secondary schools) 此類中等學校，爲地方行政機關(council 議會)所設立，性質也是公立。其建築費與常年費由地方教育行政人員根據一九〇二年的教育議案去籌劃，去維持。縣和縣邑有權設立這種中等學校。至若市邑僅能代縣邑，抽收多少教育稅，解交縣邑維持這類學校罷了。學生由鄉區市區或市邑而來。學校行政的最高機關，有董事會。其董事一部份是地方教育行政機關的代表。其校長名爲教師主任(headmaster)，由董事會選出後即由地方教育行政機關委任。而學校行政的權限，常爲地方教育行政人員所牽掣，以致校長不能任意施行他自己所有的計劃。

此類學校學生繳費比之上二類中等學校更爲低廉。兒童普通於十一二歲入學，課程趨重於科學方面。畢業後一部份爲小學教師，一部份升入較新的大學。

4.私立學校(private school) 此類學校是包括各種私立學校而言。除兒童在強迫教育年齡外，絕不受任何公家管理。惟教部和地方教育行政當局或其他機關，(如大學)有時可以視察。

5.中等學校的組織及課程 英國的中等學校在組織和課程方面，都沒有一定的標準。按照一般趨勢，參以教育部頒佈之中等學校規程，通常在十二歲以前爲普通性質，從十二歲至十六歲仍是普通，惟同時對於數學理科及文字學科，因學生的需要，能作相當的適應。至十六歲後爲高級科，通常分科即開始。

按照教部規定，通常一班以三十人爲度。但據一九三〇年的調查，受國庫津貼之中學，在四四九四班中有一五五班的學生數，已超過三十五人以上。至若課程編製，教部原沒有詳細的規定，各學校在相當範圍內可以自由。惟須得視學員的許可。教部定章僅規定中等學校課程中，除英文外必須外國文一種，和歷史，地理，數學，自然科學與圖畫，若教二種外國文，拉丁文必爲其中之一。此外須有各種有組織的運動與遊戲，並須教授音樂。女子中學須有家政學，針指，烹飪，洗濯，家庭衞生等。或將此種科目混合去代替自然科學和算學。

爲大多數學生由十二歲至十六歲四年的訓練，以應第一次中學普通考試起見，在一九二四年教育部對於中等學校的課程，有下列的提議。

科目	每週時數（每時四十五分鐘）
英文	二—四
語言（二）	九
自然科學	六
歷史	二
地理	三
聖經	一
數學	六

圖畫	二
音樂	一
手工	二
體育	二
總數	三五－三七

爲學生讀完中學高級科（十六歲至十八歲）而升進大學起見。教部於一九一八年規定高級科課程得分下列三科。

(A)自然科學與數學。

(B)古文學　如與古代文化最有關的古文學，希臘，羅馬史等。

(C)近代文學　如近代文學，歐洲各國中古和近世史等。

上列分科不甚適當，不能供給學生之所需要。後經過社會人士種種訾議與反對，教部乃允許加進下列各科。

(D)文化研究　研究希臘羅馬及英國或西歐各國的近代文化。

(E)地理學　與其他二科目合併。（二科目中自然科學或歷史必居其一。）

(F)他種科目併合　經教部許可者。

讀完高級科後，學生須經過第二次中學試驗。據一九三一年調查，在英倫有三四一中學校，曾設四九四高級科目。其中屬於自然科學者二三。近代科目者一八二，古文學三七，古文學與近代研究七，地理五，其他科目合併者三三，第二次中學試驗成績優良者，可得國家津貼升進大學，繼續學業三年左右。受此種津貼者每年多至二百名。

至若現行中等學校的課程，是漫無標準的。茲舉二例如下：

1. 滿徹斯他文法學校(Manchester Grammar School)前四年和第六級課程

前四年課程

班級		平均年齡	科目 英文與歷史	地理	科學	文藝	拉丁文	希臘文(或地理)	拉丁或法文	法文
古學方面 (classical side)	第一年	12	5	2	1甲	2	6	6	6	4
	第二年	13	5	2	3乙	2	6	6	6	4
	第三年	14	5	5	2丙	1	5	5	5	4
	第四年	15	5	5	5	2	5	6	6	4
今學方面 (modern side)	第一年	12	6	2	1甲	3	3	3	3	7
	第二年	13	6	2	3乙	2	2	2	2	6
	第三年	14	5	2	5丁	5丁	5丁	5丁	5丁	5
	第四年	15	5	5	6丁	1	1	1	1	5
科學方面	第三年	14	6	6	10戊	1	1	1	5	5
	第四年	15	6	6	10戊	1	1	1	5	5

德文	手工	體操
4	2	1
4	4	1
4	4	1
4	4	1
7	2	2
6	2	2
5	5	1
5	5	1
5	5	1
5	5	1

甲　自然科學

乙　物理

丙　化學

丁　物理與化學

戊　物理與化學（分為二科目的教學）

第六級課程(Sixth form Curriculum)

	根本科目	補助科目	其他科目
古學　VI	希臘文　拉丁文　古代史	英文　希臘文　聖經	德文　或法文
數學　VI	理論數學　實用數學　物理　高等數學	拉丁	英文　德文　拉丁
歷史　VI	歷史　法文　拉丁文　英文	經濟學	德文　拉丁或希臘文　法文

科學 VI	物理 數學 動物學 化學 生物學 理論與實用 植物學	拉丁或德文或法文	英文
今學 VI	法文 德文 歷史		英文 拉丁文

2. 耶理中學 (Yardley Secondary School) 課程

班級	第一年	第二年	第三年	第四年(甲乙丙)	第四年(丁)	第五年
入學年齡	10–812.8	11.8–13.8	12.8–14.8	14.3–15.8	13.8–15.8	14.8–16
男女合班						
聖經	1	1	1	2	2	2
英文	5	4	4	4	4	4
歷史	2	2	2	2	2	2
地理	2	2	2	2	2	2
拉丁	,,	5	4	4	,,	4
法文	5	3	4	4	4	4
數學	7	$4\frac{3}{4}$	5	6	6	6
自然研究	2	,,	,,	,,	,,	,,
藝術	2	1	男2 女1	2	2	2

音樂	2	1	,,	,,	1	,,
男生						
木工	2	2	2	2	3	2
物理化學	,,	5	5	5	5	5
體育	2	2	1	1	1	1
女生						
針工與手工	2	2	2	2	2	2
家政學	,,	,,	,,	,,	,,	,,
物理化學	,,	3	,,	,,	,,	,,
植物學	,,	,,	4	3	3	3
體育	,,	2	1	1	2	1
總數	32	32	32	32	32	32

由上看來，英國中等學校的課程，種類繁多，說不勝說，這裏不過舉兩個例子罷了。

(4)中等學校的考試 英國中等學校的課程已沒有一定的標準，爲使學生程度整齊起見，以是有中等學校的考試。這種考試的機關，一八五三年有師範院(College of Preceptors)，一八七三年有牛津劍橋的聯合部(Oxford and Cambridge Joint Board)。及後類似的團體相繼成立，而考試的標準，極不一致。至一九一一年教部的參議委員會覺得這問題有研究討論之必要。至一九一四年教部根據該委員會的報告，乃限制考試機關的數目，卽考試次數也限到前後二次。前次是舉行於學生讀完中學四年功課以後。後次是舉行於學生讀完中學的高級科。一九一七年後中等學校考試會成立（Secondary Schools Examination Council）立定考試應達的標準，並限各考試機關將考試式樣呈繳查驗。其時考試機關被承認爲合法者，有八個。試以牛津劍橋學校考試部（Oxford and Cambridge Schools Examination Board），舉行中學第一次或學校文憑考試（First or School Certificate Examination）。各科目的排列舉例如下：

第一組　(1)聖經知識　(2)英文　(3)歷史　(4)地理

第二組　(1)拉丁文　(2)希臘文　(3)法文　(4)德文　(5)西班牙文　(6)意大利文　(7)阿剌伯文

第三組　(1)初等數學　(2)高等數學　(3)物理　(4)化學　(5)物理與化學　(6)科學大綱　(7)植物學　(8)生物學

第四組　(1)音樂　(2)圖畫　(3)幾何畫與機械畫

凡欲得文憑者，在一二三組的科目中，至少每組要有一科目成績優異，總共要有五個科目能夠及格。這五個科目必要有一科目屬於第四組。一九三一年中等學校考試會提議於下列的科目中，如文藝，音樂，手工，家政，商業科目，幾何畫與工程畫，必須擇二者加入第四組。於特殊情形之下，經該會許可，仍可加入其他一種科目。

至若第二次（中學高等科畢業）或高級文憑考試（Second or Higher Certificate Examination），是根據較深的科目。牛津劍橋考試部將考試科目分爲四組(1)古學組，(2)今學組（modern studies）(3)數學組，(4)自然科學組，每組還有其他補助科目。

一九三一年赴第一次考試的學生六六、九〇九人，畢業者有四六、三〇一八人，約佔百分之六九。但有許多讀完四年課程的中學生，沒有赴着這次考試。赴第二次考試者有一一、〇一六八人，得文憑者有七、四〇八人，約佔百分之六七。這二次應考科目列表如下，以便觀察中學校課程之一斑。

第一次考試的科目

英文　法文　數學　歷史　地理　拉丁文　化學　藝術　物理　宗教　植物學　德文　理化　熱學光學聲學　高等數學　生物學　威爾士語　家政科目　希臘文　電學與磁學　普通科學　機械學　商業科目　手工　西班牙文　家政學或衛生　音樂　經濟學

第二次考試科目

數學　法文　英文　歷史　物理　化學　拉丁文　地理　希臘文　古代史　植物學　德文　動物學　生物學　威爾士語　經濟學　理化　西班牙文　藝術　文史　法文與歷史　音樂　地質學　意大利文

凡滿十六歲的學生，可受第一試。凡通過第一試並且能以滿足一定補充條件者，卽得升入大學肄業，或仍繼續修習高等科比較專門的課程。至十八歲時，可受第二試。凡考試成績優良者，其在中學所修習之學科，認爲與大學肄業一全年相等。

一九三一年受國家津貼之中學，在英倫與威爾士共有一三六七所。若按設立者而分，公立學校（卽議會立council schools）七二〇所。羅馬天主教會設立者八七所。私人或團體基本金所設立者四五八所。威爾士中間學校（Wales Intermediate Schools）一〇二所。若按男女而分，男學校五〇〇所，女學校四八五所，男女同學者三八二所。

高等教育 中學畢業後的學生，有進師資訓練學院者，有進大學者，師資訓練學院有爲私人團體所設立，屬於各教派者居多。有爲地方教育行政人員所設立，并得教育部資助。至若大學和大學附屬的學院是私立機關。除牛津劍橋二大學外，尙有許多大學如 Universities of London, Manchester, Liverpool, Leeds, Sheffield, Birmingham, Bristol, Reading, and Durham, University Colleges at Notingham, South Ampton, Exeter, Hull and Leicester, 此種大學有基金的利息爲維持費。此外尙有學費和政府的補助金。自一九〇二年後對於貧寒學生而有志求學者。設一種獎學金制度。有由各縣和縣邑的教育長官給予者。有由教育部給予者。自一九一八年後教部根據第二次中學考試成績，會每年給國家獎學金（state scholarships）二百名。

英國大學的辦法和分科也極不整齊。大約英國之大學可分爲三種：一爲舊式大學，如牛津與劍橋二大學是。一爲新式大學，卽英倫各處成立較遲之大學。一爲英倫以外之大學，指在蘇格蘭阿爾蘭等處之大學。劍橋大學不分科而設下列各系：神學，法學，醫學，古文學，東方研究，西洋語言，數學，理化，生物，地質，歷史，考古，道德科學，音樂，經濟，政治，農林，建築，工程，外交，地理，印度服務，軍事，心理等。牛津大學分神、文、理、法、醫、史、西語，東語等科。英國大學通常三年得學士，後再加研究一二年得碩士，又一二年得博士。

按據一九三〇年（Statesman's Yearbook 看一一至二五頁）英國各大學的名稱，設立年期，教授數和學生數可列表如下：

大學		教授數	學生數
在英倫	設立年期		
Oxford		450	4,559
Cambridge		355	5,522
Durham	(1831)	262	1,447
London	(1836)	1,124	9,958
Manchester	(1880)	265	2,653
Birmingham	(1900)	259	1,617
Liverpool	(1903)	301	2,013
Leeds	(1904)	329	1,577
Sheffield	(1908)	178	2,106
Bristol	(1909)	234	921

Reading	(1909)	150	1,498
英倫總數		3,907	33,871

在蘇格蘭

St. Andrews	(1411)	132	854
Glasgow	(1450)	275	5,451
Aberdeen	(1494)	156	1,321
Edinburgh	(1582)	380	4,205
蘇格蘭總數		943	11,831

在威爾士

Wales	(1903)	349	2,943
總　數		5,199	48,645

英國的大學常附設着許多學院，如牛津大學（Oxford）有二二學院。倫敦大學有三十四學院。劍橋大學（Cambridge）有十七個學院。此外還有 Nottingham 大學（成立於一八八一）有教員一七四人，學生三、一一〇八人。Southampton 大學（成立於一八五〇年）教員六一人，學生五五〇人。Leicester 大學（成立於一九二三年）教員二五人，學生一四〇人。其他因其不甚著名，茲不詳錄。

第五節　師範教育與職業教育

師範教育　英國師資訓練制度，約分三種：一為見習生制(pupil-teacher system)，二為教生制(student-teacher system)，三考試制。茲先將這三種制度說明以後再論師資養成機關。

見習生制是一種學徒制。有些兒童十三歲後，跟從小學一位主任教師，做個見習生。時期約五年。這種見習生一方面做教學工作，一方面受主任教師指導繼續普通學業。滿期後有皇后獎金（Queen's scholarships）考試，獲選者得入師資訓練學院（Training Colleges）肄業。此制自一八七〇年後漸漸失勢。一八七四年後，都市見習生開始年齡提至十六歲，鄉村則十五歲。且須在集練所（pupil-teacher centers）去訓練。這種集練所，或附設於中學，或附設於小學，或獨立設置。見習生實習期滿經過考試後，不能得皇后獎金者，則為無憑證教員(uncertificated teachers)。後再經考試及格，則領教師憑證。

教生制歷史較短，產生於一九〇二年以後。蓋一九〇二年的教育案，允許縣與縣邑設立中學。中學校興盛後，有些學生在中學求普通智識至年齡十六歲時，若得主任教員的介紹，而學生們有志為教師者，可得一種膏火金(bursary)，繼續學業一年，名為教生（student-teachers）。以一部份時間在中學求學，一部份時間至小學習練，以增長經驗。期滿後亦受考試，及格者得入師資訓練學院或大學訓練部肄業，或為無憑證教師。

以上兩種制度所造成的教員，為數不多，以是又有考試制。即是無特殊預備者，經考試而入師範學校的。據一九三〇年的統計，其時見習生的數目，僅當一九二七年的四分之一，在一一六〇個見習生中，農村見習生有七六一人。教生的數目於一九三〇年，也僅當一九二七年的三分之一。可見教生和見習生，近年來都逐漸減少。

至若師資訓練機關，一爲師資訓練學院，設二年的課程。一爲大學訓練部，設四年課程，前三年預備得學位，最後一年則注意專門的訓練。以下分述其概略。

1. 師資訓練學院　師資訓練學院有公立的，有私立的。其經費公立者則教育部補助一半，其餘一半由地方教育行政長官負責。私立的訓練學院，則每年教育部給予津貼。按據學生人數，男生每位津貼學費二八鎊，女生二六鎊。維持費男生四三鎊，女生三四鎊。公立師資訓練學院學生免付學費，私立訓練學院則看年中學校的收入與用費的比較如何。若經費不夠，則學生當付學費。至論師資訓練學院的課程和試驗科目，在一九二九年教部有相當的規定。茲引約善亞訓練學院(Yorkshire Training College)一九三一年最終考試的定章以下，以示一斑。

專業科目

教學之原則與實際

衛生

體育訓練（理論與實際）

普通科目

甲組

英文 歷史 地理 數學 初級普通科學

法文（高級） 地理（高級） 化學（高級）

生物學（高級）

乙組

音樂（理論與實際） 圖畫 縫紉與手工（女子） 手工（高級）（男子）

園藝（高級）

專業科目，是一切學生們都要考的。至若普通科目，或考初級的四種。或初級二種高級一種。或初級一種高級二種。惟英文是必須的。其餘科目由甲組和乙組去選有。初級普通科學，圖畫，女子的縫紉，和手工，教學實習，體育等，考試法是用觀察，於必要時則輔以論文。音樂，園藝，高級科學，則以論文爲主，輔以觀察。最近的趨勢，是將科目分爲三類。一爲訓練教授幼兒者。一爲訓練教授初級小學生者。一爲訓練教授高級小學者。各有專門，以供給服務實際工作之用。惟對於預備鄉村教師的功課，則沒有特殊的設備，僅有時使學生們到鄉村學校參觀罷了。至若學生實習工作，據部定凡未有教學經驗者，須有十二星期於訓練學院附設的學校，或旁近的小學校，做實習教學。

2. 大學訓練部　大學訓練部始於一八九〇年，其程度高於師資訓練學院。自一九〇二年後畢業生得學士學位者，得爲中等學校教員。從前三年畢業，一方面修完學士課程，一方面讀專業科目，以取教員憑證。自一九一一年後，修業時期延長至四年。前三年是求學位，後一年是訓練專業。最近的趨勢，凡在大學訓練部四年畢業者，得爲中學校中央學校或高級小學教員。凡畢業於師資訓練學院者，得爲幼兒學校和初級小學教員。

據一九三一年的統計，設二年課程的訓練學院共有七四所。內分大學附設者一所，地方教育行政人員設者二二所，其他（包括各教會）團體設者五一所。至若大學訓練部則有二二所。

3. 其他師資養成機關　除上列二種外，還有其他師資養成機關，以訓練特殊教員。例如手工教員，可在師資訓練學院讀第三年的功課，或在羅遲巴魯學院(Loughborough College)，或掃的遲工業研究所(Shoredith Technical Institute)，讀二年的功課。家事教員可在特殊學院讀二年或三年功課。鄉村學校教員，可在中學校或集練所訓練。若能通過中學第一次考試，則爲無憑證教員。

教員之檢定　英倫教育部承認的小學教員，約有三種。第一種是補充教員。他們是以年齡和體格的適合，經視學員允許者。這種教員數目逐年減少，在一九三〇年有七、四九七八，至一九三一年減至七、二七〇八。他們所教授的功課，是在較小的學校的幼兒班。第二種是無憑證的教員，其程度約有入學師資訓練學院的資格。因教生和見習生數目年年減少，無憑證的教員遂乘機而起。他們的學問是來自經驗，並未曾入某種學校去學習。通過教部的考試，即具有做小學教員的資格。其薪水極低，升進極少，且有許多較進步的學校，不願任用此種教員。其數目，也逐年減少。在一九三〇年有三一、三八五八人，至一九三一年減至三〇、三六二人。在較大的城市，如倫敦的縣和縣邑，任用無憑證的教員，不過百分之十八，最近的趨勢，這種教員是教授幼兒和初級小學生。第三種是有憑證的教員。經過學校訓練或考試，而得有文憑者。其地位較高，薪水較厚，近年來人數日增。一九三〇年爲一二四、五九七八，至一九三一年增加至一二六、二四五八人。在較大的城市，這類教員佔百分之五十。

據一九三一年的統計，合上列三種教員和其他特殊科目（如手工教員）教員未有憑證者，總數為一六八、九三四八人。其中男教員有四三、七七五八人，女教員一二五、一五九八人。

教員之地位與待遇 自小學教員的資格提高以後，其地位也隨之而增高。英國教員的任用，比歐洲其他各國有點不同。蓋英國小學教員的任用權，在各地教育行政當局，不是在中央政府。若果是私立學校則任用權操之於校董會。若教員教學不盡責，行為不純正，隨時可以被地方教育行政當局或校董會革職。但他們組織有全國教員聯合會（National Union of Teachers N. U. T.），若受不合法的革斥，該會可代教員向法庭起訴。實際上教員被革者甚少，不是因為他們的成績都是甚好，乃是因為在法庭上證明某教員確是沒有成績，也不是很容易的事。普通辦法就是有教員教學不滿意時，則調換到別間學校，以便改變空氣。且可由別位主任教師去指導，以期改善教學。是則英國教員的任用期限，並沒有規定的。

教員薪水教育部並沒有規定，只得由各地方教育行政人員或學校校董和教員們直接商妥。中央政府不過於發給津貼費時要知道各教員的薪水數目幾多罷了。大戰後生活程度提高，教員薪金也與時俱增。一九一三年男教員平均薪水為一一九鎊，女教員為七四鎊，全體教員平均為一〇四鎊。至一九三〇年男教員平均為三三四鎊，女教員為二五四鎊。（是指有憑證者）若合全體教員計算，男教員為三二四鎊，女教員為二一七鎊。男女教員平均為二四五鎊。

教員之退隱金　教員之地位自一九二二年及一九二五年修改退隱金制度後，漸有提高與改進。凡小學行政人員，視學員，以及政府津貼學校的教員，及其他教育機關在大學以下者，均照一九二五年的教員退隱案辦理（Teachers' Superannuation Act）。其制是由教員或其他人員每年捐百分五的薪水，爲退隱儲金。其他一半則由地方教育機關和教育部供給。凡教員服務三十年以上，年紀達六十歲，或在相當情形之下，服務雖不及三十年，而年紀在六十五歲者，卽有領退隱金的資格。（但因公受傷至不能教學者，僅服務十年卽合格。）

在任教員之改進　初任教員，第一年爲試驗時期（probation period）。這一年不負重大責任，一切教學都在實驗之中。一年後的在職教員，地方政府每設種種方法以日新其胸懷，提高其智識。或與高等教育機關訂約，使其爲區內的教師特開班次，或許其進入相當班級去旁聽，或者於暑期中設暑期學校，以便資遣教師入學讀書。

中學教員之現況　一九一三年，英教育部報告在中等學校五、二四六位男教員中，僅有一八〇八人受過專門的訓練。而女教員受過專門訓練者在五、一五八女教員中，有一、一六一人。可見女教員的程度，比男教員較好。且有許多教員是由小學升到中學的。教育部對於中學教員的資格，並沒有一定的規定。普通大學畢業生有做中學教員的資格，在第一年爲試驗時期，一方面教學，一方面研究教育原理，以應大學校教員文憑（Teachers diploma）的試驗。

英國通制大學畢業生欲從事中等教育者，必在大學教育科研究院肄業一年。這一年的工作在理論方面須修習教育原理，教學方法，教育心理學，教育衛生學，在實驗方面須到附近的中學校，做實際教學，受研究院教授的指導。照教部定章實驗期至少以六十日爲度。一年滿後，即有考試，幷繳進一年來的論文和實驗報告等。及格者，即給予教員文憑。也有許多大學校允許學生在校外自己於教學時間外預備考試。考試及格後，即可給憑。自一九二一年和一九二五年，採用一種適宜的薪金制度後，凡曾受專門訓練者得有特殊的獎勵。

據一九三一年教育部統計，在受津貼的中等學校，校長一、三一五八中，沒有在大學畢業者僅四七八。二〇、三七九教員中大學畢業者有一四、九一八八(佔百分之七三)其中男教員曾經大學畢業者有百分之八三·五，女教員有百分之六五·五。

職業教育　英國之職業教育，可分爲全時的，部份時間的，夜間的三種。玆分別敍述如下：

(1)全時的職業教育　全時的職業學校，分初級和高級二種。前者有職工或職業學校(full-time trade or vocational schools for juniors)和初級工藝學校(Junior Technical Schools)。爲地方教育行政機關所設立，招收初級小學畢業生，年齡約十三至十四歲，修業期限二年至三年。此類學校專注重一種專門技能的訓練。男生如建築，印刷，傢具製作等。女生如製衣，家事等。後者如工業學校和學院(techical schools and colleges)，程度比較高深，設於英倫較大的都市中。學生入學年齡通常爲十六歲以上，學生來自中學校或初級工藝學校。主要科目有電氣工程，機械工程，建築工程，及本地特殊工業等。

(2)部份時間的職業教育　部份時間的職業教育也有幾種。一爲日間補習學校。一爲工業學校和學院的部份時間班。原來照一九一八年的非奢法案，凡畢業尋常小學的生徒，從事職業活動者，都要入補習學校，以至十八歲。每年至少受課三百二十小時。此類學校通稱爲強迫的日間補習學校。後在倫敦試行不久，即取消強迫制。現在各地多設有自由就學的日間補習學校。其功課大都是普通性質，男子大都有英文數學圖案三門。另設法文商業木工，金工，工作法音樂，美術等。女子有英文，體育，衞生，家政四門，另加數學商業，美術，唱歌，音樂看護育兒等。程度不一，上課的時間也各校多少不同。在一九二四年英倫日間補習學校，男生有一二、〇六九八，女生有一一、三四七八。至若工業學校和學院的部份時間班，是設於工業學校和學院內。按各地的需要，給予人民補習職業智識的機會。

(3)夜學校　夜學校爲日間從事職業，無暇求學者而設。其授業概在夜間，分初高二級。初級夜學學生由十四至十七歲。高級夜學學生十七歲以上。所授科目有職業性質者，有普通性質者，視學生之需要而異。近年來此類學校極形發達。

此外還有藝術學校的部份時間班，各地設立的家事專科班，農事班等。種類甚多，不暇備述。

職業介紹　與職業教育有極大關係者，是職業介紹。此種工作從前操於教員，主任教師，學校董事，或其他機關。自一九一〇年後，各地方教育行政機關得組織職業顧問委員會，指導十四歲至十八歲的兒童，選擇相當的工作。即中央的勞工部(ministry of labor)，和各地該部管屬的兒童顧問委員會，對於兒童選擇職業，也有相當的指導。因此勞工機關與教育機關合作，負兒童職業介紹的責任。兒童於畢業離校以前，學校人員關於兒童智力學力體力的現狀，一一報告於上面所述的勞工和教育兩種機關。凡各機關有空額須雇用人者，也可通知該職業介紹機關，以便介紹。

第六節　成人教育

英國的成人教育，有由大學主持者，有由各會社所管轄者，茲分別述之如下：

1. 大學的推廣教育　大學之推廣教育，發源於地方演講制度。因爲有職業的人員不能入大學肄業，只得由大學就這等人員的所在地，派人講演。至一八七二年劍橋大學指派委員試行演講，先作小規模的實驗。至一八七六年倫敦大學教育推廣會成立，因此各大學設同類機關者相繼而起。二十世紀以來，屬於大學推廣教育的事業，有啓導學級，和暑期學校等。

啓導學級的函義，是勞動者與教育者攜手，是基於學者與勞動者協作的精神而創設。自一九〇七年牛津大學的啓導學級正式產生以後，各地聞風興起，相繼仿行。勞動階級代表與教育團體時常開會討論合作辦法。至一九〇九年劍橋利物浦倫敦和英格蘭威爾士等處大學也創設學級，以適應成人勞動者的需要。及後有一年的啓導學級，其學科有經濟學產業史，文學，政治學，心理學，哲學，通史，音樂，法文，自然科學，雜組等。有三年修畢的啓導學級，其學科除與一年的相同外，還有生物學，希臘史，和希臘文學等。此外有預備啓導學級。又有高等啓導學級，爲讀完三年後入的。其中以三年期的爲最普通。研究期間每週二點鐘，一點鐘是講演，一點鐘是討論。於一定的時間內，還要做論文。大戰以來此種啓導事業，日見發達。

暑期學校開始於一八八八年，每年八月於牛津或劍橋大學舉辦暑期教育，由大學教授和外界專家講演。合各地方各職業人員於一堂，得有互相觀摩的機會。

2. 各會社所管轄者　各會社管轄成人教育，當以英國工人教育協會（Workers' Educational Association）最努力，該會成立於一九〇三年，以促進並主辦成人教育爲主旨。以聯絡各種工人團體，對於各業工人一體施教爲手段。全國有分會甚多，也設有一年班和三年班。於一九二一年全英勞工協會所設的一年班有四六三學生一一、五七九名。此外還有讀書會和講演會等。

英國的圖書館和博物院，也極發達。有中央圖書館，各縣各市和各鄉村圖書館。博物院中以大英博物院（British Museum）爲最有名。

第七節　英國教育之趨勢

英國教育漫無系統，比美國更甚，其原因約有數端。一則因英人素重經驗，不重理想，凡興辦一事，不像中國人大講原則，高談闊論，能言而不能行，而彼則不言而行。行而有成績，則戀戀而不肯捨。凡經驗旣證明的一種較優的制度，或辦法，則歷代相傳，不肯放棄。其教育的設施，唯事實之需要是視，斷不問其系統何如。比之大陸諸國先有系統而後設施者完全不同。二則因英國的社會是安靜的。英國的政府，是穩定的。大陸國家都經過許多的流血和革命，有時把一切舊制度推翻得淨盡，立新法，行新制，對教育也常造出一種全國試行的系統。而英國恰與此相反。歷史上並沒有發生過劇烈的革命，人民按步就班，一切建設都可慢慢去實驗，以故教育制度上形成了一種地方分權制。甚至教育改革竟以學校爲中心，以適合各校的各地的需要。近二三十年來國家對於教育極其努力。自一九〇二年的教育議案實行後以至今日，英國的教育改進，約有下列幾個趨勢：（一）在教育行政方面中央教育部的權限，有漸次擴張的趨勢。根據一九一八年的議案，各地教育行政長官，應將各地的教育寫成十年發展的計劃書，呈繳教育部，批准施行。自一九二五年後將計劃書的期限減至三年，若得教育部批准，則中央給以補助金。假使教育部與地方教育長官因計劃書的意見不同，發生衝突，則須由國會解決。凡未經批准的計劃書，中央政府不認爲有效。且歐戰前教育部無視察私立學校之權，但自菲奢法案通過後，私立學校應遵照部章呈送報告，否則須罰金。中小學校均須請求教育部派員視察其教學情形，始准其立案。一九三二年參議委員會提議一切私立學校，非立案不可。凡此種種，都可爲教育部權限擴張的證據。（二）在學校系統方面，也漸有改革的趨勢。因現行系統，紛亂不堪，不能適應各級兒童的需要。一九二九年五月議會改選時，保守黨，自由黨，和工黨，均認改革教育系統，確爲當前的急務。卽參議委員會，於一九二六年也有改革學校系統的獻議。此層在本章第二節論英國學校系統時已經說及。（三）中等教育方面，漸有標準化的趨勢。英國歷來辦學自由，以至各中等學校的程度，參差不齊：有中學招收幼稚園畢業生者。有小學設中等學校科目者。有中學設有預備學校者。有中學僅收初級小學畢業生者。教部對於中等教育的整理，約從三方面着手。一則嚴於視察，幷督促私立學校於相當情形之下，照章立案。二則嚴於考試，自一九一七年中學考試委員會成立以後，認定合法考試機關，立定考試應達的標準，使學生在中學畢業者，學力上比較同等。三則規定中學通常六年，前段四年，後段二年，以便使辦學者有所遵循。（四）宗教教育方面，有比較自由的趨勢。原來教會學校以宗教爲公共必修科。但大戰後地方教育當局擬改宗教爲隨意科，或竟主張取消，而代之以倫理學。惟各教會堅執不肯讓步，現在多數教會學校中之宗教，仍爲必修科，若家長不欲使其子弟受異派的宗教訓練時，可向學校當局聲明。至若師範教育近年來有提高程度的趨勢，見習生和教生日見減少，無憑證的教員，地位低下，有志者頗不願就。以是近年來師資訓練學院和大學訓練部的學生，人數日衆，經過大學訓練部四年畢業，得在中學，中央學校，和高級小學任教學。若僅由訓練學院畢業，則多數教學於幼兒學校和初級小學校。比之吾國初級中學畢業可教小學者，情形大相懸殊。其他如中小學課程之革新，成人教育之注重，亦爲英國教育界最近的進步。其情形上面已經說過，茲不復述。

練習題

1. 試比較英美兩國所佔地的面積，及其人口。
2. 試作英美兩國教育歷史的比較。
3. 一九一八年的菲奢案，與後來英國教育之改革，有何重大的關係？
4. 試繪英國教育行政系統圖，并作簡略的說明。
5. 試比較英美兩國中央教育行政機關之組織及其權責。
6. 試比較中英美三國地方教育行政機關之組織。

7. 英國教育行政系統有何特殊之點?
8. 研究英國教育行政系統後對於吾國教育行政制度，有何改革的獻議?
9. 試比較中英美三國的視學制度。
10. 試略述英國教育經費的來源。
11. 英美兩國的學制，有何異點?
12. 討論英國的考試制度。
13. 英國教育行政當局，對於私立學校曾負何種責任?
14. 試述英國幼稚教育的制度，及其概況。
15. 試述英國小學校的類別，及其特點。
16. 試討論英國小學生之分級法。
17. 試述英國中學教育之歷史。
18. 試述英國中等學校之類別，及其特點。
19. 英國之中學制度與美國相比，有何不同?
20. 述試英國中學之課程。
21. 試比較中英兩國的中學會考制度。

22. 試述英國高等教育之現況。
23. 試討論英國師資訓練制度，及其趨勢。
24. 試述英國教員之檢定法。
25. 試述英國教員之地位與待遇。
26. 試比較英美兩國教員退隱金制度。
27. 研究英國師範教育制度後，對於吾國師範教育，有何改革的獻議？
28. 試比較英美兩國的職業教育制度。
29. 讀英國成人教育現況後，對於吾國成人教育之促進，有何獻議？
30. 試述英國教育的趨勢。
31. 英國教育制度對於吾國教育制度，曾發生何種影響？
32. 英美兩國之教育制度皆缺乏標準，究各有何原因？

英文參考書

Kandel, I L. : Comparative Education, Houghton Mifflin Co., Boston, 1933. pp. 94-110, 228-291, 359-395, 528-547, 637 673, 831-834.
Dibelius, W. : England Translated by Mary A. Hamilton. Harper and Brothers Co.

New York and London, 1930

Roman, F. W.: The New Education in Europe An Account of Recent Fundamental Changes in the Educational Philosophy of Great Britain, France and Germany, E. P. Dutton & Co., New York, 1930

Norwood, C.: The English Educational System, Ernest Benn, Limited, London, 1928

Herbert Ward, C. B. E.: Notes for the Study of English Education from 1900–1930, G. Bell and Sons, Ltd. London, 1931.

Wilson, J. D.: The Schools of England (London 1930)

中文參考書

1. 余家菊英國教育要覽（中華）一九二五

2. 常導之德法英美四國教育概觀（商務）一三一至一七一頁（一九三〇）

3. 莊澤宣各國教育比較論（商務）一九二九

4. 教育大辭書（商務）七六五至七七一頁

5. 胡叔異英美德中四國兒童教育（中華）

雜誌論文

1. 周天沖最近英國教育之趨勢（教育雜誌十五卷五號）
2. 任白濤戰後英國之新人文主義的教育（教育雜誌十六卷三號）
3. 程宗潮英國之試驗學校（中華教育界十四卷七期）
4. 孟憲承最近英國教育的趨勢（新教育評論一卷六期）
5. 李宏君最近英國教育的傾向（教育雜誌二十卷十二號）
6. 英工黨重握政權後之教育主義（教育雜誌二十一卷七號）
7. 余家菊英國之教育行政（中華教育界十四卷一期）
8. 雷賓南英國成人教育運動之起源與發展（教育雜誌二十一卷八號）
9. 鄭冠兆英國成人教育之進展（教育雜誌二十一卷十號）
10. 李邦權歐戰後英國成人教育之發展（民衆教育月刊二卷二期）
11. 吳友孝英國之補習教育（教育與職業一〇六期）

第四章　蘇聯教育之演進及其現況

蘇聯英文爲U. S. S. R. 卽 Union of Soviet Socialist Republic 是合許多共和邦組織而成的，與蘇俄不同。蘇俄英文爲 R. S. F. S. R. 卽 The Russian Socialist Federate Soviet Republic 前者譯爲蘇維埃社會主義共和國聯邦，後者譯爲蘇維埃俄羅斯社會主義聯合共和邦，一則簡稱爲蘇聯，一則簡稱爲蘇俄。國人常將蘇俄混作蘇聯用，其實蘇俄不過蘇聯之一邦，是蘇維埃最初勝利者。當革命之初其他共和邦內尙在與舊勢力作戰爭，故未成立蘇維埃；如高加索各民族共和邦，自一九二一至二二年纔相繼成立蘇維埃政權。遠東邊疆，亦到此時纔肅淸白俄建立新政權。到了一九二三年舊俄領土內各民族蘇維埃共和邦相繼成立，乃由各共和邦自動要求組織聯邦，而蘇聯遂告成立。除蘇俄外尙有烏克蘭社會主義蘇維埃共和邦(Uk. S. S. R.)白俄羅斯社會主義蘇維埃共和邦(W. S. S. R.)外高加索社會主義聯合蘇維埃共合邦(Trans. S. F. S. R.)烏斯必乞斯坦社會主義蘇維埃共和邦(Usb. S. S. R.)土耳其門立斯坦社會主義蘇維埃共和邦(T. S. S. R.)合計面積二〇、四一六、〇〇〇平方基羅米突，居民有一三八、〇〇〇、〇〇〇八。

蘇聯之教育是實驗的，經過一九一七年的革命，把舊日的教育制度完全摧倒。大戰後歐洲教育之改良，以俄國爲最顯著，人民教育機會是絕對平等。職業教育是特別注重。宗教教育是絕對廢除。成人教育，是竭力提倡。其學校組織，學制系統，與夫教育方法與理想，都足為世界教育史上開一新紀元。茲將其教育的歷史背景與近況，略述一二以供研究。

第一節　蘇聯教育之史的考察

俄國教育之發達，略可分為二時期：在一九一七年前為帝政教育時期，一九一七年革命後為新教育發達時期。在俄皇大彼得（Peter the Great）（一六八九至一七二五）以前，俄國教育僅限於教會團體，人民能讀書寫字者甚少，彼得太帝勵精圖治，始創設初等小學，工藝學校，航海學校，修道學院等，以教國人，幷竭力輸入歐西文化，以改造社會。喀德鄰第二（Catherline II）繼之（一七六二至一七九六）增設學校，不遺餘力。其時聘法國哲學家帝打羅（Diderot）氏作全國教育制度的計劃，雖未曾見諸實行，而其整頓教育之心，固可敬佩。惟自一八一〇年以後，政府態度一變，蓋專制君主恐教育發達，人民革命思想易於傳播，以是乃設種種計劃以限制教育。俄皇尼哥拉第一（Nicolas I）（1825-1855）卽位，愚民之手段更甚。俄國教育發達遲緩是為最大原因。從前教育總長雪絲苛（Shishkow）承俄皇亞力山大（Alexander）的意旨公佈教育政策曾說道：

『知識如食鹽然，只當人民在特別環境中及有特別需要時，可節量施用，才有好處。……教育民衆或民衆大部份，不特無益，而且有害。』

俄國君主既以愚民政策以防止革命思想之傳播，則俄國革命前之教育太不發達，可想而知，吾人作歷史上的觀察，俄國帝制時代的教育可略述幾點：

1. 教育行政方面　革命前之教育組織，中央政府設教育部，統轄全國學校。教育總長由俄皇任命，處教育行政上最高的地位。至若地方教育行政，分全國爲十三學區，一區包括數省，每區設教育總監一人，由教育總長呈請俄皇任命。又有管理員及視學官若干人，由教育總監於其管轄區內選任，以監察其管轄區內之高等中等初等教育。教會學校，另由宗教會議管理，卽陸軍部及財政部管理之學校其數亦甚多。

2. 學校系統方面　初等教育分高級與低級二段，低級三年或四年，高級五年或六年。至若中等學校，男子有文科中學，實科中學，受教育部管理。有教會中學及神學校，屬宗教會議管理，有士官候補學校，屬陸軍部管理。女子中等教育有學習院，文科中學，及教區學校，均七年畢業。至若高等教育有大學校及分科大學，修業期由四年至六年。醫科則定爲五年，學位則有學士碩士博士。

3. 教師待遇方面　專制君主派監察員監視教師行動，於國立學校爲最，教會學校則比較疎鬆。教師待遇微薄，比之英法諸國相差懸遠。

4. 學生管理方面　俄皇用專制手段，由教育部長公佈嚴格的規則，凡大學學生組織講演集會以及戲劇表演等，倘非研究科學性質者，一律禁止。

總之帝制時代之教育，完全在貴族掌握中，專爲統治的階級而設，普通人民極少求學之機會。所以在二十世紀開始時，俄國在教育上是歐洲一個最黑暗的國家，其時俄國新兵未曾受過教育者，佔百分之六十二。

自一九一七年十一月革命（當時俄曆爲十月，故一般人亦名爲十月革命）以後，百事維新，教育制度隨政治革命而改變，以是一進而入新教育發達時期。可是當時的俄國初從大戰中退出來，全國精力疲倦，生產停頓。繼之一九二〇年起的幾年的空前大饑荒，一般俄國的敵人，莫不以爲俄國實驗共產之失敗。即同情俄國者，至少也表示俄政府處置的失策。但是經過十年來的努力，國家政治日有秩序，教育事業日見發達，前五年計劃已經完成，後五年計劃，又已開始。在此十餘年間，俄國教育之進步眞有一日千里之勢。

大戰後俄國教育之改革，其主要點在養成無產階級永久掌管國政的能力。從前民衆沒有機會求學，革命後竟全權掌握，他們可自由利用，以滿足其一切的需要。一九一八年一月，蘇俄人民委員聯合會正式宣佈學校須與教會分離，此爲教會學校當局受最後的打擊。同年八月在莫斯科舉行蘇俄全國教育大會時，盧那卡斯基（Lunacharsky）克虜伯斯開雅（Krupskaya）曾大致擬定新共和國所需要的知育與美育的生活。同年發佈統一勞動學校規程。從此俄國的教育，煥然一新，開了世界教育史上的新紀元。

新教育發達時期，所有的改善與進步，當於下文分段敍述，以補本段之不足。

第二節　蘇聯新教育的目的及其特點

蘇聯新與教育的目的，在教育人民委員部的國家學術會議中有了下面決定的表現。那就是：

「我們學校的目的，是造成人民爲社會有用的一員，且健全而有勞動能力，而滲透着社會的意識，組織化的訓練認識，而且理解自己在自然及社會中的位置。通曉發生的事件，爲勞動階級的意識形態而不屈的鬬士。又當作共產主義社會有能的建設者之教育（看祝康譯新興俄國教育一〇七頁）」

根據這種目的，蘇聯教育上的設施，有幾個特點：

(1)社會化　新興教育爲社會化的教育，以馬克思主義爲理論的根據，以社會之唯物辯證的發現，爲根本的思想。以一般民衆爲教育的對象。杜威所著的學校與社會，力說環境之教育的效果，及學校之社會化，與俄國教育，頗爲接近。在蘇俄學校裏邊，眞是一個社會的縮影；學生做種種社會有用的工作，其主要部份約可分爲十類：（一）經濟的活動，如宣傳合理的耕地，使用機械，輪流種植是。（二）社會政治的工作，如參加社會政治活動，幫助各種團體是。（三）民衆文化的工作，如反宗教宣傳，文盲的掃除，教授在家的人讀書寫字是。（四）健康保護，如宣傳衛生習慣，保護街道及井水清潔是。（五）社會福利，如留意公園，從事救火工作是。（六）交通，如分配新聞紙，在鄉間設立郵局是。（七）合作，如組織學校合作社是。（八）地方事業，如展覽調查結果，舉行調查地方衛生狀況是。（九）自然資源的保存，如宣傳保護森林鳥類及水源是。（十）個人扶助，如救災扶助貧窮人是。學生在學校內外做種種社會工作，是要達到人人都爲社會有用的一員。

(2)勞動化　在社會有用工作裏邊，與生產最有密切關係的，就是勞動，「社會的有用的勞工」是蘇俄教育的中心。這種勞動所最重要的，便是兒童在學校要隨時把他所學的知識，態度，技能，直接應用，能教兒童應用所學的，愈快愈好。因此可爲社會上更活動而有用的公民。試看其統一勞動學校中最注重的，是勞動工作，注意着生產方面，以養成全體人民能工作能生產，實為國民教育一個主要的原則。

(3)政治化　教育政治化，或政治的基礎教育之組織化，是蘇維埃政府所最努力的。在中世紀支配教育的是神學，在現代社會支配教育的是政治。俄國教育人民委員盧那卡爾斯基也說：「與公共教育的思想不可分離的，是政治的宣傳與共產黨之發展，當作蘇維埃政權之機關，負有國民教育責任之教育人民委員部，若無馬克斯主義之宣傳，將不能盡其任務。」試看俄國的學校，從幼稚園到大學，除非因年齡關係的限制，都是有普遍一樣的自治組織，都是與社會政治教育成密切的關係，因為兒童在學校能運用組織團體的能力，直接可為將來組織社會國家的預備。再看俄國的學校系統，其成人教育之政治訓練，由一級二級而直至於共產黨大學，莫不注重政治人員之養成。

(4)職業化　勞動化與業職化，是互相關聯，而不能分開，不過有一點我們要注意的，就是普通教育注重勞動化，高等教育則注重職業化。學生在小學校既習成勞動的習慣，至小學以上就可專門各種職業。第八次共產黨大會議定「對於十七歲以上者要保持對一般教育的聯絡，以發達職業教育。」下級職業教育可以收受十二歲以後的兒童，如職業學校藝徒學校青年農人學校一直到工藝學校大學校等無非要訓練人民有種種職業在社會上可以謀生。中央教育機關中特設一職業教育總部，專司其事。

(5)平等化　蘇聯之教育制度是絕對平等，而沒有階級的世界各國的學制，無論其為單軌為雙軌，而貴族及富豪階級能由中學而大學。至若平民呢，迫於經濟能力之薄弱，總不能享受高等教育的一切。惟蘇聯的教育制度，將八歲至十七歲兒童無論其爲貧爲富一律入統一勞動學校，（在下面學制系統分爲小學中學合言之，卽是統一勞動學校）畢業後或入職業學校或升進大學。如貧苦無力的，則有種種津貼學額。以是工人農人，都有受高等教育的機會。至論女子教育，亦與男子平等。各校皆男女同學，在教育科及醫科方面的女學生數，還比男生爲多。

（6）非宗教　歐洲多數國家和美國的教育，都未免有宗教的色彩。而蘇聯則絕對廢除宗教教育，不容其有存在的餘地。蘇聯政府對於宗教形式和書籍或宣傳，均一律禁止。俄國現在沒有宗教書籍出版，而對於鼓吹帝制思想或基督教義的書籍，禁止尤其嚴厲。就是聖誕老翁及聖誕樹節的粉飾，都在禁止之列。蘇聯有許多教堂，都旣改做圖書館，醫院，棧房，學校或博物院，卽聖愛撒克的大禮拜堂，近來亦改爲沒有宗教色彩的戲院。可見蘇聯的宗教將歸於絕滅的地位。

第三節　蘇聯教育之行政制度與學校系統

蘇聯是聯合好幾邦而成，上面已經說過，他們的教育人民委員部，是各邦教育行政的中央機關。在蘇維埃聯邦之內共有十個共和國，十五個自治共和國，各自設置教育人民委員部。因之總計起來，共有二十五個教育行政的中央機關。蘇聯的中央政府要實行共產主義的原則，統一在教育上的訓練，則靠着教育人民委員的會議（Conferences between the people's commissioners for education in each of the republics）這種會議形成蘇聯全國最高的行政機關。現在談蘇聯的教育行政系統，只得以蘇俄一邦做個例子。

(一)蘇俄(R. S. F. S. R.)的中央教育行政機關　蘇俄的教育事業，統轄於教育人民委員部，(People's Commissariat (or Ministry) for Education)其委員是由全俄中央執行委員會 (All-Russian Central Executive Committee)委任。部內的工作分爲下列幾部：

(1)行政與組織部。本部是負責中央和各地方行政和組織的工作，幷關於財政和建築等事宜。

(2)社會與工藝教育部。本部是管理和指導學齡兒童，和幼稚兒童的教育事宜，幷做關於社會福利等工作。

(3)成人教育。部管理成人教育事宜。

(4)職業教育部。管理工業農業，教育，藝術，健康各種專門人材的訓練。

(5)非俄語民族教育部。管理及指導一切非俄語民族之教育事業。

(6)國家科學會 (The State Scientific Council)。是一研究機關，研究教育方法和各種學校的課程。

(7)科學和文藝機關部。指導全邦科學社，和其他研究機關。即博物院劇場音樂團體等也屬本部管轄。

(8)文學和出版部。管理一切出版事業，影片，和劇目等。

其他聯絡機關

(9)國家出版機關。

(10)國家電影事業管理部。

(11)供給部。管理和供給普通教育的設備。

茲將俄國教育行政系統圖列下：

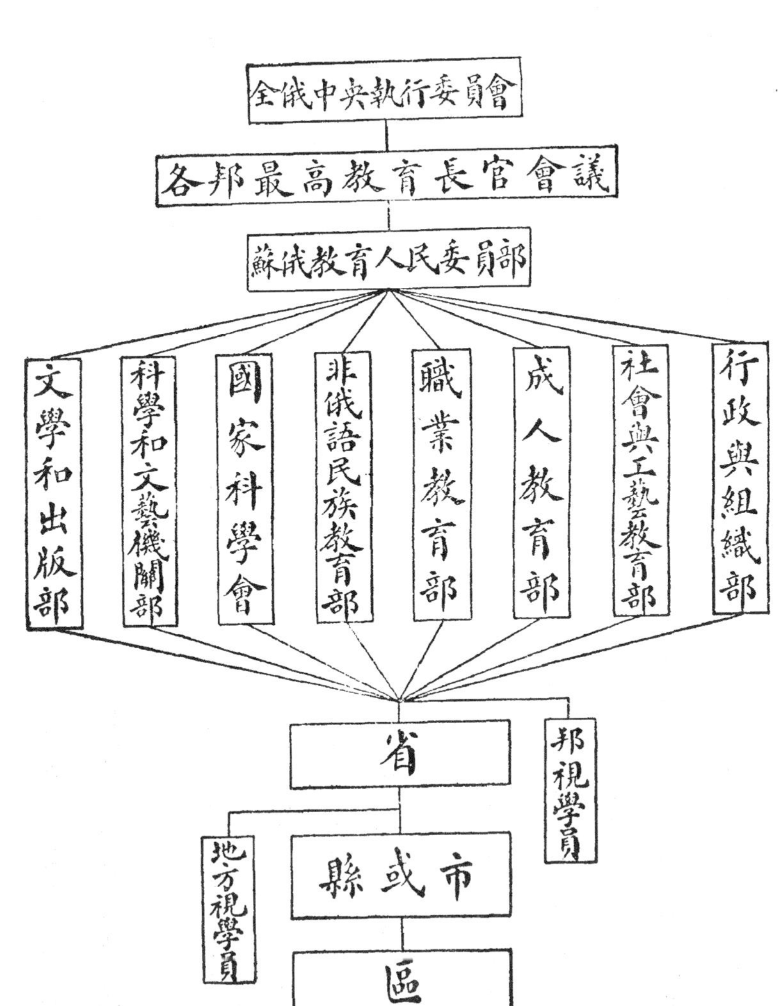

教育人民委員部，主管一切職業和專門教育，並根據職業報告册，預計訓練各種職業人材，以應社會急需。其他如文盲廢除，政治訓練，計劃各種出版物，設立各種科學團體，搜集各種教育材料，也是委員部應有的責任和活動。

然而這種教育人民委員部，並不能統管各種教育事業。其他如政治教育和工團圖書室等，屬於工人聯合會之中央會議的教育文化部管理(The Cultural and Educational Department of the Central Council of Workers Unions)。紅軍的政治教育，屬軍事人員委員會管理。鐵路和水運的教育，屬交通人民委員會管理。教育和工業的聯絡，又屬國家最高教育參議會(Supreme Council of National Education)去指導。

爲明瞭全國教育起見，近來教育人民委員部亦設視學員若干人。

(二)地方教育行政機關　爲行政便利起見，將國內分爲農村，鄉區，總區，和省區。每一區域的蘇維埃，設有執行委員會。由委員會委任地方教育部，對委員會負責。其任務在指導並監督社會教育，和職業教育，任免教職員，做報告，統計，宣傳共產主義，檢閱著作物，預備教育預算等。（高等教育不在內）其組織可以縣教育部爲代表。除教育部長以外，設有關於社會教育，政治啓蒙教育，職業教育，出版部，博物館組織計劃等之視學官。復置會計會議，技術會議，會計課，庶務課等。至若各校行政，則組織有校務委員會。會員是合教員，工人代表，校醫，工會代表，共產黨代表而成。校長也是委員中之一份子。

教育經費　蘇俄在革命前，大部份的教育經費，由國家負擔。革命後，漸由各地方負擔。在一九一三年國家負擔百分之五九·六，地方負擔百份之四〇·四。至一九二七年，地方負擔爲百分之七〇·七國家負擔百分之二九·三。此外尙有各團體籌劃的教育經費，幷職業學校出售出產品得來的款。

俄國在革命前是一教育落後的國家，革命後他們教育上最大的問題：(1)是怎樣去教育新時代的兒童？(2)是怎樣去教育大多數不識字的民衆？以是產生了一種新學制，成人和兒童教育，兩兩平行。前者是工人農人的教育，受黨的指揮。後者是幼童和靑年教育，受中央和地方教育行政機關指揮。這種新學制在世界各國學制中，爲蘇俄所獨創。茲繪圖如下：

右行成人學校，是爲黨的訓練而設。照一九二〇年人口調查的結果，蘇聯人口中不識字者佔百分之六十八。

	兒童和青年的教育制度				成人教育的制度		
二十二歲以上	研究院及其他專科						
十七至二十二歲	大學及高等學校	工藝學校					共黨大學
十五至十七歲	特殊課程部及其他中學第三	Techicums			工人學院	成人學校二級	蘇維埃黨校第二級
十二至十五歲	中學第一部	職業學校	藝徒學校	青年農民學校	工人學院	成人學校二級	蘇維埃黨校第一級
八至十二歲	初等學校				成人學校一級		政治學校
三至八歲	幼稚園及其他機關				廢除文盲學校		
三歲以下	託兒所(即嬰孩學校)				廢除文盲學校		

* 中小學合稱爲統一勢動學校(8－12歲是四年制，8－15歲是七年制，8－17歲爲九年制。)

所以列寧說「俄國還是處在一個亞洲的半開化的境況中而在這種境況的俄國人民，要不惜一切來除去」廢除文盲學校，就是以使人民識字爲宗旨。識字後則入成人學校和政治學校。其根本宗旨就是使人民對於黨有相當認識，並以造成黨務的工作人員。最高的黨務學校，叫做共黨大學。莫斯科那一間 Sverdlov 大學，就是他們中的牛耳。這種學校無論其爲初級或高級都是專重政治智識的訓練。學生的來源據一九二六年的統計有百分之三十是工人，百分之六十是農人。智識階級和別的階級的人，佔其餘百分之十，這也是一件很有趣味的事。

左行爲兒童和青年的教育制度。兒童在三歲以下，有託兒所。三歲至八歲入幼稚園，卽預備教育。再進則入小學。原來八歲至十七歲一段教育，總名之爲統一勞動學校。按其性質則八至十二歲爲初等教育，這一段是強迫的。初等教育以上，或繼續入中學或轉入職業學校。或中學第一部完後，轉入工藝學校，或中學第二部讀完後，入大學或專門學校。貧苦無力的人則有種種津貼學額，使平民和勞農階級，都有機會入大學。

蘇俄的教育原則，是教育爲國家的事業。私立學校無存在的地位。惟在某地方公立學校未曾設立時，則私立學校受教育行政長官嚴密監制之下，仍可暫時存在。

第四節　幼稚教育與小學教育

幼稚教育　蘇聯的幼稚教育分爲二段，前一段是託兒所，收受三歲未滿的兒童，歸共公衛生委員部管轄。(Commissariat of Public Health)。後一段是幼稚園，收受三歲至八歲兒童，歸教育人民委員部管轄（People's

Commissariat of Education)。託兒所設於工廠者居多。其目的是使嬰孩在合於衛生的環境之下，有種種運動和訓練，而爲母親者，得有空時入工廠作工，加增國家的生產力。在莫斯科之託兒所數，在一九二二年有九十六所，床舖三、六九四隻至一九二九年增至一〇四所，床舖有六千之多。一九三一年蘇俄政府厲行五年實業計劃，缺乏勞工，乃製定新章凡僅有子女一人之婦女，在此厲行實業計劃期間，皆應捨去家務，入廠工作。其嬰孩卽送入託兒所代育。（卽育嬰院）因此託兒所的經費既由二千三百萬盧布，增至八千三百萬盧布，託兒所數大加擴增，可收受十七萬嬰孩。且勞動婦女，因蘇俄政府近於莫斯科開辦勞動婦女夜校，其目的專在訓練勞動婦女之專業的技能，使適於蘇俄今日各種更需要技能的工業之用，以是又設夜間託兒所，以保護勞動婦女之嬰孩，其作用與日間託兒所相同。

兒童三歲後則入幼稚園。幼稚園收受三歲至七歲的兒童，完全立於託兒所教育基礎之上。其遊戲與音樂之指導，甚爲徹底。一般幼稚園每日開放六小時。惟如莫斯科這種大都會，每日開放八小時至十小時。日中生活以藝術，體操勞動音樂故事遊戲，養成身心活潑的兒童爲宗旨。每幼稚園兒童多至十八名內外，一個保姆在幼稚園平均管理十五名，在託兒所平均管理七八名。據一九二七年的統計，全聯邦之託兒所與幼稚園數共一六二九所，床舖有八五、三四九座。

此外還有兒童廣場，爲夏期的兒童保育機關。設於大都市的郊外，因其空氣清鮮，日光充足，使兒童免夏期都市上的暑氣。據一九二七年統計，廣場數有二、九五六，兒童數一六八、五一二人。

幼稚教育機關最近幾年來發達得非常迅速。在一九三一年幼稚園共達五六九〇所，學生三三一、六二三人。此外還有暑期幼稚園兒童遊戲場等，所收兒童數既達五百萬之多。

小學教育　蘇俄的中小學校總稱爲統一勞動學校，小學教育爲統一勞動學校第一級。小學教育的兒童入學年齡是八歲至十二歲。無論男女必須一概入學。學生是免費的。男女是同學的。按據法令鄉村學校每年入學期限，是一九〇日，城市爲二〇五日。每天上學由四小時至六小時。但據一九二八年調查，在鄉村中每年平均開課爲一五五・五日，在城市爲一八〇日。

小學注重感官的訓練，個性的發展，並養成兒童有世界的眼光。至論智識，不過是研究勞工自然和社會的一種成就罷了。學校內一切活動，是以有用的勞工爲中心，以兒童生活爲出發點。課程的組織，是採用合科制。注重人類生活的三方面——自然，勞工，社會，——換一句話說他們的課程是不分科目，將這三方面併合起來去教學的。

茲將其大綱列表如下：

年級	自然	勞工	社會
一	四季	鄉村和城市家庭附近的勞工情形	家庭與學校
二	空氣　水油　環人類的植物和動物的保護	兒童住居附近的鄉村或城市的勞工生活	鄉村和城市的社會團體

三	化學物理和本地自然界的初步觀察　人身生活	本地的經濟狀況	本省的社會團體　從前鄉村狀況的圖畫
四	俄國和外國地理　人身生活	俄國和外國的國家經濟	俄國和外國的國家組織　從前人類的圖畫

以上的大綱若加詳細的分析，又如下列：

年級	鄉村學校	城鎮學校
一年級	1 學校的初步 2 秋天的家庭工作 3 健康之保護　慶祝十月革命紀念日 4 冬天的預備及冬天工作　慶祝列寧日 5 冬天的生活與工作 6 春天工作的預備　五月慶祝 7 春季工作 8 考試　學校展覽會	1 學校的初步 2 健康的保護 3 秋天家庭的生活與工作 4 冬天的預備及冬天的生活與工作 5 來的春天和春天工作
二	1 夏天兒童生活與工作　秋天學校工作的開始 2 秋天的鄉村工作　慶祝十月革命 3 家庭和鄉村衛生	1 夏天兒童的生活與工作 2 秋天的城鎮 3 家庭與城鎮健康之保護

年級		
年級（續）	4 冬天鄉村生活與工作 5 春天工作的開始與籌備　五月慶祝 6 春天的鄉村工作　計算本年工作及夏季工作的預備	4 城鎮之生活與工作 5 春天及春天的工作
三年級	1 鄉村　收穫與農產　鄉村與環境　本地職工鄉村生活　鄉村組織 2 城鎮與鄉村　工場工作與城市生活　城鎮與鄉村之文化生活 3 鄉村的春天和農人的工作耕田　江湖　草場蜂巢　五月慶祝　本月工作的計算	1 城鎮　城鎮及其環境　城鎮的工作　商業及文化生活 2 鄉村　耕種　施肥　菓實 3 春夏天的團體工作在學校所有田裏去工作江湖春天的樹林　草場

四年級的課程

1 蘇維埃聯合共和國　地地圓說候　本國的農村經濟的性質及其工作　蘇聯各地方的農村經濟　外國農業的計算　蘇聯北部的邊境　南部的邊境　蘇聯的工業　蘇聯的原始　蘇聯的政府　共產黨　外國的國際關係（德英法美）

2 蘇維埃政府對於蘇聯工人生活改進上的注意

3 四年來其他工作上討論的問題

這樣合科制的教法，有時也插入簡單的基本的科目，如讀書寫字算術等。不過其課程表的編製比各國不同。

蘇聯的合科計劃，是將社會教育寓於工作之中，科學教育寓於自然研究。學校內不大注意新教學法，而注意學生自治自作的機會。學校各級學生組織了許多團體，有委員會做衛生經濟文化和記錄等工作。每學校有學生會管理學校普通的事務。學校中最活動的份子，就是先鋒團（Pioneers）。兒童十歲時可以加入，一直訓練到十六歲爲止。未加入之先，須經過試驗時期，證明該兒童的誠實和其對於先鋒團的理論確有相當的了解。平常先鋒團員在學校是做學生的領袖。身上帶有徽章，以爲標識。即功課的成績，亦須優異，一舉動當爲同學們的表率。

由此看來，蘇聯小學校的教學，是由近而遠。第一年以家庭及學校爲中心。第二年進而研究關於兒童住居地（鄉村或都市）的生活及勞工現象。第三年則考察鄉土知識及鄉村與都市關係，農人與工人關係。第四年則進而研究蘇維埃聯邦之全部知識。據一九三一年的統計，小學校共有學生八、七〇九、七三七八，比之一九三〇年增加百分之二十八。

又據申報一九三三年三月十一日教育新聞，謂蘇聯近年來勵行強迫教育制度，得顯著的進步，依照原定計劃烏克蘭共和邦完成強迫教育制度的期限，爲一九三四年，外高加索共和邦，爲一九三六年。俄羅斯共和邦爲一九三七年。白俄羅斯共和邦，爲一九三五年。中亞細亞諸共和邦，爲一九四〇年。但按諸事實四年強迫教育均既於一九三二年完成，且七年之強迫教育亦既有實行者。可見蘇聯教育進步，既超過原定計劃之外。

第五節　中學教育與高等教育

中學教育　俄國的統一勞動學校第一段爲四年。（即初等小學）第二段爲三年。（即中學第一部）第三段爲二年。（卽中學第二部）在一九一八年設立統一勞動學校時，已明令廢止以前小學和中學界限的劃分。現在談中學教育，是指統一勞動學校的第二段，（十二至十五歲）和第三段，（十五歲至十七歲）說的，卽上圖所指中學第一部和二部。俄國的中學教育比其他各國有點不同，第一在學制上看來，中學教育原是統一勞動學校的一部份，不像各國中小學界限劃淸。第二在性質上看來，其他各國的中學教育，是高級的普通教育，俄國的中學教育，是注重勞工和社會政治經濟的訓練，養成青年適合新社會的教育。兒童讀完四年的初等小學，（卽統一勞動學校第一段）卽入中學，（統一勞動學校第二段）並沒有什麼入學考試，在一九三二年既將強迫教育變爲七年，卽中學第一部也在強迫範圍之內，到了中學第二部（卽統一勞動學校第三級十五至十七歲）則設分科課程；或以養成低級學校的教師，或以造就行政上或工作上的人員。有各種職業科目可以選讀。茲將中學第一部和第二部課程列後：

（1）中學第一部課程表（兒童十二至十五歲卽勞動學校第二段共三年）

科目	年級			全學程的總時間
	V	VI	VII	
社會科目	4	4	4	408
俄國語言與文學	5	5	4	476
數學	4	4	5	442
自然歷史	3	4	4	372

化學*	1	2	2	170
物理	4	4	4	408
地理	2	2	2	204
外國文	3	3	3	306
工作	3	3	3	306
形象藝術	2	2	2	204
音樂節律**	2	1½	1½	170
體育	2	1½	1½	170
總數	35	36	36	3638

說明

○ V VI VII 即勞動學校五六七年

* 在第V年級自然歷史與化學由一位教師主教

* 在第 VI VII 年級唱歌，音樂，節律，體育共三時其各科時間長短按情形分配

中學第一部的課程仍是繼續小學的合科制，但有各種科目的名稱，教學時仍以人類生活的三方面為中心。這三方面就是：（一）自然界和其富源與力量。（二）如何利用自然界。（三）社會生活。學生在學校內，做種種社會有用的活動，利用一切學校環境，做觀察和實驗的工作。一學年共有三十六週。

學校工作的注重點：（一）供給普通智識。（二）研究勞工的競爭，蘇維埃的組織，和社會政治的情況。（三）做實用勞工，即體育與文藝也很注意。

（2）中學第二部課程表（兒童十五歲至十七歲即勞動學校第三段共二年）

科目	普通科			特別科	普通科		特別科		每週總時間		總時間
	VIII	IX	全學程總時間		VIII	IX	VIII	IX	VIII	IX	
社會科學	5	4	306	師範課							
俄國語言與文學	4	4	272	（1）學校段	29	26	9	12	38	38	2,584
數學	4	4	272	（2）幼稚教育段	29	26	8	12	37	38	2,550
自然歷史	3	3	204	（3）政治啓蒙段	29	26	9	12	38	38	2,584
化學	2	2	136	合作課							
物理	3	3	204	（1）農業經濟合作段	29	25	9	13	38	38	2,584
外國文語學	2	2	136	（2）消費合作段	29	25	9	13	38	38	2,584
形象藝術	2	1	102	蘇維埃行政課							
音樂	2	1	102	（1）經濟總務段	29	25	7	13	36	38	2,516
體育	2	1	102	（2）保險段	29	25	7	13	36	38	2,516
總數	29	25	1,836	（3）行政段	29	25	7	11	36	36	2,448

中學最後二年的課程，是分為普通科與特別科，後者又分為師範課，合作課，蘇維埃行政課。

學生們讀完中學第一部者，可繼續第二部，或進工藝學院，讀完中學第二部者，可進大學校，或其他高等專校。蘇聯的中等教育在各個共和國中雖有點差異，然其注重職業則一。蓋一則蘇聯教育原爲農工而設，二則蘇聯爲應付五年計劃，自當造成一般職業界的人材，因此中學校的科學是注意實用的，外國語是德文或英文，課本的材料，已煥然一新，以應新社會的需要。

據一九二九年的統計，七年制的統一勞動學校，（即包括中學第一部）有五、七〇七所，學生二、〇七一、四〇〇人，九年制的（即包括中學第二部）有九四六所，學生六三五、一〇〇人，又有獨立的第一部中學八九七所，學生三二八、七〇〇人。

統一勞動學校有幾個特點：第一重工作。凡初淺科學能同工作連合的，總須連合。高級學生在鄰近工場，農場，工廠，直接與工人一同工作，使兒童能做事能生產。第二是利用鄉村教材。因勞動學校多設在鄉村，設置在城市的不過佔九分之一。教學時把鄉村教材充分利用。第三，統一勞動學校祇許國家設立，不准私立。第四學生與工人能參加校務會議。蓋學校中有十二歲以上諸班的學生，每班得派代表一人，參與校務會。第五每校應分得田一畝，作園藝工作之用。此是依照一九二三年二月六日全俄中央執行委員會批准，國民農業委員科所擬的分配辦法。第六，學校中絕不許施用懲罰。

高等教育　在高等與中學之間，尙有工藝學校，此點論職業教育時當帶補述。俄國的高等教育，即包括大學和其他專門學校，依性質區別之，則爲農科工科社會及經濟科，教育科，醫科，藝術科，修業年限由四年半至五年。入學年齡在十七歲以上，以修完九年制的勞動學校（即中學第二部）爲合格。其入學試驗以社會科學爲最重要。在一九二九年有高等專門性質的學校一二八所（內有大學二一所）學生一六七、一〇〇八。

此外有工人學院（workers faculties），此爲大革命後的新產物。有獨立的，有附屬於其他專門學校的。其目的有二，一爲供給較深的普通和職業的訓練。一爲使既有三年職業經驗的工人，年紀在十八歲以上者，得有進入高等專門學校的準備，修業時期日常上課者爲三年。晚間上課者爲四年。在一九二九年有工人學院一六四所，學生五二、九〇〇八。

蘇俄政府爲獎勵大學及專門學校學生起見，前年曾決議增加各大學及專科學院學生之津貼費。凡選習工業，農業，專門技術，運輸，地理學，物理學及數學等高級學程者，平均每月津貼費爲三十五元美金。選習醫科及法律之學生，平均每月津貼費爲三十元美金。其他學科之學生，平均爲二十五元美金。全國學生之教科書及教科用品等，一概由國家供給，學生膳費在公共食堂僅收一角至三角，學生能領服裝，惟極樸素云。

俄國教育在數量上如此增加，其實質究竟如何？在美國出版之雜誌名學校與社會(School and Society)一九三二年十月十五日的，有一篇文章論蘇俄高等教育之改組（The Reorganization of Higher Education in Soviet Russia）曾有下列之論調「改良之原因是因近三年來中學校有五倍的加增，專門人材畢業的數目有優等程度者由五萬七千增至二十一萬六千。中等程度者，由五萬五千增至二十八萬八千。學生總數則有四倍的增加，達到一百五十萬，以應五年計劃的需要。然以實質方面言之，未免令人不滿，所謂優等的專門人材，其程度常比不上德國美國大學的一年級學生。中等的專門人材，僅稍優於外國技巧的工人。工藝學校原來是訓練技巧工人的而其畢業生多數是說不上技巧一字。在蘇維埃鄉下的醫生，僅稍優於外國訓練的看護。工業界的工程師可以不遠過美國一個技巧的工人。」蘇俄教育現正在革新時期，重量不重質的弊端，或者將來可以除去。

第六節　師範教育與職業教育

師範教育　俄國近十餘年來因爲中小學教育極力擴充，兒童入學人數陡然加增，師資訓練變成一極重要的問題。蓋教師斷不是短促時間能夠訓練成就同時因兒童加多，自然地容納許多無經驗無學識的教師，爲過渡時期一種適應環境需要的辦法。就現勢來看，俄國現有教師只有五分一曾經過中學訓練者，其餘則程度參差無從類別。現在談蘇俄的師範教育，只得先將其師資訓練機關說起，然後說到教員的地位及其待遇問題。

1. 師資訓練機關　俄國的師資訓練機關，約有三種。一爲教師訓練所（pedagogical institute）專訓練中學教員。二是教師養成所(pedagogical technicums)專訓練小學教員。三是九年制的勞動學校，最後二年的師範科（即在中學第二部）專訓練幼稚學校，初等小學，和下級政治學校教員。此制於一九二四年開始。教師養成所，是四年畢業，招收中學第一部畢業生，注重工農的訓練，以適應各地的需要。其課程前二年是注重普通和專業的研究，教學參視，和蘇聯教育的研究。後二年較注重專業科目研究社會科學，參加農工作業，劣及剷除文盲，和其他青年運動。茲將其課程表列下：

教師養成所前二年的課程表

科目	每週鐘點數	
	一年級	二年級
數學	四	四
物理	三	三
化學 自然科學	六	六
農業	二	二
國語	五	五
外國語	二	二
階級鬥爭史	二	二
經濟地理	三	二
政治經濟	三	二
活動教學	三	三
圖畫	二	二
音樂	二	二
體育	二	二

兒童學	二	三
蘇俄學制	二	二
總數	四〇	四〇

教師養成所後二年課程表

科目	每週鐘點數	
	三年級	四年級
進化論	三	三
階級鬥爭史	三	三
經濟政策	二	三
憲法	一	三
歷史的唯物主義	一	三
環境研究	一	三
外國語	二	二
兒童學	四	二
合作教學的組織問題	一	二
國語方法	二	二
算術方法	二	二

自然研究方法	二	二
社會科學方法	一	二
活動教學方法	二	一
圖畫方法	二	一
音樂方法	二	一
體育方法	一	一
教學實習	六	一三
兒童學實習	六	二
政治啓蒙	六	二
總數	三七	三六

總之蘇聯的小學教員對於經濟政治具有特殊的訓練。此外還要學習關於工廠農場和各種工業的方法，使教育和工藝打成一片。

至若九年勞動學校最後二年的師範科其課程與教師養成所前二年的課程相當。大部份的時間，用來做專業的研究和實習。

2. 教師的地位與待遇　全俄的教員於一九〇五年組織全俄教師聯合會(All-Russian Teachers Union)。國內大中小學教員，均可加入。大革命之初此會曾經解散。至一九二四年又復改組，更名為教育工人聯合會。

(Educational Workers Union) 國內教員學生，校醫，書記，雜役皆得加入爲會員。因此這聯合會變爲工人總會的一部份 (Part of General Workers Union)。一九二五年教育工人聯合會宣言忠於共產黨，一般教員對於黨務遂盡一大部份的工作。一九三一年俄國人民委員會(Council of People's Commission in Russia)議決增加教員薪水，由百分之二十五至三十。且教員購買物件，其享受的便宜，與工人無異，因此教員生活比較舒服。據一九二八年的統計，鄉村小學教員月薪四十六盧布。城市教員五十二盧布。至一九三二年既增九十盧布了。教員所任功課在小學每週二四小時，在中學第一部每週十八小時。鄉村學校教員的住宅，是公家給予的，女教員因生育關係，得請假二個月，教員們的子女，在教育上享受的優待和其他工人一樣。凡服務二十五年以上的教員，得領養老金。

教育工人聯合會，現有會員八十萬，每人捐薪百分之二爲本會維持金。各地方教育行政機關做出來的預算表和課程等，必交給該會去審查和通過。即教育人民委員部當本會每年開會時也要到會場中報告一年的教育情形。教師意見的尊重以此可見。

3. 在任教員之改進　俄國都市的學校，每有數百名教師時，即設有試驗學校一所。其校長負訓練該校和該區教師的責任。訓練方法有二：一爲晚間研究會，凡教員均須出席討論教學上種種問題。一爲展覽會，在會議中有教學示範和討論，幷研究課程編製教學方法等。

蘇聯的新教育正在實驗時期，各種新教學法如道爾頓制，蒙台梭利教學法等，也正在試行。惟此類方法在校中須有精詳的設備，一時經濟上尙難應付，以是有一種簡便而實用的教法叫做複授法(complex method)。這種方法在實施上，一方面注重自然教材，一方面注重政治與社會的問題。使兒童由淺入深，由近及遠，了解環境，以謀所以適應新社會的生活。

職業教育　廣義的來說俄國的各級教育都含有職業的目的。據一九二〇年職業教育總委員會通過行政方略中一種職業教育計劃，謂職業學校分做三等。初等職業學校以造成技師爲目的。中等職業學校是造成分業或專門工程師。大學校是專造成營業或專門工程師。大學和專門學校上面已經說過，現在把初等和中等職業教育機關列表如下：

位置	機關
介於中等和高等教育之間者	工藝學校
中等職業教育機關	中等專門學校 中等職業講習會 上級成年學校
下級職業教育機關	職業學校 工廠學校 未成年農人學校

現在從下級職業機關說起。職業學校修業年限爲三年或四年。入學年齡爲十二歲起，入學資格爲修畢統一勞動學校第一級。(卽初等小學四年)至若工廠學校亦收統一勞動學校第一級畢業的學生。一方面每日做四小時至六小時工作，一方面受職業教育與社會教育，期限二年至三年。工廠學校大約可分爲三種：(1)在工店

組織之學校，以為少年工人學習之利便。（2）學校利用工店或工廠，以教養一般少年工人。（3）專為着一般青年工人而設之學校，以增進青年工人之技能。畢業於工廠學校的學生，更進而入上級學校者，為數亦不少。至若未成年之農人學校，其入學與修業年限的規定，與職業學校大約相同。據一九二八年的統計，職業學校有一四一七所，學生一三九、〇〇〇人，據一九三一年的統計，工廠學校五百餘所，學生三〇〇、〇〇〇人，未成年農人學校四、三二六所，學生六〇〇、〇二六人，此外又有工場為養成家內工業者，修業年限二年至三年，校數三二〇所，學生二一、五〇〇人。（一九二八年統計）

至若中等專門學校，內分（1）中等工業專門學校。（機械、電氣工業、建築、化學礦業、農業、機械紡織，皮革、運輸、通信）（2）中等經濟專門學校。（簿記、速記、商業、通信、財政事務等）（3）中等農業學校。（農耕、種子、林業、果樹園藝、牧畜、獸醫、土工、農事改良）（4）中等師範專門學校。（5）中等醫學藥學專門學校。（6）中等藝術專門學校。入學年齡於十六歲至三十歲為合格，學力是修畢七年勞動學校的程度，年限為二年半至四年。據一九二七年教育人民委員部統計，共有中等專門學校一、〇一七所，學生一六〇、四七五人。至若中等職業講習會，其目的是提高工人資格。上級成年學校，是養成工業企業等的指導人材，或事務管理員，入學資格與中等專門學校同。

介於中等職業教育機關與高等學校者有工藝學校，在一九二六年，有學生三萬人，來自中等學校者佔多數。

至若入學年齡與各科之百分比，及各科男女生之百分比可列表如下：

工藝學校各科學學生入學年齡百分比

科別	入學年齡				
	15以下	15—18	18—21	21—24	24以上
師範	1.2	61.6	32.0	4.5	0.7
農業	0.3	43.1	47.4	7.3	1.9
實業	—	37.8	43.3	11.7	7.2
醫學	—	13.7	61.3	18.4	6.6
製藥	—	4.3	38.6	16.	1.9
實業經濟	0.2	52.8	40.0	4.8	2.2
平均	0.5	46.2	41.8	8.4	3.1

工藝學校各科男女生學生百分比

科別	男生	女生
師範	35	65
農業	81.3	18.7
實業	88.3	11.7
醫學	2.9	97.1

製藥學	10.9	89.1
實業經濟	48.0	52.
平均	53.	47.

由此看來入學年齡視各種工藝學校而不同，普通以十五至十八歲爲最多，十八至二十一歲次之。男女生數目相差不遠。惟師範、醫學、製藥學以女生爲多。農業實業以男生爲多。據一九三一年統計有工藝學校二、九九八所，學生六〇九、〇六四人。

第七節　成人教育與政治教育

革命後的俄國，是立於新政治思想新社會觀念的上面，所以要竭力培養一種新公民，以期適應他們理想中的新社會。原來俄國一般教育程度是最落後的。一九一八年列寧夫人說：「學校以外的教育，是當今急務，是俄國的生死問題。」（按學校以外的教育，即指成人教育。）一九二一年列寧在全俄勞動者政治訓練會議上，又說：「你們一定要知道一個文盲的不開化的民族，一定不能勝利的。」列寧以爲除文盲不是一個政治問題，但文盲不除，不足以談政治。以是俄人日夜淬厲，用種種方法去消滅文盲。在蘇俄共和邦來說，從一九二〇年到一九二三年，這三年內差不多有二百四十萬的男男女女離開了文盲的階級，速率每年達八十萬。至於一九二四至一九二七，這三年內第一年所除的文盲是九二六、〇〇〇人，第二年的是八五〇、〇〇〇人，至蘇聯來說，依照第一屆五年計劃預定消滅文盲可達一千七百萬人。但在四年又三月中文盲變成能寫讀者達二千九百萬人。半文盲受補充教育者達一千七百七十萬人。一九一三年全俄識字者佔百分之三十五。一九三二年增至百分之九十。其他落後民族，識字者也有同樣之增加。（申報一九三三年三月十日）蘇聯對於除文盲的運動，竟獲如此之成功，是用着種種的方法。而成人教育機關與政治教育機關，對於除文盲與增進成人政治上的智識與能力，更有特殊的貢獻。

成人教育機關種類甚多，比較顯著者有下列幾種。

1. 不識字者學校　收一般十歲至十六歲未成年的人，授以讀寫算的初步知識，使人民有能力享受政治生活。讀報、抄書及實地練習，爲常用之方法。每週上課六小時，以四個月爲期。一九二九年後時間較爲延長，教學材料淺而有趣。

2. 半文盲學校　此種學校比不識字者學校程度較高，授以與統一勞動學校第一級第三年程度相等的讀物，每週六小時，六個月畢業。據一九二七年的統計，上列二種學校共有四五、七五八所，人數一、五一六、〇〇〇人。

3. 夜間講習會　多設於工廠農場，目的在啓發工人農人的知識，時期一年。一九二七年此種講習會有一、四五八所，會員一六二、九五九八人。

4. 成人補習學校　此爲程度較高之成人而設，目的在使多數農人工人能受一種普通教育，及政治訓練，修業年限三年，也可附設一年預科。入學資格須能自由讀寫，年齡在十七歲以上。

5. 農民補習班　以造就有政治教育的農民爲主旨，重普通智識及農業訓練，修業期一年至二年。

6. 研究會　新俄自修的風氣極盛。一九二六年蘇俄共和邦有七二五〇個研究會，會員達十二萬人。以所在地來論，城市方面有百分之八五·一是研究政治的，百分之一三·四是研究職業的，百分之一·五是研究普通科的。在鄉村方面，研究政治的有百分之五二·二，研究職業的百分之四五·六，研究普通科的百分之二·二。

7. 勞動大學　勞動大學爲成人教育之最高機關，但其程度不甚高。其主要功用在使學者能了解共產主義，并增進普通知識，使能從事於實際的工作。每週十六時，修業年限是二年，入學資格在十八歲以上。大學分工學部（農業、機械、電氣、化學、紡織）與社會經濟部（行政事務、合作社、工會、蘇維埃事業、新聞、法律）。據統計一九二九年全聯邦共有勞動大學六十所，學生一二、〇〇八。

此外成人教育機關甚多，列入社會教育者，當於第八節再述。

政治教育機關有政治學校，蘇維埃黨校，共產黨大學。

1. 政治學校　係初級黨務學校，性質爲對勞動民衆，授以政治經濟社會的初等知識。重在教學生略解馬克斯及列寧主義之理論與實際。凡農人、工人、雇工、及黨員均可入學。修業期爲四星期至三四個月。在一九二六年，有政治學校一一、四三六所，學生三〇〇、二七九八。

2. 蘇維埃黨校　其目的是養成鄉村都市宣傳員，鄉村讀書室政治啓導員，行政勞動員及下級黨務人員。爲訓練實際從事黨務之主幹人材而設。修業二年，在一九二六年統計有三一七所，學生三一、四三五人。

3. 共產黨大學　爲共產黨最高機關，以養成黨務上之領袖爲目的。修業年限普通三年，有時延長至四年或五年。至若大學分科可以斯威爾特羅夫共產大學爲例。內分（1）共產黨科（2）史學科（3）經濟學科（4）唯物史觀科（5）蘇維埃建設科（6）語學科（7）自然科學科（8）戰術科，修業期四年。至論其統計，在一九二六年有共產黨大學一六所，學生七〇二九人。

第八節　其他關於教育文化的事業——社會教育

論俄國社會教育的範圍，隨各著作家而不同。據尼林（Scott Nearing）著蘇俄的教育（Education in Soviet Russia）一書，將蘇俄的初等教育叫做社會教育，謂在勞動學校施行。據日本山下德治著祝康譯新興俄國教育一書，謂「社會教育機關，是蘇維埃一般國民教育的基礎體系，其中包括學齡前教育；如託兒所，幼稚園等。又普通教育機關，如統一勞動學校，未成年學校等。又少年之社會的保護教育機關，如幼年館少年館未成年館等。又特殊教育機關，如盲啞學校，低能兒學校等。」本章對於勞動學校及學齡前教育已經詳述。凡未詳述者，則併入此節，標題爲其他教育文化的事業，列入社會教育一門。

現在要補述者，是幾種社會教育機關和其他文化事業上的設施。在浮浪兒教育機關方面，如孤兒之家，殘廢兒童學校等。在民衆教育機關方面，如圖書館，博物院，影戲院等。其他教育文化事業，如推廣新字母，改良書籍等。茲二分述如下：

（一）浮浪兒教育　俄國因大革命，內戰和饑饉，以至人民死亡困苦，至孤苦兒童無家可歸者，舉目皆是。非惟衣服襤褸，而且飢寒凍餒，狀至可憐。而殘廢兒童，身體有缺點者，數目亦不少。俄國因此設了許多孤兒之家(childrens home)殘廢兒童學校等，使他們有食有住，并施以種種教育。且每家都有他的兒童之蘇維埃，使兒童有團體的訓練。政府且利用作共產主義的宣傳。在一九二六年十二月一日蘇俄總計有下列幾種機關（參看王西徵譯英國教育考察團編蘇俄的活教育八四頁）

類別	機關數	收納兒童數
常態兒童之家	二、二六九	一八三、二八三
收容所隔離院等	三四九	二一、九一四
訓練學校	二二四	一四、四五五
殘廢兒童學校	一八三	一四、六三二
總　計	三、〇二五	二三四、二八二

在一九二九年底，勞動人民委員部支出二五〇萬盧布，此外又有列寧基金一萬萬盧布，及地方基金，即以其利息供給訓練孤兒之用。茲錄一九二九年一月，教育雜誌歐美教育通訊欄登載蘇俄共產黨中央執行委員會致各區執行委員會及地方當局關於救濟流亡兒童之公函幾點，以見其辦法之一斑。

（1）凡城市街道尤以交通大埠之流亡兒童，須限於來年達到完全消滅之目的。

（2）須注意兒童之家之全部活動，凡在十二歲以上之兒童，須給以相當之教育，側重教授實際智識，並訓練應用技能。使彼等於最短時間能準備獨立自營之職業生活。欲達到此目的，尤須注意各工廠之組織與兒童之家有密切之關係。

（3）對於主持兒童之家之公共團體及各區辦理教育事業之機關，尤須改善其性質，督促當局，完成肅清流亡兒童之計劃。更由各工廠選擇多數技術精巧之工人，擔任兒童之家之職業教育。

（4）防止流亡的兒童現象之發生，爲一種特別之重要工作。其進行方法須確定兒童在法律上的保護，各工廠須有各種組織，對於未做工之兒童，應予以物質上的援助，並多量吸收青年於工藝美術工廠及農場中，俾受一種職業教育。

由此看來，浮浪兒的教育，是由公共團體及各區主持教育事業之機關辦理。其目的是使這般無家可歸的兒童，各得其所，且能養成職業技能，使生活獨立。

（二）美術陳列室與博物院　蘇聯於藝術方面，亦極注意。在美術陳列室及博物院內，常陳列許多藝術品。自然歷史和專門歷史家，常帶學生去參觀。自革命及藝術保藏收歸國有以後，大批美術陳列室及博物院，都行開放。在蘇聯成立之初，此種院所只有三十，至一九二九年既達到四百七十六所。人民教育委員會，將設美術陳列所及博物院一部，專司其事。此外尚有歷史文學博物院。例如一九三二年成立之烏克蘭歷史文學博物院，創辦者係國內著名之科學家文學家及政治領袖，查在舊俄時代一百二十年間烏克蘭出版之書籍僅二千五百六十種，而在一九二九與一九三〇年間出版書籍達六千種，由此可見俄國的文化事業發達迅速。該博物院闢一大廳，約有一百名著名近代作家之作品陳列其中。每一作家設一專架，將政治方面與藝術方面之作品，俱在此表露。另闢一廳陳列烏克蘭之外地作家作品。（申報一九三三年三月六日）又可見俄國對於文學美術近年來也大有進步。至若莫斯科之革命博物館其古蹟文獻繪畫彫刻，更使人覺得琳瑯滿目，美不勝收。

（三）讀書館與民衆館　照第十三次共產黨大會的規定，鄉村的政治訓練事業的中心機關，是縣讀書館。這種機關是全縣的文化中心。其周圍有種種文化機關，如全縣的圖書館，各鄉村列寧紀念堂，種種研究會，識字處等。縣內的文化事業與讀書館大有關係。農人可於讀書館裏得種種消息。農民可以看報，可以組織關於農業經濟或其他研究會。單蘇俄說：在一九二〇年有這種機關二二、二五二所，一九二六年增到二四、九二四所。此外有許多小規模的讀書館（cottage reading room），設在鄉村，頗佔重要地位。縣讀書館在適良情境之下，可擴充爲民衆館（people's house）。

（四）圖書館　蘇俄境內各城市及鄉村，俱設有圖書館。在工業市鎮及農業鄉莊則設中心圖書館，使附近人民可以閱書報。有時設有巡迴文庫，將圖書運送至各鎮各村及鄉僻之地，使工人可以閱覽。圖書館數目一九二六年固定圖書館有六、四一四所，城市的巡迴圖書館有二五、五七九所，鄉村的巡迴圖書館有四、三四三所，在城市方面每百人有三百本書，在鄉村方面每百人祇有十本書。

（五）俱樂部　俱樂部爲城市民衆教育之主要機關，有種種娛樂遊戲運動以及政治教育等。會員參加種種活動，純出自然，有以競技，游泳，化裝，講演，讀書閱報等，爲常有的活動。

（六）影戲院　在勞動者統治之下，電影藝術有極大的發展，俄國以電影爲實施民衆教育之利器，藉以灌輸公民必具的常識。近年來發達得極速，革命以前蘇聯境內有一、〇四五電影戲院，到一九二七年十月一日已有七、二五一院，到一九三一年有二二、七〇四院，到一九三二年一月便有三二、〇〇〇院。

（七）劇場　蘇聯境內之劇場類皆含有民衆教育的意味，藉此以灌輸民衆種種革命的思想，對於農工階級，且有減價與免票的辦法。

其他對於教育文化事業有直接間接關係者：（一）推廣新字母。俄國幅員廣大，俄民（Russians）不過佔聯邦人口百分之五十二，尚有一百多種不同的國民，佔全民百分之四十八，所以大部份皆爲文化低落之人民，蘇聯政府爲救濟此種特殊情形起見，已開始設立新學校，推廣新字母印刷新課本和教科書，訓練從未慣習土語的教師，科學研究會聯合會已經把五十三種方言用新字母代替，推廣出去。如達塔（Tartar）四維希（Tchuvask）泰給克（Tadjik）給蒲塞（Gypsy）哀斯摩（Eskimo）等校，皆特別有以適應兒童的需要。（二）改良舊書籍及小說。凡有宣傳宗教或鼓吹帝制思想與基督教義的書籍，一一禁止出版。許多舊小說關於神仙故事及民間稗史之類，在蘇聯出版圖書目錄中，已經消滅靡遺了。（三）加增出版物。蘇聯出版的書籍，沒有一種很貴的。至若兒童讀物每版多至三萬册，而每册售一角的書籍，還視爲價錢太高。在烏克蘭的販賣新聞紙場，附帶有許多每本價值五分的小册子。就是較佳的書籍，其價值也鮮超過一個半盧布。（約當美金七角左右）大部份俄國書籍，平均每册不過三角。因此農民易以購買文化易以普及。茲將蘇聯國境裏出版書籍數目列下（參看東方雜誌三十卷二號六十七頁及申報月刊二卷三號）

一九一二年　一〇〇（單位百萬）册

一九二九年　三九三（單位百萬）册

一九三〇年　八五四（單位百萬）册

一九三一年　一、二〇〇（單位百萬）册

書名的數目如下：

一九一二年　約二二〇〇〇

一九三〇年　約四九〇〇〇

試以一九一二年和一九三〇年相比較，蘇聯境內書籍的出版，已在書名上增加百分之一一八，在頁數上增加百分之八〇〇，在銷數上增加百分之八五三，此亦可見蘇聯文化進步之一斑。（四）教育經費之突進　一九三三年三月間，蘇聯中執會舉行第三屆大會，教育人民委員長布勒諾夫對衆報告；第一屆五年計劃期中，蘇聯文化與教育之進步狀況，據稱在此期間蘇聯各項文化與教育之發展，俱超過計劃所預定。如照計劃規定教育經費爲七十六萬二千八百萬盧布，但結果在四年又三月中已費去一百五十五萬萬盧布。其中供訓練幹部人才用者，達七十萬三千二百萬盧布。供大衆教育用者，達七十萬零四百萬盧布。供科學及研究工作用者，達十四萬六千三百萬盧布。在全國文化教育經費中，用於訓練幹部人才之支出，年有增加。一九二八年此項支出佔百分之三〇・六。一九三二年增至百分之五〇・六。各共和國文化工作經費之逐漸增加，足證一般落後民族文化標準之提高。茲特將各共和國在四年中（一九二八至一九三二）文化教育經費增加狀況，列表如下：（以一九二八年作一百分）

邦別	百分比
蘇俄共和邦	二三九
白俄羅斯共和邦	三三一
烏斯必乞斯坦共和邦	四二六
塔傑克斯坦共和邦	六九六
土耳其門立斯坦共和邦	七一〇

四年間各邦教育經費之增加，竟達六七倍之多，無怪蘇聯教育近年來有迅速的進步。至若其教育總成績，至一九三二年結束，全俄文盲去除了一千九百萬，在全國人數中有八千萬人參加各種文化工作。受過高等教育的，在帝俄時代每百人中僅有一人。現在有大學程度的學校五百三十所，科學社一千六百個，大學生數每百人中約有二十八人。初級和中級學校有十五萬二千六百五十四所。學生數有二千三百萬人。

第九節　蘇聯教育之趨勢

俄國的教育現況，上面已經說明了，現在再歸納起來作一個簡單的結論。我們知道俄國在革命前是一教育極落後的大陸國家，革命後所要解決的問題：一爲普及教育問題。二爲生產教育問題。三爲黨化教育問題。辦教育的方法，是靠着詳備的計劃，也是蘇聯全國整個的計劃一部份。前五年的計劃已經完成，後五年的計劃又經開始。現在教育上的趨勢，他們仍舊努力地去解決上面所說的三個問題。即（一）求教育的普及。（二）求人民生產能力的進步。（三）嚴密黨的訓練。俄國人民在教育上絕對的平等，求教育普及，是從各方面同時努力。在廢除文盲方面，據一九三二年法令，於一九三三年教育部得聯合各團體徵集至少三百萬教師預先訓練，使從事剷除文盲工作。義務教育方面，四年強迫教育已於一九三二年完成，七年的強迫教育也已有實行者。其他如特殊教育，成人教育，社會教育，亦積極的年年發展，其進步大有一日千里之勢。蘇聯在革命前是農業佔優勢的，自五年計劃施行以後，即竭力從事於工業之發展，使散漫的農村經濟，向集體化道路上走去，現在漸由農業國進步到工業國。在教育上的設施，小學則重勞動，小學以上則重職業。有人謂俄國學制，在小學以上的教育，既完全爲職業化，尤以工藝教育特別發達，人民皆以不懂工藝爲恥。其生產教育的政策，已得相當的成績。一九三三年第一季蘇聯對外貿易總額爲二○○、五○○、○○○盧布，內出口值爲一一二、一○三、○○○盧布，進口值爲八八、四○一、○○○盧布，即出超二三、七○二、○○○盧布。出口貨值中原料及半製品佔百分之六一有餘。食品佔百分之二四有餘。金製品佔百分之十三餘。在全部工業生產額來看，一九三一年比一九三〇年加增百分之二一。一九三二年比一九三一年，增加百分之三六。根據德國國際經濟行市院報告，蘇聯在數年內所達到的成績，任何一個資本主義的國家，都非數十年不能達到。其教育效率，可以想見。至若黨的訓練，實為俄國教育的精神。除政治學校和黨校外，各級學校的學生都有自治團體，與政治教育生密切的關係。其青年團的組織，更是嚴密。一為先鋒團，(Pioneer Society)。收受十歲至十六歲之男女，現在有團員一百八十萬。先鋒團員滿十六歲後，經過詳細考核，若認為行為無疵，並能明白黨義，即收納而入青年共產團(Young Communistic Party)；簡稱 Komsomol。本團現有會員二百萬，年齡十六歲至二十三歲不等。此項嚴密組織，可以訓練一般道德高尚的青年，為國家服務。至論其辦學方法，在其五年計劃中，普及教育要達到若何程度，農工各界需要幾多人材，都有詳細的預算。其職業學校及其他專門學校的設置，大都經過詳細的考核，務使需要和供給能夠相合。譬如政府在某年內欲完成紡織設計，需要技術專員若干人，則此類學校就照此計劃收生訓練，以故畢業生皆有出路。現在試行第二次五年計劃，其注重點除本段所述的教育問題外，更努力發展幼稚教育，擴大並充實圖書館俱樂部文化館影戲院等，以期全民教育的實現。

練習題

1. 試述蘇聯之地理形勢。
2. 試述俄國帝政時代的教育。

3. 試述俄國大革命後改革教育之經過。
4. 蘇聯教育有何特點?
5. 俄國學生做社會有用之工作,有何十類?
6. 試比較英美俄三國中央教育行政機關之組織。
7. 英美俄三國地方教育行政機關之組織,有何同異之點?
8. 中俄兩國的社會背景及教育問題,有何相同之點?
9. 比較中英美俄四國之視學制度。
10. 試述俄國幼稚教育之組織及其現況。
11. 俄國的小學課程編制,有何特點?
12. 俄國的中學校教育有何特異之點?
13. 試述俄國高等教育的概況。
14. 俄國高等專門學校畢業學生的程度比英美,是否類似?
15. 試討論俄國訓練師資的機關。
16. 試比較英美俄三國的教員聯合會,及其對於教育行政上的勢力。
17. 試比較英美俄三國在任教員改進的方法。

18. 試述蘇俄下級和中等職業教育的機關，及其現況。
19. 介於高等中等教育之間者，有何種職業學校？其分科如何？
20. 讀俄國廢除文盲的辦法後，對於吾國廢除文盲的運動，有何建議？
21. 試述俄國成人教育機關之種類，及其現況。
22. 試述俄國政治教育的系統。
23. 讀俄國普及成人教育的辦法後，對於吾國成人教育之促進有何獻議？
24. 試述俄國教育之趨勢。

英文參考書

Counts, G. S. : Soviet Challenge to America, The John Day Co., New York, 1931

Kandel, I. L. : Comparative Education, Houghton Mifflin Co., 1933, pp. 69-75, 172-187, 308-312, 477-485, 596-599, 780-789.

Nearing, S. : Education in Soviet Russia, International Publishers, New York, 1926

Pinkevitch, A. P. : New Education in Soviet Republic, The John Day Co., New York, 1929

Hans, N. and Hessen, S. : Educational Policy in Soviet Russia, London, 1930

Wilson, L. L. W. : The New Schools in New Russia, New York, 1928
Chamberlin, Wm. H.: Soviet Russia: A Living Record and A History. Lille, Brown and Co., Boston, 1931.
Dewey, I.: Impressions of Soviet Russia and the Revolutionary Worid, New York, 1928

中文參考書

1. 張任遠蘇聯的教育（申報叢書）
2. 顧樹森編蘇俄新教育（中華）
3. 莊澤宣各國教育比較論（商務）第十章
4. 杜佐周譯蘇俄的教育（民智書局）
5. 教育大辭書（商務）六七九至六八七又一六六三至一六六五頁
6. 申報館蘇聯研究
7. 史美煊蘇俄新教育概觀（商務師範小叢書）
8. 常導之比較教育（中華）一至三〇頁
9. 祝康譯新與俄國教育（中華）一九三一年
10. 英國教育視察團編王西徵譯蘇俄的活教育（上海華通書局）

雜誌論文

1. 鍾魯齋中蘇兩國之社會背景及其教育問題（民族雜誌一卷九期）
2. 羅廷光最近俄國教育之總合的觀察（中華教育界二十卷七期）
3. 鍾道贊蘇俄之職業教育（教育與職業一四三期）
4. 蔡葵士蘇俄的教育（社會與教育五卷十五期）
5. 范壽康關於蘇俄教育新原理的檢討（東方雜誌二九卷四號）
6. 徐伯康蘇俄教育最近之改革（中華教育界二十卷十二期）
7. 葛承訓蘇俄幼稚園教育法（兒童教育三卷四期）
8. 蒲普諾夫蘇俄的教育制度（社會與教育十八期）
9. 滌塵蘇聯的生產教育程序（中華教育界二十卷九期）
10. 程其保歐洲教育觀察談『三』（時代公論五十八號）
11. 衡忱蘇俄的兒童及其讀物（中華教育界九卷十二期）
12. 鄭冠兆蘇俄成人教育之突進（教育雜誌二十卷八號）
13. 于化龍蘇俄之實驗學校（教育雜誌二十卷七號）
14. 熊　潔蘇俄的教育（申報月刊二卷三號一九三三年三月十五）

15. 陸景模蘇俄的學校前教育（中華教育界十九卷十一期）
16. 胡仲持譯蘇聯的文化革命（東方雜誌三十卷二號）
17. 沈華生蘇聯之政治組織（同上）
18. 鄭一華新俄成人的公民教育（教育雜誌二十三卷八號）
19. 朱然藜蘇俄之新教育（教育雜誌二十一卷一號）
20. 林仲達蘇俄教育之最近狀況（同上）
21. 傅任敢蘇俄職業教育之近況（同上）
22. 陸景模蘇俄之兒童及其學校（教育雜誌二十三卷十號）
23. 祝康俄國蘇維埃學校的社會工作（中華教育界十九卷七期）
24. 教育研究（五十期）廣州中山大學蘇聯第一五年教育計劃專號

第五章　意大利教育之演進及其近況

意大利位於歐洲南部，面積約計二三一八〇〇〇平方基羅米突，人口約計四一、二二〇、四三四人。（一九三一年統計）即古代羅馬國的地址。以其半島伸出於地中海，交通地便，輸入東方文化亦較易。政體爲君主立憲，自莫梭利尼專權後，一變而爲獨裁制。

第一節　意大利教育之史的考察

意大利教育之發達，約可分爲三時期。一爲宗教教育時期。（一七九六年前）二爲外敵侵入意大利時期。（一八七〇年前）三爲新教育發達時期。（一八七〇年至現在）當羅馬強盛時，輸入希臘文化，羅馬人特尊崇質素，至此而兼顧知識方面，而底於兩全。羅馬教育是實際的教育，凡讀教育史者易以查得，此間不必詳述。自紀元四七六年西羅馬滅亡以後，歐洲一變而爲黑暗時代，基督教教育代之而興，僧侶讀書抄書，發達一種寺院的宗教教育。其學科以七藝爲主。前三學藝爲文法（讀書習字）修辭，論理，係當時最普通之學科，爲一般人民所必修習者。三學藝既修完以後，更進而教授四學藝，卽算術、音樂、幾何、天文。在中古時代，賴宗教家設學，將七藝保存下來，爲後來文藝復興發達近世文明的種子。十七世紀之初，意大利教育仍在宗教家手裏，其中以耶穌會(Society of Jesus)

為最有權力，此時期為宗教教育時期。一七九六年拿破崙侵入意大利，大兵掠地，正如風捲殘雲；而撒丁尼亞(Sardinia)，而倫巴地 (Lombardy)，而波河流域，不久意大利半島竟入其勢力範圍。其對於意國教育，大肆改革，一循法國模範。改革之點，約有數端。（一）將寺院教堂以及宗教學校，一變而為新式的教育機關。（二）施用一八〇二年之法國法律，每城市設一男童學校，教授意大利文之讀書寫字，且教法文與拉丁文。并革新中等學校，將許多大學改組為中學，惟尼布斯與杜令二大學 (Universities of Naples and Turin) 則特別加以整頓。（三）在比沙 (Pisa) 設師範學校，與巴黎某師範學校同一形式。但至拿破崙失敗以後，所有之教育革新，正如曇花一現，因時期短促，絕未見有何成績。至奧兵侵入比沙之師範學校以及尼布斯、杜令兩大學亦因之關門。奧人用專制手段治意大利，政治犯充滿監獄。教皇與奧人聯絡，壓制一切自由運動，意人不堪其苦，革命潮流澎湃一時。有撒丁尼亞王名陽瑪諾第二者 (King of Sardinia, Victor Emmanuel I (1849-78)) 用首相喀富爾 (Cavour)，內政外交，俱有足稱。在教育方面，於一八四七年仿法制設最高教育會議，并任命教育部長，明年頒佈學校法令，至一八五〇年遣送教育調查團至歐洲，注意德法教育。及後對於大、中、小學，皆極力整頓。而一八五九年由教育部長加撒第 (G. Casati) 公佈一教育法令，名加撒第法令，意國教育制度的基礎，因之穩固。教育行政，採取集權制，完全抄襲法國的精神。喀富爾遠交英法，近攻奧人，得英法之助，卒能拒奧人於境外。（一八五九至一八六六）加里波的 (Garibaldi) 起義南方，（一八六〇）與北意撒丁王國聯合，陽瑪諾遂於一八六一年稱王於意大利。至一八七〇年拿破崙撤退羅馬守兵後，教皇的勢力告終，意大利完全統一。

意大利統一後，國勢日盛，對於教育上的興革，也極努力。按據加撒第法令，強迫教育以三年爲期，至一八七七年延長爲四年，一九〇四年更延長至六年。一九一一年初等教育受國家補助，至一九一二年後，中等學校的課程，大加革新。一九二二年，法西斯蒂（Fascist）政府成立，莫梭利尼（Mussolini）首相登臺，勵精圖治，不遺餘力，教育、社會、財政、軍備等，無不煥然一新。教育部長曾特爾（Gentile）於一九二二年入閣，一九二三年五月六日及十一月十一日的命令，所謂曾特爾法令者，意大利教育即起全部的改革。其一般原則有如下述。

1. 行政與教學的伸縮性。
2. 補習學校之擴充。
3. 中學古文班之充實。
4. 強迫就學律嚴格的實施。
5. 大學入學生之嚴格選拔，決不使有難堪造就者，濫竽其間。
6. 重視德育與體育，並與之爲一切訓練之究竟目的。
7. 小學校恢復精神教育。
8. 停止國家壟斷，奬勵私人經營教育。

根據上列的原則，即具下列改革教育的目的。（1）汰除教育行政上之官僚政治及許多形式事務。（2）汰除教育上的普羅階級。（3）選擇教師更嚴格，汰除無能力從事高等教育工作者。（4）改進意大利中學大學小學一切教育方法。（5）選擇學生升入高級學校應比從前嚴格，且教師有行政上教授上的自由。（7）打破形式主義，而變學校爲現代教育之有生命的機關，使一切學校教材能適應生活與需要。（8）補助各種學校，滿足社會需要。（9）改組全國學校，使爲意大利國家之精神及利益而效勞。曾氏任教育部長後，意大利的教育竟煥然一新，後來的教育部長皆繼續曾氏的主張，而極著成績。

最近意大利教育的狀況，於下面分別敍述。

第二節　意大利教育之行政制度與學校系統

現代意大利之教育行政，乃因襲撒丁王國之教育行政組織，原來倣自法國，與法國的教育行政頗多類似之點。例如（一）法國的教育部設最高教育會議，爲全國最高之審議機關，其會員五十六人，有由大總統指任者，有由法蘭西學會、大學及高等專門學校、中學校、小學校及私立學校，分別推選者，教育部長爲會議的主席。而意大利的最高審議機關，也稱最高教育會議。（Higher Council of Public Instruction 或譯高等參議會）議員數目，依一九〇九年法例，共有三十六人。據一九二八年十一月二十九日命令，議員數爲四十六人，由部長介紹，國王任命，部長也是會議時的主席。（二）法國第二級教育行政區域爲大學區，全國分爲十七個大學區，每區（academy）包括若干府（department）。意大利於一九一一年廢除省制，將前時與縣同數的七十五個教育行政單位取消，分全國爲十九個教育行政區。（三）法之教育部長爲內閣之一員，部中設初等、中等、高等、美術、職業、會計各司。意之教育部大臣，亦為閣員之一，部務分初等、中等、實業、高等、古物、美術、圖書、體育等七司。茲將意國教育行政組織繪圖如下：

根據一九二九年的法令，教育行政最高機關，稱為國家教育部(Ministry of National Education)，管轄全國教育事宜。前時的實業和職業學校，屬財政部管理者，也統歸國家教育部管理，部設部長，為內閣之一員。輔佐部長者有二政務次官，一為國民教育次官，一為體育及幼年教育次官，彼等均為內閣構成之要素，而負責關於其所轄之事項與政務的責任。部長的權責，有

國家教育部

行政機關

初等教育司
中等教育司
實業教育司
古物美術司
學院圖書局
高等教育司
體育司
各司視學員
會計局

學區

教育委員會
訓誡委員會
中等教育參議會

中學校

環區

指導員

小學校

審議機關

最高教育會議
執行委員會
高等教育組
中學科學與古文組
中等實業教育組
初等教育組
藝術教育組
體育組
古物美術高等參議會
國文研究會
初等教育委員會
中等教育委員會

五(一)指導幷促進全國的教育。(二)輔導私立學校公同道德與文化。(三)監管全國藝術幷獎勵美術。(四)決斷教育行政上的糾紛問題。(五)考察幷斥革教育行政上的政務官。

教育法律之成立，約有兩個方法：一爲議會立的。二爲教育部長所提出，經國王簽字的。部長有編制教育法的權責，凡教育法之實施，部長得加以說明。部內共分七司，(如圖所示)每司設有司長，更分之爲若干科，再分爲若干組。各司有視學員若干人，輔佐司長處理實際教育事務，關於教育經費，教育部特設會計局專司其事。

教育部長有若干諮詢或審議機關，第一、爲國民教育高等會議，此會是倣法國之例，稱爲最高教育會議(Higher Council of Public Instruction)。及後以一九二八十一月二十九日公佈之勅令，定新官制，以部長爲議長。委員四十六人，由部長介紹，國王任命。更由委員中國王委任副議長一人，於議長缺席時，代替議長執行會務。本會分爲六組：名高等教育組。中等科學與古文教育組。中等實業教育組。初等教育組。藝術教育組。體育組。每組設有執行委員會。更由各執行委員組織最高教育會議之執行委員會。各委員任期四年，可以連任，其權責(一)是應部長之諮詢，爲一切重要問題的顧問。(二)視察大學和其他高等教育機關，幷作全國教育之調查與報告。此外爲監督會務進行，幷預備開會時討論各種案件。尚有一常務委員會，委員八人，由教育部長委任。第二、爲古物美術高等參議會 (A Higher Council of Antiquities and Fine Arts)，與最高教育會議同時以勅令公布其官制。應部長之諮詢，處置關於美術古物等事項。內分古代美術系，中世及近世美術系，現代美術系，音樂及戲劇系，共四系。第三、爲國立研究會 (A National Research Council)，研究本國和外國學術科學發達的情形，以爲部長的參考或借鏡。第四、爲初等教育委員會，又名爲第一委員會。(First Commission) 由四個教育專家，和一位指導員，二位初小教師，(有十年以上經驗者) 組織而成，司理關於初等教育及初等教師事宜。第五、爲中等教育委員會，或名爲第二委員會。(Second Commission) 由三位教育專家，二位中學高級段的校長和教員，和一位私立著名學校的教員組織而成，司理關於中等教育和中等師資事宜。此外尚有圖書委員會，(Library Committee) 衞生和學校福利商議委員會，(Consultative Committee for Hygiene and School Welfare) 等。其中以最高教育會議爲最重要。

以上是將中央教育行政機關之組織，說個明白了。現在再進談意大利的地方教育行政。在一九一一年前，意國原以省 (province) 爲行政單位，省有省長，統轄其管下之教育事務。於其下設學事會議，使參與實際活動。自法西斯蒂政府成立後，將省制取消，而以區制 (Regional System) 代之。倣法制將全國分爲十九學區。每區的面積和人口數，極不一致，而較大的城市，仍能獨立管理該城市的教育事務。每區設教育廳長一人，由部長委任，(Superintendent of Education) 爲本區之最高行政長官，處理本區中小學一切教育事宜。其權責(一)監督區內的公立私立學校。(二)學校課本的選擇和批准。(三)審判視學員的結論所惹起的爭辯和反抗。(四)命令取締不合衞生的學校。(五)立定教師考試的標準，幷他們責罰停職或調用等事宜。(六)視察本區各地方能否施行教育法律。廳長以下，設有教育委員會 (Education Committee) 訓誡委員會和中等教育參議會。查教育委員會有委員六人，由部長委任，任期四年。期滿後若獲加委，得以連任。其權責是爲廳長的顧問。凡管理經費，批准校章，審判教師，和其他事務均得磋商。訓誡委員會有委員四人，也由部長委任。其任期亦與教育委員會委員相同。其中兩位是教育委員會委員，一位中學教員，一位小學教師或校長。以廳長為會長，其任務為決定管轄下之教員及教育指導官之懲戒革斥等。至若中等教育參議會，由會員四人合組而成，以廳長為主席。（此四會員一是大學教授，一是學者，二是中學高級部的校長。）其任務是關於公私立中等學校事宜，即中學教員升為校長，也由他們去決定。

每學區之下，又分許多環區。(communes) 環區的教育事務，是由區長和區議會去管轄。每環區有指導員若干人。凡有兩百個教員以上的環區，再有分區指導員。大約每三十學級即有指導員一人。廳長得視察其屬下的環區。凡環區有不盡職守者，得提議取消其行政上的特權或地位。

此外當附帶敍述者，即為意國的視學制度。凡一行政區域，即分之為視察區與指導區。在若干視察區之下，有王家視學員一人。在若干指導區之下，有教育指導員一人。視學員與指導員之選拔，皆由於公開的競爭考試。凡曾在王家高等師範學校 (Royal Higher Normal School) 肄業若干年者，即有資格去赴考。王家視學員的職責，除視察該區之公私立學校外，還可發給教員證書，報告視察狀況。其他如指導員缺額或被人控告時，視學員得選適當的人去替代或處理。至若指導員的職責，其視察學校，比之視學員 (Inspectors) 更為勤勉。各校教員所任的班級，當由指導員指定。即教員的缺席和替代，以及學校的組織，也當由指導員去處理。

意國的教育經費，由中央各省和各環區負責。按照加撒第 (Casati) 法律，環區是自治的，應設一切教育以供該區的需要。惟當教員薪水加增，或學期延長時，中央政府得給環區以津貼費。數目多寡，得按情形而定，每年不同。自一九二〇年後，中央補助各環區的經費，由教育部與財政部磋商五年一修正其計劃。凡環區由教育部的建議，得領幼兒學校圖書室等補助費。按一九二八年規定，由國家補助的自治區有二百零五。補助費少者百分之四十，（如 Brescea）多者爲百分之八十二。（如 Cefalu, Sicily）

各環區和其他合法團體建築校舍時，其計劃必須經過教育部長批准。在鄉區學校，附近不能租賃房屋者，學校必預備教員寄宿舍。建築經費環區得向借國家借款和儲蓄金。(national loan and deposit fund) 或由銀行去貸借。應付利息，可等待領得國家補助費以後，按數償還。

據一九二八年的統計，中央付教育費一、一三九四、〇〇〇、〇〇〇利拉 (lire) 地方付六〇五、八四二、〇〇〇利拉。可見中央負擔，等於地方的二倍。

意大利的學校系統。現行的學校系統，是形成於一九二三年的國王勅令。其初等教育是根據一九二五年一月二二日和一九二八年二月五日勅令。中等教育是根據一九二三年五月六日一〇五四號，十月十四日二三四五號，和一九三〇年十月六日一三七九號的勅令。其現行系統，可繪圖如下。

意大利學制，自始並沒有與初等小學校平行之中學預科或預備班。故在初等教育一段，極接近單軌制的精神。兒童三歲至六歲受幼稚教育，入幼稚學校。六歲至十一歲入初等小學。小學完畢後，有職業班，使沒有機會進其他學校的兒童，得有補習職業知識的機會。且於將來延長義務教育年限時，頗爲利便。中等學校，種類甚多，務以適

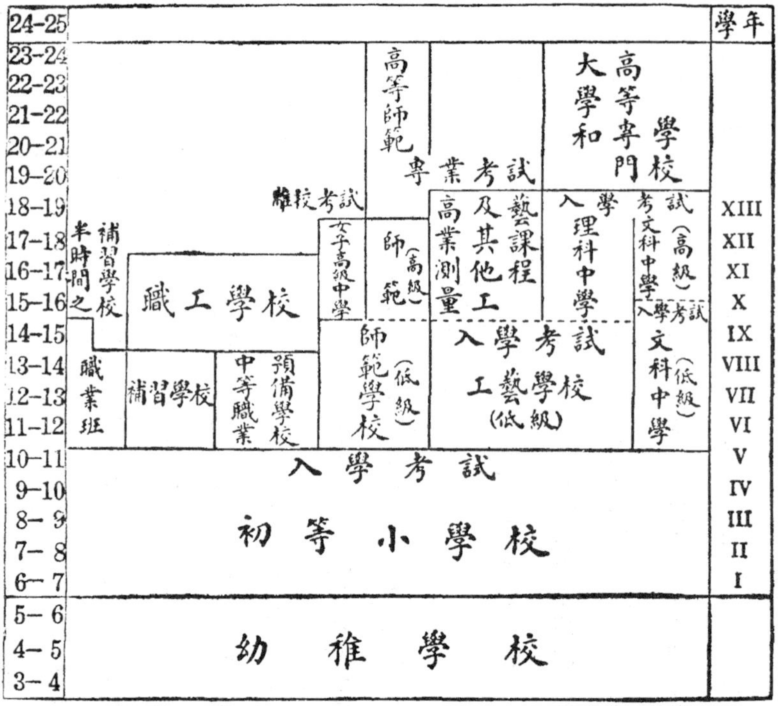

學年

年齡	學年
24-25	
23-24	
22-23	
21-22	
20-21	
19-20	
18-19	XIII
17-18	XII
16-17	XI
15-16	X
14-15	IX
13-14	VIII
12-13	VII
11-12	VI
10-11	V
9-10	IV
8-9	III
7-8	II
6-7	I
5-6	
4-5	
3-4	

高等師範
大學和高等專門學校
畢業考試
離校考試
女子高級中學
師範(高級)
高業測量及其他工藝課程
入學
理科中學
考試(高級)文科中學
入學考試
半時間之補習學校
職工學校
師範學校(低級)
入學考試
工藝學校(低級)
文科中學(低級)
職業班
補習學校
中等職業預備學校
入學考試
初等小學校
幼稚學校

合兒童的個性。中學修業期間共八年，文理兩科之分段不同。中學畢業後則入大學。各科通常四年畢業。至若各級教育最近發達情形，可分段敍述如下。

第三節　幼稚教育與小學教育

幼稚教育　意大利幼稚教育的歷史，爲期約有百年。其最早之機關，是爲一八二七年阿波第(Ferrante Aporti)所創設。阿氏是十九世紀初，一位著名的教育大家。其最初的工作，是在去利模拿(Cremona)創一嬰兒學校。名震一時，模倣者衆。一八四四年，他應杜令大學(University of Turin)之請，設一師範學校，專訓練幼稚園教師，及後幼稚園教育遂普遍於意國。其辦法與裴司泰洛齊(Pestalozzi)式的學校，有許多相同點。一時頗盛行，與福祿培爾派(Froebelian)的幼稚園相角逐。至一九〇七年蒙台梭利(Dr. Marie Montessori) 在羅馬創設幼兒學校，提倡新教學法，又在幼兒教育界闢一新途徑。於是幼兒教育法，有阿波第的，有福祿培爾的，有蒙台梭利的，鼎足而三，有名於世。

在一九二三年前，幼稚教育機關的名稱，有名爲幼稚學校、保育所、幼稚園、和幼兒之家。自教育部長曾特爾登臺以後，均編入幼稚教育的範圍，統稱爲幼稚學校。(Scuola Materna) 依一九二三年的勅令，一學年定爲十個月，但因經濟關係，學生不能十個月通學的地方，得以縮短其時間。惟授業時間總數，須與前者相同。意國的幼稚教育，原爲初等小學的低級段，兒童三歲至六歲入之。兒童入學，國家並不強迫，其性質是休憩的。其目的是使兒童的德智體育，有平均的發展。其課程除簡單的祈禱外，有音樂、唱歌、體操、遊戲、手工、園藝、讀書、戲劇等。每週上課三十五時。其科目與時間之分配，可列表如下。

科目	時間
宗教	1
唱歌、自由畫、寫字、背誦	4
初級知識、智力休憩等工作	6
園藝、手工、家庭、活動、體育、遊戲、食飯、衛生、等	24
總數	35

近年來幼稚學校進步得非常迅速。一則因政府熱心獎勵，二則因意國慈幼保養協助會（National Association for the Assistance and Protection of Maternity and Infancy）努力提倡。其幼稚學校數與學生數之進步，自一九一五至一九三〇表示如下。

年期	幼稚學校數	學生數
一九一五	四、五八七	
一九二二	五、九〇二	四〇〇、〇〇〇
一九二七	七、〇七六	六〇七、八九一
一九三〇	九、五四六	七四九、八七六

在一九三〇年，有一、〇四三所幼稚學校供給全體兒童膳餐。有二、四三一所，供給貧苦兒童膳餐。有九一二所則收膳餐費。若按其教育法而分，有四二二所用蒙台梭利法。一、二八三所用阿波第法。一、四五八所用福祿培爾法。六、三八三所用混合法。總共有女指導五、九〇三人。教員一〇、八五一人。助教四、〇六一人。凡爲幼稚學校教員者，須受一種專門訓練，得有文憑，方爲合格。

初等教育　初等教育共分四段。兒童三歲至六歲，爲預備段，即上文所說的幼稚教育。六歲至九歲爲初級，共三年，爲第二段。九歲至十一歲爲高級共二年，爲第三段。及後有職業班，爲第四段。在較大的城市，大都設完全小學，即包括了四段。但也有僅設前三段或僅設初高二級小學者。按一九三〇年十月六日的勅令，允許地方當局創設新式的中等學校，以代替職業班。若職業班仍存在者，則修業期限可以減至一年或二年。

(1)小學的種類　小學校按其編制，可分爲分級學校和不分級學校。分級學校大都是在都會或較大的城鎮，包括初級和高級小學二段，學生人數至少在四十以上。按曾特爾法令，在分級學校，一學級不得招收學生六十人以上。若超過該數，則必須於其所屬之市區村內之別的地方，開設第二所學校，或多開一班，分別收受。至若不分級學校，是改革後而產出的新型學校。於學齡兒童未滿四十八的村落中，由特殊的團體所設立的。普通只有初級小學，由一位教員管理，大都是男女同學。凡地方有學齡兒童十五人以上，而通學兒童數在十人以上時，卽須設一不分級學校。其目的使人民多設學校，以便減少文盲。不分級學校又可分爲補助(aided)學校，和準備(provisional)學校。補助學校是由私人所設立，曾經教廳承認者，得領受國家的補助。準備學校是由教廳長提議，爲國家所設立者，學生常在四十八以下，上課人數在十五人以上。這類學校常由國家承認的會社去維持，普通只設初級小學。

(2)小學的課程　小學課程是按照一九二三年十月一日二一八五號的勅令所規定的。在初級小學有如下列的科目。

1. 祈禱和基督教的基本觀念　其材料是來自聖經內的短句和故事，來自福音書者爲最多。
2. 讀書寫字。
3. 初等算術和密達制。

4. 口譯土語的練習，筆述練習幷詩歌背誦等。

5. 農業工業的常識。

6. 初等地理。

7. 歷史。

高級小學的科目，則有：

1. 天主教的道德、教條、禮儀和宗教生活等。

2. 對與家庭和社會問題有關的書籍。

3. 歷史與地理。

4. 政治與法制的初步，包括公民的權利義務和經濟學概要等。

5. 算術與幾何的初步。

6. 科學初步，包括採集標本和衛生學等。

7. 實用繪圖。

8. 體育。

至若職業班的科目，仍繼續普通教育。惟加模型工作、機械工作的概要、家庭電力常識、農業之理論與實際、手工、烹飪、家政學、簿記學等。其大綱和時間表，由教部印出，各地教員在相當範圍內，仍有選擇決定的自由。

小學五年的課程時間分配表如下

科目＼年級	I	II	III	IV	V	職業預備班
宗教	$1\frac{1}{2}$	$1\frac{1}{2}$	2	2	2	2
唱歌、自由畫、寫字						
讀書	$2\frac{1}{2}$	$2\frac{1}{2}$	4	5	5	3
讀書、寫字、語言	7	6	5	5	4	3
拼字		2	2			
算術、幾何圖形、簿書	4	4	4	3	3	2
普通知識及休憩活動	4	4	4	1	1	1
圖藝、手工、家政學						
體操與遊戲、食飯與衛生注意	6	5	4	4	4	
自然科學與衛生				2	2	3
歷史與地理				3	3	2
初步政治與經濟					1	1
職業工作						8
總數	25	25	25	25	25	25

至若學校用書完全由教育部規定，教員無選擇的自由。凡出版者和著作家須將書的樣本五本交教部特別委員會去審查。審查費爲一二〇（利拉）。審查批准者，得以出版。大約課本的內容必須與教部所提議的大綱相合。既審定的圖書，其樣本則儲藏於教育部長辦公室內。

曾特爾對於小學課程的改革，將宗教教育、美術教育、和兒童自己表現與活動三種，看得非常重要。宗教教育，所以養成人民有高尙的精神，其教員和課本均須由教會審定。美術教育不限於藝術，與各科皆發生關係，以期生活爲美術化。文言、文學、音樂、遊戲，皆使兒童有自己發表能力。且學生在九歲以上，卽注重做日記。較高的班級，則重讀書摘錄。口述文，和筆述文並重。音樂則注重愛國歌。

（3）教育的實驗　除學校章程允許學生注重自由活動以外，凡學校有志新教法者，若得教部允許，可舉行新實驗。按據一九二六年二月勅令，教育部長得指定某學校或團體組織半年或一年課程，去實驗各種新教法，由國家給予補助金。凡教員欲學這種新實驗者，必須有教學成績的憑證，和幾年教學的經驗。實驗完畢後，學校給予文憑，得受實驗學校聘請爲教員。現在有許多這種新學校，在教育部的視察員指導之下，既得政府的承認與幫助。蒙台梭利式的學校，在世界既有盛名。此外尙有蒙台斯加和烏勞慰里息挪學校（Schools of La Montesca and Rovigliano），於一九〇一年由亞利斯（Alice）和佛蘭則提（Leopold Franchetti）所創辦。組設新課程以適應農村兒童的需要。又有學校名 La Rinnova，於一九一一年由庇悉尼（G.Pizzignoni）所設立，由預備班而至高級小學，專重兒童的工作遊戲和活動。最後幾年且有職業科目，使學生得求職業上的常識。校內設備周詳，有廣大的遊戲場和游泳池，兒童食品由學校供給，極合衛生。且有體格檢查，使兒童的身體與知識能得平衡的發展。其他如露天學校和各種特殊學校也頗形發達，極其可觀。

（4）小學的考試　在小學五年時間，學生由第一年級升至第二三級和五年級，是根據學年終最後一禮拜教員所給的測驗，和平常的成績。惟由第三年級升到四年級時，——即由初級小學升到高級小學——須根據一委員會所給予的考驗。該委員會是由一指導員（或其代表）一教員，和別位教員，專為考試選出者所組成。凡學生平常成績或考試有兩科不及格者，得於明年開學時補考。若補考及格，仍准升班。若學生在家自學或在私塾學校求學，必須經過一特別委員會給予的考試，而得下列的三個憑證：一為升級或插班的憑證。一為修完第三年級即初級小學的憑證。一為修完五年級即高級小學的憑證。以後還有六年級到八年級，為修完高級小學學生再進學者而設。凡高級小學畢業生經過考試及格者，得入六年級至修完八年級後得領完成義務教育的憑證。

（5）學生的訓練　意大利自法西斯蒂黨專政以後，學生對於體育特別注意。一九二七年關於體育的組織與行政，歸於 Opera Nazionale Balilla 管理。（考 Balilla 是熱那亞 (Genoa) 市一兒童之名。傳說他曾因一奧國軍官對意國有侮辱行為，乃擊之以石。因此激動了全國。其勇敢的動作，為後來意大利訓練青年的標準。）自一九二九年後，Balilla 變為教育部一法定的支部。據章程規定，在小學三四五年級，每週有體育四小時。（每小時三十分鐘）中學校每週二小時。（每小時一點鐘）其行政和指導，是屬於各省各環區委員會所委定的指導員掌握之中。該指導員設有體育辦事室，專任指導實行規定課程，並訓練小學體育教師。此外在羅馬有法西斯蒂的高等學校（Scuola Superiore Fascista）有三年體育課程，小學體育教師須受該校訓練。各地方又設體育指導員，幷種種遊戲與競技，使意大利全國有尙武之風，以振起民氣，實行其民族主義。而 Balillia 且收納八歲至十四歲的兒童爲會員，受愛國活動和體力的訓練。據一九三〇年統計，共有會員九八一、九四七人。十四歲後則受高級訓練名 Avannuardisti，至十八歲止，共有青年三七一、五二九人。十八歲後得升爲黨員，統計每年黨內可加增此類經過嚴格訓練充滿精神的黨員，至少在八萬以上。至若青年女子，亦多授以射擊之技。其低級名 Piccole Italiane，由六歲至十二歲，共有會員六七〇、一八三人。其高級名 Givani Italiane，共有會員九八、〇〇〇人。

近年來凡六歲到十四歲兒童，勵行強迫教育，每學年以十個月計算，每週拜四和拜日放假，學生們必須入分級學校，不分級學校，抑補助學校去讀書。由父母擔保人或雇主負責。若是孤兒，則有某團體或某個人負責。無論兒童們在家庭或學校讀書，都須經過考試，即聾啞或盲目的兒童，亦須入特殊學校，至能考試及格爲止。

凡兒童到了入學年齡時，各地長官即將名字列入義務教育兒童表，交給政府的視學員。學校開學時，視學員即將入學兒童名單，和這兒童表比較一番。若兒童未曾入學，視學員必推究其缺席緣由，苟無故曠學，則罰金二利拉。若罰後仍不入學，則罰至五十利拉。任用學齡兒童作工者，其罰金加倍。因此入學人數年有加增。玆將最近幾年來的調査列表如下。

年期	課室	教員數	學齡兒童數			入學兒童數		
			男	女	總數	男	女	總數
一九二七	八九、三九九	九二、五三五	二、三四五、九三二	二、一四〇、九八六	四、四八六、九一八	一、八四七、一〇七	一、六四六、六〇七	三、四九三、七一五
一九二八	九〇、二一〇	九三、九一二	二、四四五、九五四	二、二四四、五三七	四、六九〇、四九一	一、九六四、〇二六	一、七三八、一〇四	三、七〇二、一三〇
一九二九	九一、三〇七	九四、四九七	二、三八四、五三〇	二、一八九、三八二	四、五七四、三六二	二、〇五〇、三五七	一、八二九、一二二	三、九七九、四七九
一九三〇	九〇、六三三	九四、一四八	二、四八二、四〇〇	二、二六六、四六二	四、七四八、八六二	二、一九四、八九三	一、九五八、八九一	四、一五三、七八四

至若私立小學的學校數教員數和兒童數列如下表

年期	學校	校長		教員		總數	入學兒童數		
		男	女	男	女		男	女	總數
一九二七	二、四八六	三七八	一、二〇二	八〇二	五、三三七	七、七一九	五一、〇二九	八九、八一三	一四〇、八四二
一九二八	二、五五一	四〇五	一、二四二	八三九	五、七三七	八、二二三	五二、〇二四	九一、一九二	一四三、二一六
一九二九	二、六一六	四三二	一、二九三	八八四	五、八二一	八、四三〇	五五、〇九四	九四、四九三	一四九、五八七
一九三〇	二、五六三	三七〇	一、三三三	七二四	五、六四九	八、〇七六	五六、七八二	一〇三、七一二	一六〇、四九四

由此看來，在一九三〇年學齡兒童入學者，已達百分之八十七。在私立小學女校長三倍於男子，女教員七倍於男子。人說女子職業適宜於教育，於此也可見一斑。

第四節　中等教育與高等教育

中等教育　意大利中等教育之組織，在一八五九年的加撒第法律(Casati Law)已經立了一點根基。及後一方面將文科學校改組。一方面設立工藝學校和師範學校。在工藝學校中，設數學和物理二科，預備畢業學生升進大學學習數學和自然科學，中等教育制度遂漸漸成立。一九二三年曾特爾氏將中等教育大加改革。對高級文科中學(liceo classics)和低級文科中學(Ginnasio)雖仍其舊，但五月六日的勅令，卽廢止從來下級階段之工藝學校，(technico)而代以補習學校。(scuola complementare)於上級階段之工藝學校，創設下級與之接續，使此校上級中之數理科部獨立，而稱為理科中學。(liceo classics)又着手改革師範教育，創設下級四年(instituo magistrale lower course)和上級三年(upper course)之師範學校，和為女子而設的高級中學。(liceo femminile)以是現行的學制系統中，有下列好幾種中等學校。

(1)中等學校之類別　意大利的中等學校，類別頗多，現行的新制，包括下列七種。(一)全時之補習學校(full-time continuation school)。三年畢業，畢業後得進幼稚教師之訓練學校，或入社會做種種工作。(二)為師範學校，七年畢業，低級四年，高級三年。畢業後或再進高等師範，或為小學教師。(三)為工藝學校，八年畢業，分低高二級，各四年。學生修完低級課程後，得選習商業會計測量等科，或入理科中學。(四)女子高級中學，三年畢業。學生來自低級師範學校，或四年初級文科中學，或低級工藝學校。(五)理科中學，四年畢業，招收初級四年之文科中學或低級工藝學校畢業生。理科中學畢業後，得進入大學的理科、醫科、工程科、建築科和製藥科。（六）文科中學，低級五年高級三年。學生畢業後，得進大學。（七）中等職業預備學校。(secondary vocational preparatory school) 此校是根據一九三〇年十月六日一三七九號勅令所創設。中央政府籌備七、〇〇〇、〇〇〇利拉，爲創設此種學校費用。各地方也得自由設立。總之意大利中等學校皆分爲低高二級，其低級段爲補習學校，中等職業預備學校，低級師範學校，低級工藝學校，和低級文科中學。而高級段則包括高級文科中學，理科中學，高級師範，女子中學和高級工藝課程等。學生由低級進高級，或轉學他校，都須經過嚴格的考試。而補習學校畢業的學生，進學較難。各中等學校畢業的文憑所享的權利，也不相等。

（2）中等學校的行政　中等學校除補習學校外，皆受國家管理，一切權限操於中央。理科高級中學和女子中學，爲勅令支配。其餘中等學校，爲法律支配。教育部設中等教育司專管一切中等學校，幷有專門視察員，或特委的專門家司理視察事宜。設立師範學校的數目，是由法律規定。公立中等學校之維持，是由中央各省或各地負責。省府須設置幷維持工藝學校和理科中學的校舍和設備。也負責行政人員之薪金。地方須設置幷維持其他各中等學校的校舍，惟設備費則歸中央。學校行政人員之薪金，在補習學校和女子學校，是出自地方。在師範學校和文科學校，是出自中央。地方應付數目之多寡，視其面積之大小而定。

意大利各學區設有教育廳長，其下有中等教育參議會，合一位大學教授，一位學者，二位中學校長，和一位意王所委的中學教員合組而成，以廳長爲主席，處理關於中等學校事宜。每校設一校長，校長以下，則有教員會。其工作如委員會一般。凡關於教授、管理、購置圖書、選擇課本、做學校報告等事項，則由該會管理。其中有更小的組織，由正副校長和一教員代表合組而成，決斷一切要從速執行的事宜。各級學生的管理，有教員組織的級會。學生中若有問題發生，級會負解決指導之責。於必要時得由校長指委特別委員會處理其事。且各校皆試籌備款項，以助貧寒學生，購校具或促進學生們的福利。此種款項由校長和二位以上教員組織的委員會去處理。在一九二九年，其總數既達一〇、〇〇〇、〇〇〇利拉。

中等學校的教員，因各專門二三種科目，在一校教學鐘點太少，不得不兼教他校，以至一教員兼課各種學校者，爲數不少。此種情形，在教員方面，則忙於奔走。在學校方面，則乏人專任。均覺不甚利便。爲補救這種缺點，乃將類似或有關係的科目，併合教授。如意大利文和拉丁文，歷史和地理，或拉丁與意大利文學，或外國文，或哲學、歷史、和政治經濟，或算學和物理，或自然科學、化學和地理。因此教員們在一校可多教鐘點，由兼任而爲專任，教學專業的精神可以提高。

意大利准私立學校之設立，（師範學校除外）惟須按照定章辦理，所聘教員的程度，須與公立學校之教員相等。在私立學校服務的教員，若該校既爲政府所允許，則將來該教員轉服務於公立學校時，其領受退隱金的年限條件，仍能將在私立學校服務期間加進計算。設立私立學校須注意下列幾點。（一）創辦人的年紀須在三十以上，有公立中學教員的資格。（二）教員的資格，學校的校舍和課程，必須與標準相合。（三）學校必須有經政府批准之體育學程。（四）學校必受教部特委專員或視學員的視察。班級人數，每班限爲三十五人。教部的中等教育司，每月開常會一次，於必要時由司員二人以上的提議，得開特別會議，討論一切中等學校的問題。

（3）中等學校之招生與用費　自會特爾改進中等教育以後，中等學校是重選擇的原則。選擇程度優異的學生，升進各級學校肄業。各級皆注重入學考試，兒童十歲後考試及格者，准入各類初級中等學校，惟補習學校除外。此類考試有口試和筆試二種，由一位小學教員，和學生欲考進那間中學的教員組織之委員會執行。由初級中等學校畢業進到高級，也要經過類似的考試。入初級中等學校的考試，有意大利文、算術、初級幾何、圖畫、和普通口試。

意國的中等教育，學生要付費的。除學費外，還要付各種考試費。茲將各種中等學校應付的費，列表如下（以利拉（lire）為單位。）

學校類別	入學考試	註册費	學費	轉學考試	學年考試	文憑費
文科或理科中學	150	60	300	100	300	…
體育學校	…	60	160*	50	…	…
工藝學校						
初級	…	60	160	50	…	…
高級	150	60	300	100	250	100
師範學校						
初級	…	30	100	30	…	…

高級	50	30	150	30	150	50
女子中學	100	50	200	50	50	20
中等職業預備學校	…	25	…	50	…	125

*四和五年級的學費是每年200利拉

優秀而家貧的學生，繳費得以減輕。因大戰而死的兵士或僑民的子弟，也能得受優待。此外欲受優待者，非有特殊的材能不可。

(4)中等學校的課程　各種中等學校的功能，定章略有說及。至若課程則有製定時間表，說明各種科目每週的上課時間。即各種考試所必需的知識或材料，也有規定。每學年之末，教員會決定明年各級各科目應教授的材料。教完以後，則繼以考試。茲將各種中等學校的課程表，臚列如下。

(一)補習學校

科目	一年級	二年級	三年級
意大利文	4	4	3
歷史地理	4	4	3
近代外國文	4	4	4
數學	4	3	3
自然科學	…	2	2

簿記學	繪畫	習字	速記術	總計
	4	2		22
3	3		1	24
3	3		2	23

補習學校之目的，與英國的中央學校、法國的高級小學、德國的中學校(mittelschule)頗相類似。其性質是繼續小學的課程，而作較進一步的研究，學生三年畢業。

(二)文科中學

科目	一年級	二年級	三年級	四年級	五年級	一年級	二年級	三年級
意大利文	7	7	7	5	5	4	4	3
拉丁文	8	7	7	6	6	4	4	3
希臘文				4	4	4	4	3
近代外國文		3	4	4	4			
歷史地理	5	5	4	3	3			
歷史						3	3	3
地理								3

哲學與政治經濟						3	3	3
數學	1	2	2	2	2	4	2	2
物理							2	2
自然科學與化學						3	3	1
美術史						1	1	2
總計	21	24	24	24	24	26	26	26

文科中學是以預備學生進大學爲目的，初級五年，高級三年。學生由初級進入高級必經過入學考試。且在初級四年時就開始學習希臘文。

（三）理科中學

科目	一年級	二年級	三年級	四年級
意大利文	4	4	3	3
拉丁文	5	4	4	3
近代外國文	4	4	3	3
歷史	2	2	3	3
地理				3
哲學與政治經濟		2	2	3

數學	5	3	3	3
物理		2	3	3
自然科學與化學	2	3	2	
繪畫	3	2	2	2
總計	25	26	26	26

理科中學，是預備學生進入大學的理科、醫科、工程科、建築科、和製藥科。凡初級文科中學或初級工藝學校畢業學生，經過入學考試及格，卽准入理科中學肄業。其課程與文科中學有點不同。一則高級文科中學是三年，而理科則四年。二則文科中學有希臘文，而理科中學則否。

（四）女子高級中學

科目	一年級	二年級	三年級
意文與拉丁文	6	6	6
歷史與地理	3	3	3
哲學法律與經濟政治	3	3	3
文藝史	(2)	(2)	(2)
法文	(4)	(4)	(4)
德文或英文	4	4	4

繪畫	3	3	3
音樂歌舞	2	2	2
器樂	(2)	(2)	(2)
家政學或經濟學	3	3	3
總計	24 (32)	24 (32)	24 (32)

女子中學是曾特爾所新創的機關，為一般女子不進大學而欲求較深的普通知識而設。學生讀過四年之文科中學，師範學校，和工藝學校，經過入學考試及格，即准入學。根據一九二三年的法令，全國計設女中二十所。五年後，存在者不過幾所。

（五）工藝學校

科目	低級				高級 商業與會計				高級 測量			
	I	II	III	IV	I	II	III	IV	I	II	III	IV
意大利文	7	6	6	5	5	5			5	5		
拉丁文	7	7	6	6								
歷史地理	4	4	2	2								
歷史					5	5			5	5		

數學	數學與地理	第一近代外國語	第二近代外國語	繪畫	速記術	自然科學與地理	測量	鄉村簿記學	政治經濟	化學	鄉村工藝學	建造與計畫	地誌與繪圖	鄉村立法	簿記與會計	法律	財政與統計
2				4													
2		4		2													
4		4		2	1												
4		4		2	2												
	6	2				3											
	5	2	6			3											
			5			2			2						8	7	
			4	4		2			4						8	5	4
	6					3											
	5					3				3		2					
						2	4			3		7	8	2			
							2	2	4	3	2	6	8				

習字	工業化學	總計
		24
		25
		25
		25
2		23
		26
	3	27
		27
		23
		23
		26
		20

工藝學校有兩種功用。一爲學生預備兩種職業，即商業與測量。一預備學生入理科中學，再進而入大學。低級四年是普通科。高級四年，是分商業與會計和測量。在阿美利亞（Amelia）和其他若干處的工藝學校，祇有低級，稱低級工藝學校。

（六）中等職業預備學校

科目		職業繪圖	實用科學	農業與農藝	動物工藝 (Zootechnics)	農場會計
農業	I					
	II			3		
	III	2	2	3	1	2
職業科目 工業	I	2				
	II	4				
	III (a)	4	3			
	III (b)	6	2			
	III (c)	3	2			
	III (d)	4	3			
商業	I					
	II					
	III					
女校	I					
	II	2				
	III	4				

至若普通科目時間表可列如下。

工藝學	構造學	機織學	礦物與實用工藝	礦工會計學	家庭經濟	家庭會計	會計與簿記	商品學	速記術	打字術	外國語與信札	商業練習	實習工作	以上總計	普通科目	總計
													12	12	25	37
													11	14	23	37
													10	20	17	37
													10	12	25	37
													10	14	23	37
4													10	21	17	38
2	3												8	21	17	38
3		5											8	21	17	38
			4	2									8	21	17	38
															25	25
							2		2	2		2		8	23	31
							4	2	2	2	2	4		16	17	33
					3								9	12	25	37
					3								9	14	23	37
					3	2		2					10	21	17	38

各生普通必修科目

科目	一年級	二年級	三年級
意大利文	4	4	3
歷史地理及法西斯蒂思想	3	3	4
外國語	3	3	3
數學	4	3	2
自然科學	2	2	
衛生		1	1
圖畫	4	2	
寫字	1	1	
體育	2	2	2
宗教	1	1	1
唱歌	1	1	1
總數	25	23	17

中等職業預備學校期限三年，其性質是初級中等學校為預備入農工商科而設，得視地方需要而更改其科目。此種學校，無論其公立與私立，均統屬於教育部之中等教育司。學生十歲時修完小學課程，經考試及格，即准入學。畢業於預備學校者，得領文憑而入第四年的工藝學校，或經過考試意大利文拉丁文和數學後，入師範學校。

（七）師範學校

科目	低級 I	低級 II	低級 III	低級 IV	高級	高級 I	高級 II	高級 III
意大利文	8	4	4	4		5	4	4
拉丁文		6	6	6		5	4	4
歷史						3	3	4
地理	4	2	2	2				
近世外國語		4	4	4				
哲學與教授學						4	5	6
數學	3	2	2	2				
數學與地理						3	4	4
自然科學與衞生						2	4	
圖畫	(3)	(2)	(2)	(2)		2	1	1
音樂與唱歌	2	2	2	2		2	1	1
器樂	(2)	(2)	(2)	(2)		(2)	(2)	(2)
總計	20 (22)	20 (24)	22 (24)	23 (25)		26 (28)	28 (28)	29 (29)

師範學校七年畢業，低級四年，高級三年，爲訓練小學教員而設。此種課程的組織，是重學問知識的訓練。其次則教授方法和實習工作。每間師範學校，通常有一附設幼稚園，或幼孩學校。

曾特爾改革中等學校的原則，是教育上重人格的培養。中等學校的課程，以普通爲主，專門爲輔。幷用意大利和拉丁文學養成學生有高尙的愛國觀念。一九三〇年將宗教教育加入各中等學校的課程，每班每週教授一點鐘。在高級師範學校，則伸長至每週二點。教授宗教的教員，每年由校長選定，須得教會領袖的同意。教授大綱須合於一九三〇年七月五日一〇一五號勅令所規定，以求一律。

（5）中等學校之考試　中等學校的考試，有入學考試，和畢業考試。前者包括入堂考試，(admission) 能力或聰敏考試 (ability or aptitude) 升級考試。後者包括許可考試，資格考試和成熟考試。一切考試皆在七月舉行，有筆試和口試，成績以十分爲最高。凡學生成績不至六分，或筆試口試未曾完畢者，可於本年十月再考一次。大約以筆試較重，不及格者則歸淘汰之列。入堂考試，上面略有說過，此間不必再說。凡由未信任或私立學校的學生，轉入公立學校時，必受能力或聰敏的考試。凡學生求學時平均成績不及六分者，必受升級考試。許可 (license) 考試是一種將離校時的考試。在補習學校職業預備學校和女學校都於學業完畢時，由學校教員執行。資格 (qualifying) 和成熟 (maturity) 考試，其性質比較正式。工藝學校和師範學校學生將離堂時，必受資格考試，看其能力如何。考試地點，是在省會，考試委員須由地方教育長官介紹，經教育部長批准。凡文科和理科中學高級生畢業時，則受成熟考試，看他們有否能力升進大學。

此種考試大有影響於中等學校課程的目的和內容。其考試法甚多，此間僅舉一文科中學的成熟考試，做個例子。此種考試對於文學科目極其注重。考意大利文的時間花六點鐘。拉丁文十點鐘。希臘文五點鐘，皆用筆試，並每科又要三十分鐘的口試。其餘的口試科目，有歷史二十分鐘，政治經濟十分鐘，哲學二十五分鐘，數學十五分鐘，物理十五分鐘，化學、自然科學（生物學）地理、地質學十五分鐘。考試目的是看學生的聰明能力，是否成熟。考文學則重在欣賞力與批評力。考歷史重在解釋力與判斷力。考哲學重在分析力和辨別力。考數學則重在解決實用問題的能力。總之考試的注重點以實用和明瞭為主，以記憶和理論為輔。

意大利自法西斯蒂黨專政以來，對於中等教育有極大的改革。凡學生小學畢業後，有各種學校以適應其需求。其改革的目的，約有二端。一則使各中等學校，能有固定的目的施以普通文化上的訓練，抑或給予職業知識的需要。二則用各種嚴格的考試，以甄別優秀人才，提高教育程度。中等學校注重體育，尤為意大利新教育的特點。根據一九二三年三月十五日勅令，創設一獨立的自治的團體，專以督進和指導體育發達為目的。此團體由七個委員組織而成，其中有一委員是代表教育部者。在一九二四年既籌集一筆款項，共二、〇〇〇、〇〇〇利拉，專以改進中等學校的體育。凡有中等學校的地方，必組織體育委員會，任一專家指導。按照定章，各校須有體育場的設備，學生須有二個下午或一上午一下午到體育場做種種體力訓練的工作。此外還有八日的旅行或運動比賽，以增進學生們體育的興趣。學生體育不及格者，除非有身體上的缺點，否則不能升班。長於體育的學生，教員得帶他們到各國去旅行。如比利時、法國、德國、匈牙利等，為他們常作教育遊歷（educational tours）之地，在羅馬城某一中學，曾設一種大規模的旅館，可容受一百左右學生，專爲招待中等學生在國內旅行者。

意大利的中等教育有幾個特點：（一）課程內容甚充實，所有中等學校都注重拉丁文。（二）注重考試，凡由一級而升進他級，或由一校而轉入他校，都須經過嚴格的考試。畢業後須有證書方能在職業界服務。（三）重天才學生的教育，凡不合程度的學生，必歸淘汰之列。（四）中等學校類別甚多，以適合兒童個性上和環境上的需要。

意大利中等學校近年來學生增加數可列表如下：

校別	年期	學生數	加增百分數
公立中等學校	一九二三	一一五、六五八人	
	一九三〇	一四三、六四三人	三四·一
私立中學	一九二三	二〇、七一二人	
	一九三〇	五三、〇〇〇人	一五五·八

高等教育　意大利有公立大學二十一所，私立大學三所。按據一九二三年九月三十日二一〇二號的勅令，將公立大學分爲兩組，即A組與B組。A組的大學由國家經費去維持，B組的大學其費用一部份由國家支付，一部份由其他各團體支付。如此分類，其用意是希望缺乏精神而經費不充足的學校，有勅令停辦的可能。但事實既經證明，地方上熱心教育的人，斷不坐視學校關門，常努力以盡維持之責。茲將意大利各類大學的名稱，列表如下。

最近調查有A組大學共十所。(The Universities of Bologna, Cagliari, Genoa Naples, Padua, Palermo, Pavia, Pisa, Rome, and Turin) B組大學共十一所。(The Universities of Parma, Perugia, Catanio, Messina, Siena, Sassari, Modena, Macerata, Bari, Florence and Milan) 私立大學共三所。(Universities at Ferrara, Camerino and Urbino)

大學的組織，A組大學通常有傳統的四學部：即法學、文哲學、醫學和理學部。有時附設藥學校。畢業年限法學部四年。文哲學部四年。醫學部六年。理學部四年。畢業學生得學士學位。藥學校欲得學士稱號者，須有四年學業，及一年的實習。欲得藥學證書者，須有三年學業及二年的實習。至若B組和私立大學，常缺少了四部中之一部。在學士以上更有研究課程，爲欲作特殊研究者而設，年限依研究之目的而異。

大學的行政，大概各學部之上，有一總長統督。總長下有行政評議會，審議在大學內一切的重要事項。各學部設有部長，其下有教授和講座。教授須是意大利國民，由選拔而任命。但其講座若有國際性質關係，得請外國人擔任，以一年爲限。教授分甲乙兩等，由教授委員會就請求作教授者考取之。考取後甲等教授，加國王任命。乙等則加教育部長任命。任期一年，一年後續任兩年。乙等教授若續任三年極著成績，即由高等學術會議，呈請教育部長任爲固定的乙等教授，有升任甲等教授的機會。此外有非正式教授，將其欲教授之科目呈請教育部長，再經特別考試選取獲任者。此等教授預先須有出名著作。

意大利所有大學及高等教育機關的學生總數，在一九二二至二三年爲四一、八九二八至一九二九——三

○年爲四四六四○八

意大利給與大學有廣博的自由。依會特爾改革方針，不僅容許私人創立大學，給與公立大學同等的特權，且承認各大學行政上及學術上之自治。大學行政會議，得自管理其財政或捐款。在學術方面得依組織法而決定所設學科之數目。惟同時仍留意其無悖於國家之文化目的。因此國家委任大學校長，其科長則由校長推薦，再經國家加委。

從前大學畢業的學位，爲學術稱號，同時又爲專業資格的憑證。例如文科畢業即可做教員，醫科畢業即可稱醫士。現在另有國家考試制度，大學畢業的學位，僅爲學術稱號。凡任某項專業者，須受國家考試，於大學畢業後經過若干年限時行之。考試及格者，方爲合格。

除大學外仍有其他高等教育機關。例如工業大學，雖未稱大學，然在會特爾改革以前，既受大學同等的待遇，年限三年，教授關於工業高等程度學術之理論及應用。又有建築學校，在羅馬者修業五年。至若農業高等教育機關，以一九二四年和一九二七年的勅令而確立，如波羅拿高等農業學校，(Istituts Superiore Agrario di Bologna)修業四年。設此類學校者，共有八處。此外還有高等經濟及商業學校，高等師範學校等。

第五節　師範教育與職業教育

師範教育　按一八五九年加撒第法律，有男師範學校，收受十六歲學生，女師範學校，收受十五歲學生，均是繼續初等小學的工作，大約三年畢業。在第二年和第三年注重實習。在一八九六年根據曾他古法律(Gianturco Law)，每師範學校須設幼稚學校與之聯絡，使學生可以實習。畢業時有教員文憑的試驗，及格者得爲初等教員。一九一二年全國教員聯合會（National Teachers Union）在波羅拿（Bologna）開會，提議改組師範學校的制度，主張設立七年的師範學校。前五年是普通教育，後二年爲專業準備，更上則設各種專科，以使在任教員去補習。明年教育部特設專門委員會研究師資訓練種種問題。如普通課程與專門課程之分配，修習時間之長短等，研究結果，正與教員聯合會之主張相同。果也於一九一四年教長去利打魯（Credaro）即提議於小學後設立七年的師範，前五年是普通文化的訓練，後二年研究小學教育、社會、倫理、和教學實習，最後則習農業、衛生和體育。惜因言而不行，未收成效。至一九一八年又有一種主張，設男女分校的七年師範。前六年是普通教育，後一年爲專業準備，同時在羅馬和弗洛蘭時（Florence）設兩師範學校，爲女子欲爲小學校長者得以求學。幷在大學設教育學院，有專門課程，使中等師範學校畢業生，得以進學。因此師範訓練變爲兩級。至曾特爾改革師範，注重人文主義（Humanism），對於舊式的師範實施，大加改革，而弗洛蘭時高級師範的監督，苛抵挪拉(L. Codignola)尤爲宣傳這種新主義的魁傑。苛氏以爲師範訓練最重要者，不是教育的原則和方法，乃是注入人文主義的精神。專業科目以哲學爲最重。有哲學，這種精神可以表現，方法之變爲有意義，也因有這種精神爲其背後的推動力。所以能活動，能適應環境的改變。最好的教員，斷不是僅靠學問和方法，而靈敏的思想，和堅強的意思，也是極關重要的。然則意大利教員訓練的目標，也就不言而喻了。茲將師範教育之機關，教員之任用與其地位等，分別敍述如下。

(1)師範教育之機關　小學教員的訓練制度，經苛抵挪拉而大加改革，將從前的師範學校和文科中學，以及大學教育學院的課程，盡數廢除，而代以新的師範教育機關，佔中等教育之一部份，即爲七年的師範學校，低級四年高級三年。凡學生畢業於五年的小學者，經入學考試及格得入低級師範學校。其課程有意大利文、拉丁文、歷史、地理、數學、外國語、繪畫、音樂、唱歌、器樂等，與其他中等學校無極大的差別，不過加進教育思想與哲學的討論。且與幼稚園或幼兒學校聯絡，使學生有機會去做觀察的工作。(不重教學實習)讀完低級後則進高級，有意大利文學、拉丁文學、哲學與教育、歷史、數學、物理、自然科學、地理、衞生、繪畫和音樂器樂。課程修完時，各科皆有考試。其口試哲學與教育，包括下列幾點。

(a)關於兒童文學的知識及評判。

(b)教育歷史與教育思想。

(c)關於美術問題與藝術教學。

(d)宗教問題與宗教教學。

(e)意識問題與科學教學。

(f)道德問題與道德教學。

(g)討論一種大教育家的著作，如堪美紐斯的大教育學(Comenius; Great Didactic)，洛克的教育思想(Locke; Thoughts on Education)是。

(h)討論一種近代的教育著作；如加波利(Capponi)詹姆士(James)阿諾盧(Arnold)的著作是。口試的目的，不重在知識的記憶而在學生討論問題的能力。學生們於十四五歲時讀教育思想與哲學，十七八歲時，舉行考試。然口試時間僅三十分鐘，未必能表示學生之所學。不過考試時僅看其發表能力，略談大要而已。

(2)小學教員之任用　畢業於師範學校者，得一種能力文憑(certificate of aptitude)證明有爲小學教員之可能，預備將來受着小學教員任用的考試。每年各區的教育廳長，將各校任用教員的缺額，大登廣告。凡男子十八歲女子十七歲以上者，皆得應試。其時須將能力文憑、體格證書、公民憑證等一一呈繳。後由廳長或地方自治區所委派的委員會，給以考試。此種考試包括筆寫論文，和根據師範學校科目的口試。考試結果，按照成績之高低，列成爲表。成績最優者，名列最高。後來按名額委任到男學校、女學校或男女共學的學校充任教職。名列前茅者，得選較好的位置。受任後三年之間，名爲試驗期(probationary period)若成績甚好，視學員有良好的報告，得繼續聘任。教員任職在二年內，除非因身體或家庭關係，斷不他調。(言由此校調至別校)

小學教員得升任爲指導員或視察員，但須肄業於高等師範(instituti superiore di magisters)此種師範，國立者三校，在羅馬、弗洛蘭時和墨西拿。(Messina)私立者有三校，在米蘭(Milan)、杜令(Turin)和尼布斯。(Naples)而王家高等師範院(Royal Higher Teachers College)有二年課程訓練指導員者。有四年課程訓練中等學校文學教員，師範學校哲學和教育學教員。欲入本校讀書，須經嚴格考試，有口試和筆試，筆試包括哲學和教育論文，或歷史，或意大利文學和繙譯拉丁文。口試則包括哲學、教育、意大利與拉丁文、文學、歷史和地理。年中繳費學費爲三五〇利拉，讀四年者試驗費一四〇利拉。此外還有入學考試費、註册費、文憑費等。（大約讀四年者要四四五利拉，二年者二一〇利拉。）政府每年選擇四十位教員去讀二年課程。在求學時期薪水仍照付。在求學時間若成績優異，而費用不足，學校得發還全部或部份的繳費。且每年教育部長給許多獎學金，獎勵貧寒學生由各校引薦者。

爲訓練指導員而設的二年課程，有意大利和拉丁文學、德文學、歷史、地理、哲學、公法綱要、教育立法、學校衛生和外國文學。修完者經過考試及格，得給以文憑。有指導員缺額時，每年有一次競爭考試，考取者得爲指導員。指導員的年齡至少在三十歲以上，且有三年的教學經驗，方爲合格。指導員的工作，大半是監督的；如排定教員教授的班級，編製課程與時間表，預備考試，指導教學，每年向視學員報告該區教育情形等。至若四年課程，爲養成中學的哲學和教育學教員，視學員者，則前二年有意大利與拉丁文學、哲學、教育學、德文學、英文學、歷史、地理、公法綱要、教育立法、學校衛生。後二年有拉丁文學、哲學、教育學和其他二科目由前二年課程中選讀。讀完後經過考試及格，可得文憑。再經競爭考試及格者，得選爲視學員。爲候補視學員者，必須有二年經驗的指導員，或任教學十五年以上的教員，方爲合格。

（3）教師之地位與待遇　在教員任用以前，與其他政務官相同，必須作下列之發誓：『我發誓忠於王和其繼位者，忠於政府與法律，勤於職務，熱心於公益事業和行政上的事務。我必自治，對於公私事業，必保守我地位的尊嚴。我發誓不加進別個政黨或團體，若他們的行動和我的職責有所妨礙。我發誓盡我的責任，愛國忠君。』一九二八年後，有許多教員因政見不同以至不安其位。以是為教員者多數是法西斯蒂黨員或是 Balilla 的職員。教員任用以後，其任期是永久。若因行為不良或其他緣因而被斥革，則有權控告於學區的訓誡委員會，再進則至最高教育會議。(Higher Council of Public Instruction) 從前教員界的紛亂現象，至曾特爾改革以後，空氣為之一新。

至若教員薪水經曾特爾改革而加增二倍。從前教員年薪最低者，為三千利拉，最多者為五千六百利拉。曾氏提高教員待遇至最低者為五千六百利拉，最高者達九千五百利拉。自一九二三年後，增至最低者為五千九百利拉，每年加增至二十年教學後可得一萬利拉。惟教員住家學校少有特別的設置。

教員退隱金制度成立於一八七八年。後來疊次修改，至一九三一年三月二十三的勅令，其章程既集大成，將退隱金事務歸於債務和信託金行政委員會(The Administrative Council of the Loan and Trust Fund)和國家保險協會。(State Insurance Associations) 去管理。此種行政費，每年由財政部長 (Minister of Finance) 規定。至若退隱金是由教員和國家或地方的捐助，或來自贈品與餽送物，(教員們薪水每捐百分之八，加以國家和地方捐款所生出的利息，即為教員退隱金。) 凡教員經十年服務而身體致病，或年紀已經六十，可以退隱。惟退隱金之獲得，普通條例須有二十年服務，年紀已達六十或四十年服務，則不受年紀限制。

(4)教師之黨的訓練 意大利教員任用時的發誓，上面已經說過。首相莫梭利尼更利用師範學校傳播法西斯蒂主義於全國。近來命令該黨所支配的三大師範學校，皆教授青年婦女以法西斯蒂主義之種種原理，使一校訓練其學生為社會勞動者。一校注重家事專門之訓練。又一校使其自身與勞動者相聯合。

至若中等學校的教員，自一九二三年以後，任用資格亦既提高，大學畢業的學位與文憑僅可有候補教員的資格。必須經過國家考試，方能受正式的任用。每校和每級應有的教員數，是有一定的規定，其數目每二年可以更改，但須得長官的命令纔行。教員們可以分為三類：一為永任的教員（Permanent teachers）二為助理教員，三為補充教員。後二類每年重新聘任。至若永任的教員也可分為三組。甲組是在高級文科中學、女子中學和高級工藝學校與師範學校教授古文學與科學者。乙組是在初級文科中學、初級工藝和師範學校或補習學校教授文學科目者。丙組是師範學校的音樂教員和師範附屬的幼稚園教員。

永任教員的任用，是要經過考試。凡想在小市鎮做教員者，必經過普通考試。大城市者，則特別考試。考試獲選者，即按缺額補入。從前一教員專門一科，後經過改革，將類似有關係的科目併合為組，以為特別考試的根據。教員考試是由三人委員會執行。（兩位大學教授，一位校長。）由最高教育會議委任。凡試題選擇，考試標準，都是他們規定的。候補教員必須體格強健，行為端正，為意大利公民，年紀在十八與四十之間。若為退伍之兵，可限至四十五歲。男女皆得應考，其學歷資格則隨各科各校而不同。自然科學、化學、會計學、農學僅用口試。其他各種科目皆有口試與筆試。筆試少於七分者，則不許口試。普通考試以七分為及格。特別考試則以八分為及格。考試科目可分二十組如下。

意大利文、歷史和地理（補習學校。）

意大利文、拉丁文、歷史和地理（初級文科中學、工藝學校與師範學校。）
意大利文、拉丁、希臘、歷史、地理（初級文科中學）（高年級）古文學、（高級文科中學。）
意大利文與歷史（工藝和師範學校高級班。）
意大利文、拉丁文、歷史（文科理科和女子高中和師範學校。）
哲學和歷史（文科、理科和女子高中和師範學校之哲學與教育課。）
外國文學（各校低級班和補習學校。）
外國文學（各校高級班。）
科學科目（補習學校、獨設的初級文科中學和工藝學校低年級。）
數學與物理（高級文科和理科中學、工藝和師範學校。）
自然科學與化學（同上。）
化學（工藝學校測量組。）
繪圖（除文科高中外各校皆有。）
簿記學與會計學（工藝學校。）
法律與政治經濟（工藝學校。）
農學（工藝學校。）

建築學與土壤學（工藝學校。）

音樂與唱歌（師範學校。）

幼稚園工作（師範學校。）

教員們考試得選者，得任爲官立或立案學校的試驗教師，以三年爲期。在試驗時間若校長認爲不滿意，可以斥退。若成績優良，得用爲永久教員，薪水年有增加。若有特殊成績，則有特別增加。曾經二次特別增加者，其名將列入榮譽錄。

中等學校教員訓練的機關，一八八二年在羅馬和弗洛蘭時（Florence）已經設立。其初不經訓練初小的女教員，及後程度提高，訓練着師範學校的教員，校長，和小學的視察員。一九二四年第三個機關又在墨西拿（Mi-ssina）設立。一九二五年尼布斯（Naples）、米蘭（Milan）和杜令（Turin）的私立學校，相繼立案。這種高等師範學校，都以養成中等學校各科的教員爲目的，且爲視察員和小學校長陶冶之所。學生入學須經嚴格的考試。求學時期多至四年，其課程試以弗洛蘭時的高等師範爲例。

（A）爲訓練教員得文科文憑的課程。

首二年的科目	後二年的科目
意大利文學	意大利文學
拉丁文學	拉丁文學

德文學

歷　史

地　理

哲學與哲學史

教育學

英文學

歷　史（一年）

地　理（一年）

以下科目任擇二種：意大利文、歷史、地理、哲學與哲學史、教育學、外國文學。

(B)為訓練得教育學與哲學文憑與視學員文憑的課程。

首二年的科目

意大利文學

拉丁文學

哲學與哲學史

教育學

德文學

英文學（一年）

後二年的科目

意大利文學（二年）

哲學與哲學史（一年）

教育學（一年）

任擇二種科目如A後二年（詳上：）英文、公法與教育立法、學校衛生，可於第一或第二學期選讀。

歷史（一年）

地理（一年）

公法與教育立法（一年）

學校衞生（一年）

曾特爾與後來的教育部長，改革師範教育，極著成績，然亦有可令人批評之處：第一、教員們所專修的課程，太重考試，一經考試及格可由此校而轉入他校，或此課而轉調別課，因此與教員的專門學識，大有損害。第二、教員對於教學方面的知識，太不注重。教育學一門，僅爲師範學校之哲學教員而設。初等和中等教員，均缺乏專業的訓練。教學實習，並未見於師範學校的課程。太注重教員的人格與學識，而不注意於教學的觀察或實習，其結果未免重理想而不切於實用了。平時學生們太讀死書，教員們徒事講演，也是師範學校一種通行的現象。

職業教育　意大利的工藝學校（Tecnico）有初級和高級，各四年，共八年。在中等教育一段已有說及。學生讀完低級段，若經過入學考試及格，則入高級段。此外尙有一種實業教育，對於小學卒業生，與以農、商、工業、商船、或其他特殊職業訓練爲其主要目的者，有下列幾種學校。

（1）農業學校　此種學校的名稱因其學校設立而有種種不同。官立者通常稱中等農業學校，爲曾氏改革教育後而創立的。其程度與高級中等學校相等，以養成中等農業管理者及技術官爲目的。由組合自治團體維持者，曰農業實科學校。此種學校歷史甚長，又有受教育部補助之下的農業教育，如農業學校，（istituto agrario）

農業機械實科學校，農民學校，女子農業學校等。

農業學校是收受小學畢業生，授以農業知識及技能爲目的，年限在四年以下。其科目通常有國語、歷史、地理、化學、農業概說農業手工藝及農業技術農業化學農業經濟、地租農業法制、農業簿記、農藝病理學、應用數學、土木、圖畫、博物、畜產、物理及實習等。

(2)商業學校　商業學校有高級與低級，高級爲甲種，低級爲乙種。甲種商業學校年限四年，其目的與生徒以獨立從事商業或欲爲商業之經理人或雇員所必要之理論與技術。乙種商業學校，普通二年，亦可延長至四年。

商業學校所授的主要科目，爲國語、簿記及會計、商業與商業技術、實習、博物、數學、歷史及地理、法律、經濟、關稅貿易、速記術、打字及外國語等。

(3)工業學校　工業學校也分甲種工業學校 (istituto industriale) 與乙種工業學校，(Scuole industriale) 前者年限五年，後者較短。以對欲獲得工場作業場或其他工業機關任職者予以必要的知識技能爲目的。學科除一般文化科目外，尚有數學、物理、化學、博物、圖畫、(以幾何畫爲主)裝飾、圖案、製圖、機械、電氣工藝、土木、機織、染色、製絲、家具等。此外尚有徒第學校，課程四年或三年，有一般文化科目和數學、物理、圖書裝式、圖案等。此校是以養成職工以促進地方工業發展爲目的。又有實驗室學校，課程二年，由一般文化科目如國語、歷史、地理、體育、數學、物理化學、博物、圖畫、圖案、工藝、機械等科目中選擇教授。又有木工、金工、石工等，作業有特設的實習指導官，對女子則加授家政學。此種學校以養成學徒爲目的。其特色是注重作業場之實習。此外又有鑛業學校(scuola mineralia)，其目的在養成鑛業人材。科目有國語、歷史、地理、數學、物理、化學、博物、衛生、圖書、電氣、鑛物及地質等科目。

(4)商船學校　以教授從事航海之學術技藝爲目的。年限四年，內分三科，卽船長養成科，機關手養成科，技師養成科。科目因其分科而不同，共同必修者，爲國語、歷史、地理、法文、英文、數學、物理、化學、航海學、機器學、幾何畫並實習。其他在船長養成科，則加經濟、商業地理、天文學、海洋及氣象學、電信學、輪船衛生等。在機關手養成科，則加應用機械學、電氣學、自在畫等。在技師養成科，則加應用機械學、法制及經濟、輪船設計及製圖、自在畫等。

根據一九三一年六月十五日八八九號法令，還有三年課程的女子職工學校，女子職工學校的教員養成所和職業補習學校。職業補習學校是招收一般工人年紀在十八歲以下者，是強迫式的。每週授課八小時，一年授課二百小時。

第六節　成人教育

意大利舉行廢除文盲運動，各種團體之組織，蜂湧而起。近年來文盲減少，該團體的工作，更進一步，而設立職業科目，圖書館，和各種休息活動，以適應成年人的需要。一九一九年有私人自動設立的會社，專以促進工人的幸福與其教育。四年後，這會社變爲法西斯蒂聯合團一種活動機關(Active agent of the National Confederation of Fascist Syndicates)。於一九二五年改組，名爲國立休閒活動會(Opera Nazionale Doplavoro)。其權責是專以聯絡國內各會社，各團體，做體育的藝術的教育的種種工作。一九二九年後其功用更加擴大，變爲法西斯蒂黨和政府的一個機關，屬法西斯蒂黨部的祕書長指揮。在中央設辦事處，在各省各地分設支部，以求聯絡。最重要的工作，有如下四種。

教導——關於提高人民的文化，幷職工教學等事項。

美術教育——劇社、音樂歌咏、活動影戲、無線電報、民間故事等。

體育——意大利旅行團和中央運動委員會等組織。

社會福利與衞生——居住和衞生的設備，幷各種工人的休閒活動。

教導方面的事業，包括教授普通和職業等課目，是由小學和中學教員擔任。凡教學特著成績的人，得應競爭考試。獲選者可以被任。教育影片與圖書室，佔着重要的位置。關於美術方面，休閒活動會曾組織藝術展覽，和做各種戲劇，以開民智。體育不特有各種運動與遊藝，且有全國旅行，由意大利旅行團指揮。至若關於社會福利與衞生事業，則設種種展覽會，說明房屋設備，花園佈置，以及種種關於健康教育的常識。根據一九三〇年的統計，受這休閒活動會指導的團體或會社共有一萬二千，會員達一、六二二、一四〇人。

此外關於成人教育事業，尚有兩種。一爲識字教育，由消除文盲委員會管理，近年來已極著成績。一爲通俗學院，見於若干都市中，在米蘭有一所通俗學院，專爲勞工補習而設。

第七節　意大利教育之趨勢

意大利為羅馬故址，有極古的文化，然因統一較遲，且其民族性又缺乏進取心理，故教育進步極緩。自一八五九年加撒第法令(Casati)頒佈以後，教育制度漸具雛形。北部工商發達，情形較優。南部則重農業，人民教育極其落後。據一八六一年的統計，人民中未受教育者尚有百分之七十八。統一以後，教育進步較速，其情形在本章第一節已經略述。自法西斯蒂黨專權以後，十餘年間，教育進步極速，論其趨勢，約有幾端。一為普及教育的運動，二是注重訓練民族的精神，三是選拔優秀的人材，四是志在造成尚武的國家，試略述之如下。

按據一九二三年意大利教育調查的報告，意大利全國有八、三五四個環區(Communes)其中能盡設立學校權責的僅二六四個而已。此種較有能力的環區多在北部，以其工業興盛，財富較厚。至若人民中不識字者，在皮憶門(Piedmont)為百份之一一，在中意各省為百分之五九，在南意竟由百分之六五而至七○。註冊兒童在北意為百分之九○，在南部為百分之四一。入學者平均計算，最多者有百分之九四，少者僅百分之三二。在情況最好的地方，入學兒童能在小學畢業者，大約有百分之六○。反之情況極壞的地方，僅百分之一八而已。人民對於教育缺乏興味，以教育為職業的觀念非常微薄。自曾特爾任教育部長以後，將意大利的舊思想舊制度，加以澈底改革，而另立革新計劃，以復興民族為教育的最大目標。以是力求教育普及，以強迫教育和成人教育平行並重。在強迫教育方面，各地方有視學員負督促指導之責。凡學齡兒童未入學者，其父母或保證人或工廠任用童工者均須罰金。按據一九三○年統計，學齡兒童數有四、七四八、八六二人，入學兒童總數有四、一五三、七八四人，換言之，入學者既達百分之八十八。至若成人教育，有消除文盲委員會專司其事，據該國全國文盲人數統計，在一九一一年平均數估全人口百分之四四・二至一九二一年減至百分之三一，至一九三一年已減至百分之九或十。普及教育有良好的成績，顯而易見。意大利的教育是重精神訓練的。其宗旨在提高民族的精神。以是注重宗教教育，黨化教育，和民族主義的教育。宗教科目在小學早爲必修，卽中等學校自一九三〇年後，宗教也漸加進於課程之內。原來宗教與法西斯蒂主義有許多衝突之處，然意大利多爲天主教徒，法西斯蒂不願與之啓釁，只得於一九二九年與教皇成立協定。其主要之點，(一)宗教教義爲一切教育之根本，但若家長聲明不願其子弟受宗教訓練者，可以免除。(二)學校工作以不妨礙宗教訓練爲原則。(三)教會工作人員之訓練，由教皇監督指揮，不受政府干涉。自此協定簽字後，政府與教皇的關係，因之恢復。至若黨的訓練有 Balilla 和 Avanguardisti 二級，訓練八歲至十八歲的兒童，然後升爲黨員。意大利學校所用的課本，其內容是充滿着民族主義的材料。其首要觀念，是意大利的偉大，是鼓勵人民和敵人打仗。例如說：『阿爾卑斯山的人民，是愛他們的家山，他們不怕任何人。』『國旗經過了……讓我們行個羅馬式的最敬禮，我們是子民，我們愛你。待我們長了，我們要保護你，使你受萬人尊敬。意大利萬歲。』『我們的敵人是奧地利人和德意志人。』『一個法西斯蒂黨人，不特要武裝他的身手，還要武裝他的頭腦。』如此之類，無非要使人民有勇敢和愛國的心，以期復興意大利民族。意大利的教育是重選擇天才的。其各級教育皆厲行國家考試，一方面意在淘汰一般程度低下的學校和學生，一方面是在選擇眞實優秀的學生，使之造就成材，爲國家用。此種考試頗能一秉至公，以得正確的結果。莫梭利尼說『一本書和一桿槍，等於一個完全法西斯蒂的黨員。』黨員是尙武的。他們相信意大利的偉大，是要靠武力方能得着的。試看 Avanguardistic（有人譯爲前衞隊隊員)爲十四到十八歲的青年，施以軍事訓練，十八歲以後，一進而爲大學的預備軍，供給大學軍事訓練，爲黨軍的一部份。其工作包括軍署應用、軍警生活、旅行、參觀軍港飛機場等。現在有隊員一萬八千。於一九三一年既得政府正式的承認。意大利教育既有這四種趨勢，現在他們仍繼續去奮鬥去努力。意國國勢前途之進展，正未可限量呢！

練習題

1. 試述意大利教育之發達略史。
2. 曾特爾法令對於後來意國教育之改革有何重大關係？
3. 法意兩國之教育行政系統，有何同異之點？
4. 中意兩國之教育行政系統，有何不同之點？
5. 意大利教育行政系統上有何審議機關？
6. 試比較英美意三國的視學制度。
7. 意大利的學校系統，是單軌制抑是雙軌制，試討論之。
8. 曾特爾對於幼稚教育的改革如何？
9. 試比較英美俄意四國的初等教育。
10. 意大利的小學校可分幾種？

11. 試比較英意兩國之小學考試法。

12. 試討論意大利法西斯蒂的黨員訓練制度，幷與俄國共產黨的訓練制度作一比較。

13. 意大利實行強迫教育，用着何種方法？其成績如何？

14. 曾特爾對於中等教育有何改革？

15. 意大利的中等教育有何特點？其中等學校，共有幾種？

16. 試討論意大利中等學校的行政。

17. 意大利中等學校的教員，何以能由兼任而漸變爲專任？

18. 意政府對於私立學校之設立，有何條件？

19. 意大利中等學生之付費，比之吾國有何不同之點？

20. 意大利之文科中學與理科中學，其課程有何不同？

21. 試比較中英意三國的中等學校的考試制度。

22. 試述意大利大學之種類及其組織。

23. 試比較英意兩國大學校之行政制度。

24. 意大利對於私立大學採取何種政策？

25. 試略述意大利師範教育的歷史。

26. 試述意大利師範教育的制度及其考試情形。

27. 試比較意美兩國小學教員之任用方法。

28. 意大利之指導員和視察員須經過何種訓練？

29. 試比較英意兩國的教師之地位與待遇。

30. 意大利中等學校的教員可以分何三種？

31. 永任教員的任用，須經過何種考試？

32. 試討論意大利中等學校教員訓練的機關。

33. 意大利職業教育之機關有何幾種？

34. 意大利的成人教育，是由何種機關主持？其工作有何幾種？

35. 試述意大利教育之趨勢。

英文參考書

Kandel, I. L.: Comparative Education, Houghton Mifflin Co., 1933 pp. 64–68, 155–171, 297–307, 455–476, 585–595, 757–779, 849–853

Kandel, I. L.: Educational Yearbook 1932, International Institute of Teachers College Columbia University, pp. 295–314

Marraro, H. R.: Nationalism in Italian Education, Italian Digest and News Service, 113 West 42 St., New York City, 1927

Schnieder, H. W. and Clough, S. B.: Making Fascists, The University of Chicago Press, Chicago, Illinois, 1927

中文參考書

常導之比較教育（中華）一九三〇由三一頁至四九頁

教育大辭書（商務）一九三〇由一二五二至一二五五頁

雜誌論文

羅廷光汎繫黨治下之意大利教育（江西教育旬刊一卷五六期）

羅廷光最近意大利教育之總合的觀察（中華教育界二十卷十二期）

王企華意大利農村復興之途徑（教育與民衆三卷五期）

徐芳田意大利成人教育（民衆教育月刊三卷二期）

倪文宙意大利法西斯教育（中華教育界二十卷四期）

廖鸞揚意大利之教育（教育研究四十五期）

趙演譯意大利新教育（中華教育界二十卷十二期）

程其保各國教育觀察談（時代公論五十七號）

張登受意大利的法西斯蒂教育（安徽教育三卷二期）

吳自強法西斯主義教育之理論與實際（時代公論二卷四十九號）

第六章　法國教育之演進及其現況

法蘭西位於歐洲西部，面積二一二、六五九平方英里，人口據一九三一年三月統計有四一、八三四、九二三八。本部共分九十府，府又復分為環區，政體是共和國。

第一節　法國教育之史的考察

法國教育之發達，略可分為二時期：在一千七百八十九年前，為宗教教育時期。自法蘭西大革命而至現在，可稱為國家管理教育時期。基督教在中古時代既握歐洲的教育權，法國的教育當然不能屬於例外。其時有寺院學校，(monastery schools) 教授七學藝，盛行於四世紀與十二世紀中間。自宗教改革以後，人文主義的教育代之而興，重古典研究以宗教的陶冶為其附屬的教科。及後又有反對宗教改革之運動，所謂厄斯伊達 (Jesuits) 者，反對新教，極力謀復興舊教的權威，其所倡辦的教育，曾極盛一時。總之在法國大革命前，教育管理權是完全屬於教會。那時期只可說是宗教教育時期。自盧梭主張自然主義的教育以後，有拉塞羅達斯 (La Chalotais) 者，於盧梭愛彌兒 (Emile) 出版的明年，著國民教育論，極力攻擊厄斯伊達派辦理教育之缺點，謂國民教育當為政府的事業。教師宜為常人，不宜為宗教家。學校宜屬政府，不宜屬於教會。學科宜脫離宗教，而注重道德法制和實用知識。至一七八九年法蘭西的大革命，一方面是政治革命，一方面又爲教育革命，即將教育權由教會手中奪回到國家辦理。至一七九一年新政府所頒佈的憲法，既載有『宜組織國民普通教育之制度，並免收學費』是爲法國國家管理教育初次設立制度的創議。在法國革命時代，教育制度曾經過許多改革，以至煥然一新。如達來郎(Talleyrand(1758-1838))提議每郡(canton)設立小學，每府(Department)設立中學，較大的城市設立專科學校，在巴黎設立國立大學，既爲法國學校系統的濫觴。一八〇四年拿破崙一世即位，設置中央教育機關，稱爲法蘭西大學院，管轄全國教育，將全國分爲二十七學區，欲使各區的大中小學同時興起，是爲法國教育行政系統的創設。一八二四年設教育部。一八三一年遣法蘭西高等師範(Higher Normal School of France)監督古新(M. Victor Cousin)到德國去調查初等教育制度，教師訓練和教育行政與組織等，根據古氏的回來報告，曾經過多少修改。到一八三三年，新的教育法令，就頒佈出來。將初等教育分爲初級和高級，每環區(Commune)須設一初級小學，其校舍和教員薪水，由各環區負責。初級小學教授的科目，是讀書、寫字、算術、度量衡、法文、道德與宗教。高級小學有幾何學、繪圖、測量、科學、自然、歷史、地理、音樂。關於法國的地理歷史，尤其注重。其時小學與中學平行，完全是一種雙軌制。至一八五五年設最高教育會議，爲教育總長的諮詢機關，將全國分爲十七個大學區，教育行政系統的組織，日益完密。自第三次共和成立以後，（一八七〇年後）法國教育的改革，足以令人注意者，約有幾點：（一）爲教育還俗。原來法國教育經僧侶監督之下，含有濃厚的宗教色彩，對於國語、算術及其他實科，頗不注意。於是有許多學者及教育家，主張教育還俗，除卻宗教科目，於一八八一年小學教育，既有試行。經過一八八六年議會通過教育還俗案，政府以法令規定公共學校廢止宗教科，以修身科及社會科（公民科）代之。至一九〇四年七月七日，政府更進一步，以法令完全剝奪宗教團體在教育上種種權利，並令其停閉所辦的學校。(二)爲小學教育之改革。法國小學教育，於一八八一年學生免付學費，一八八二年始實行強迫。至一九二三年二月二十三日，教育部曾發出兩道訓令，修改小學課程，每週授課以三十小時爲度。學科較前減少，內容較前簡要。教材排列務適合兒童心理。此項訓令且勸告各地小學不必墨守定章，可按各地情形，去自由試驗，顧及社會需要。其他如一八八〇年創立職工學校，爲後來法國職業教育的基礎。創立女子的中學，(lycées and collèges) 爲後來女學發達的先驅。且自一八八五年後，大學教育漸次發達，自歐戰迄今，各級教育也有相當的改革。將於下文分段敍述。

第二節　法國教育之行政制度與學校系統

法國的教育行政制度，是中央集權的，與英美不同。在十七世紀法王路易十四時，旣以集權爲行政上的重要原則。後雖經過大革命，集權的原則，仍不改變。教育命令，施發於上，則通行全國各地方及各學校，絕少自由伸縮的餘地。其所以採取集權的原因：一則以爲集權制足以保持全國統一。蓋自第三次共和 (Third Republic) 成立以來，法人心中以爲國家平安，全靠統一的堅固。國家是唯一的，不能分裂的。集權制免得各地皆出主張，以至內部精神分裂。二則以爲集權制可預防宗教勢力的膨脹。蓋自教育還俗以後，宗教團體在教育上旣失勢力。若任其自由，則宗教之死灰復燃，甚難預料。今教育權集於中央，則令出必行，教會沒有機會再事侵奪教育權。三則法國革命以自由平等相號召。以其重自由，至個人主義特別發達。凡事宜得其中，有了集權制，可預防極端的個人主義，有此三因，法國的集權制，眞是弄得根深蒂固。且也巴黎為法國的政治和文化的中心，全國人的視線，以巴黎為依歸。凡巴黎的風俗和思想，幾乎為法國全國人士所欣慕，所讚賞。中央政府設在巴黎發號施令，人民樂於服從。集權制頗能適合此種環境。此制的大綱，拿破崙時已經確立。至一八七一年八月十日的法律，稍有改變。一八八四年四月五日的法律，將相當的權限付於各府和環區。然僅限於財政事務，而各地議會的議決案，仍須中央政府批准。地方官吏是直接對中央負責的。計法國共有府九十，環區三萬八千。玆將法國教育行政系統，略事說明如左。

中央教育行政機關　中央教育行政機關，是合公共教育與美術部，(Ministry of Public Instruction and Fine Arts) 最高教育會議，(Higher Council of Public Instruction) 和各委員會組織而成。其各部的組織與事權，可略述如下。

(一)公共教育與美術部　中央教育部，有部長，為內閣閣員之一。由內閣總理選擇，經過總統批准而任命。其任期視內閣運命之長短而定。因法國各政黨勢力之起伏不定，內閣時常更改，過去幾十年間，大約有一半教育部長，任期不過六個月。然以教育經費之缺乏，教育部長並不是優異之缺，他是對議會負責，管理一切教育事業，執行法律或命令，整理預算表，負一切公私立教育機關指導監督之責。他舉薦教育行政上的重要官吏，如各司司長。中央和各區視學官，大學區校長，(rectors of academies) 由總統加以委任。他自己有權委任小學視察員，教員，和大學教授。凡他委任的長官有爭訟或衝突時，他有處理之權，幷得與最高教育會議和部內人員磋商規定課程，教學法，考試標準，行政規律，和分給奬學金等事宜。

法國教育法律之成立，用着二種方法：其一是由國會規定。其二是由總統的命令，聯着部長署名。所以教育立法包括法律和命令二種。教育部長有權發號施令，因此其責任很是重大。試以教長巴拉（M. Le'on Berard）改進中等學校爲例。巴氏於一九二〇年登任教育部長，在一九二一年最高教育會議開會時，他提議改進中等教育；在男子中等學校，以拉丁文四年、希臘文二年爲必修科目。用問案（questionaire）徵集該會會員的意見。後有會員反對，巴氏置之不理。一時教育界大起誹議，報章雜誌，批評劇烈。巴氏竟將此案提交總統，和國會的教育委員會，幷提到參議院去。參議院的議員，於一九二二年開會討論，並未曾有所議決，一九二三年五月，此案竟得總統簽字，乃由教育部長連名下令施行，謂本年十月各中等學校招收的新生，須按照命令辦理。不料於一九二四年五月內閣旣倒，新教育部長登臺，而巴氏的命令，遂告取消。

世界上的國家，在國會能討論教育問題非常勤勉而詳細者，算是法國。法國的國會，有教育問題發生時，即由參衆兩議院委出特別委員會去處理。有時意見不同，常惹起劇烈的爭論。如巴氏的強迫拉丁和希臘文的提案，竟引起古文學的價值爭辯問題。近來有一問題謂專門法律和醫學的人，應受何種普通教育，也在辯論之中。

在一九二〇年前，教育部僅負普通教育和普通職業學校之責，至若專門職業教育，是由商部和農部主管。其他如海陸軍部和公共事業部（Ministry of Public Works）也各設有其附屬的專門機關。至一九二〇年後，商部所管轄的職業教育，竟歸入教育部，由一專官名 Under Secretary of State 去處理，此職位於一九二九年八月五日確定管理職業教育的行政組織和經費等事宜。其在職業教育的權責，正與教育總長在普通教育所負的權責一樣。且設有最高職業教育會議，（Higher Council of Vocational Education）由會員一五〇八組成，內有執行委員會負責執行該會議決的重要事項。

自歐戰以後，注重體育的風氣，傳佈一時。體育管理，其初由陸軍部負責，後亦漸歸於教育部。一九二三年由一大學區視學（academy inspector）管理。二年後由總視學（inspector-general）管理。一九二九年特設一體育總幹事（Under-secretary of State for Physical Education）附屬於教育部，管理一切關於體育事宜。此種組織其職員除幹事部辦事人員外，並設有最高會議的機關為其顧問。

公共教育美術部，共分六司：即高等教育司。中等教育司。初等教育司。職業教育司。美術司。會計司。此外尚有一科管理體育的。每司有司長，以下更分數科。如高等教育司分為三科。美術司分為六科。會計司分為三科。其餘各司則每司分五科。每科負責行政上屬於該科範圍內的事宜；如視察問題、課程問題、獎學金、經費、校舍、會計等問題。至論美術司的任務，是管理公共建築、歷史紀功碑、博物院、陳列所、劇場、電影等。

（二）最高教育會議　最高教育會議，是為教育部長關於一切教育問題的顧問。這會議合五十六個議員而成，以教育部長為主席，為審議全國教育問題之最高機關。其議員的產生，有九名是由大總統委任，代表公共教育。有四名是部長委任，代表私立教育。其他是由各團體選舉，由大學和其他高等教育機關選出者，有二十七名。中等教育機關選出者十名。初等教育機關選出者六名。每議員任期四年，得再委或再選，可以連任。每年開常會二次，於必要時得召集特別會議。凡關於學程、教學法、考試、行政章程、訓育、監督私立學校、課本、外人請求設學等問題，教育部長均要和他們磋商。其他如各地教員們有時與地方教育行政官爲難，引起糾紛，這會議得以審判或解決，其作用正與法庭相等。平常事件則設有常務部(permanent section)部員十五人。其中有九人由大總統委任。六人由教育部長委任，均由議員裏邊選擇。凡最高教育會議應討論的事件，皆先由常務部先事整理，以便開會時提出。此外關於師範學校之設立，課本的採用，圖書室的書籍，學校的獎章，以及其他行政上訓育上課程上的問題，皆當研究，以備教育部長的詢問。

(三)參議委員會　教育部長還有三個參議委員會(three consultative committee)一爲高等教育委員會，由大學校長及各科教授之代表若干人組織之。一爲中等教育委員會，由教部之中學視學員，和高等師範學校校長，巴黎大學區視學員等組織之。一爲初等教育委員會，由初等中等高等教育司長，教部之初等教育視學員，各大學區的校長等組織之。此種參議委員會的任務，是關於教員任用和升進事件爲主。

(四)中央視學員　教部要明瞭各教育機關的情形，以是各司皆設視學員若干人。中央視學員視察的範圍，遍及全國，其任務是視察部定教程之實施，教學法之改進，並包括行政上之監督。計全國有視學員五十八人，其中視察中等教育者十九人。(四人視察科學，九人視察文學，三人視察近代文學，一人視察圖畫，二人監督學校財政的行政。)初等教育者(包括師範和高級小學)二十八人。其中一人視察圖畫，四人視察小學，一人視察行政事務。

九人視察職業教育。又有女視學四人，視察幼兒學校。視學員是由部長介紹，總統任命。辦公室設於巴黎，每年舉行總視察一次，並得於必要時派員作特殊視察。

地方教育行政機關　法國地方教育行政機關，有大學區、府、和環區。茲特逐一敍述於下。

（一）大學區（academies）　為行政上便利起見，法國全國分為十七個大學區，每區設大學一所。大學校長（rector）同時又為該區的教育行政長官，由教育部長介紹，總統任命。其資格應有國家博士銜，通常是由高等教育機關之教授選充。其職責是管理高等中等和小學教育，任用屬員，與部長商議教育上重要問題，監督考試，委任考試委員，批准教科書，為國家獎學金委員會主席，并負本學區公私立教育行政和指導之責。總之大學區校長之任務，為代表中央政府執行關於公私立教育一切法令及部令，并當查察關於人員、行政、和其他教育上一切事務。

大學區之審議機關有二：一為大學參議會，由大學各科代表組織而成，以校長為主席，專司本大學內部的事宜。一為大學區參議會，（academic council）其組織是包括大學區視學員，大學中學和各府各環區所選出的代表，以大學區校長為主席，此會專司中等學校方面事務；如中等學校行政，教員訓誡，以及屬於本區教育經費等事務。

法國全國有大學區視學員九十八人，除較大的區域外，每府（department）有視學員一人。其任用是由教育部長與初等和中等教育商議委員會磋商，將適當之人提出後由總統委任。在較重要之府，則有二名，分司中等及初等教育。凡任此職者，必須具有下列資格之一：（1）具有國家文科或理科博士學位，或為中等學校教員考試及第者，或者握有初等視學及師範學校校長合格證書，師範學校及高級小學教授合格證書，或某項教育碩士證書。(2)曾任下列職務之一：大學文科或理科教授或講師，國立中學校長，國立中學學監或教授，師範學校校長，或初級視學員。其職權是視察區內所有學校，每學期視察中等學校一次，並記錄所有此等教育機關的人員，並決定關於教育上之組織：如時間分配，設立特別學級，學生分組等事件。他委任小學校教員，且爲府教育參議會副議長，中等學校行政會議議長。他每年將其視察區域教育的情形，做個報告，先繳交於府教育參議會，然後由該會呈達教育部長。

在小學範圍裏邊，包括母親學校，初等小學，高級小學，師範學校。大學區的視學員，必須與初級視學員聯絡，作視察上的一切工作。做初級視學員的資格，年紀必在二十五歲以上，曾做小學教員五年，幷握有初級視學及師範學校校長合格證書，或文科學校或理科學校的證書，由教育部長委任，其初二年是試驗時期。若果能夠稱職，則由大學區校長與初等教育商議委員會的常務委員磋議，介紹於教育部長，然後由教育部長正式委任。初級視學員，是受大學區視學員直接指揮，幷須受大學區校長和教育部長的命令，視察公初立的小學，即學生之分級，時間表之批准，學校之開學放學，校舍之設置，校款之籌劃等。他們也可以視察，可以指導。通常二百個小學教員，即有初級視學員一名。

(二)府(department)　法國本部之普通行政區爲府，初等教育行政區域，以府爲單位。法國全國分九十府，府有府長(prefect)，府長雖由內政部委任，但以其所管轄的事務，對中央各部部長負責。他和大學區視學員，直轄全府之初等學校。依大學區視學員之推舉,可任免本府的小學教師。其他的權責就是監督本府的教育經費,決定學校位置,指導高級小學獎學金之給與。

在各府均設有府教育參議會,(departmental council for education)以府長爲主席。大學區視學員爲副主席。其他構成人員,包括府議會議員四人。(此府議員是由本府各區會所選舉)小學教員四人。師範學校校長二人,私立學校代表若干人。教育部長指定之初級視學員二人,任期三年,每三個月開會一次。由府長召集,其作用是爲府長的顧問,其職責是作教育改良的獻議。大學區視學員年報的討論,教員們請求的處理,學校之視察,以及商議學校位置,教員數目,學校衛生,及私立學校之設立等種種問題。

(三)環區(communes) 法國教育行政單位,若以中央爲第一級,則大學區爲第二級,府爲第三級,縣(arrondisement) 與環區(communes) 爲第四級。法國分縣爲二百七十六,環區三萬八千。縣長、區長爲政治長官,同時也是該區域的教育長官。而每縣每區都有教育參議會,爲教育上的審議機關,以縣長區長爲執行長官,正與府教育參議會,與府長的關係相類似。法國的環區面積大小不一,小者人口寥寥,不過五十,大者竟有人口十萬至四十萬,(此類環區有十二個)甚至有一百餘萬者。(僅有二個)此種環區與美國的鎮頗相類似,不是完全鄉村的也不是完全城市的。區有區長,爲區議會所選出,然他是對於府長及中央負責。他在教育上有監督校舍,督促兒童入學,保藏學校名册,介紹設立私立學校等義務。其審議機關是區教育局,(communal school board)合大學區視學員所委任的郡代表,和區議會所委任的議員,和初級視學員組織而成。每三個月開會一次,由區長

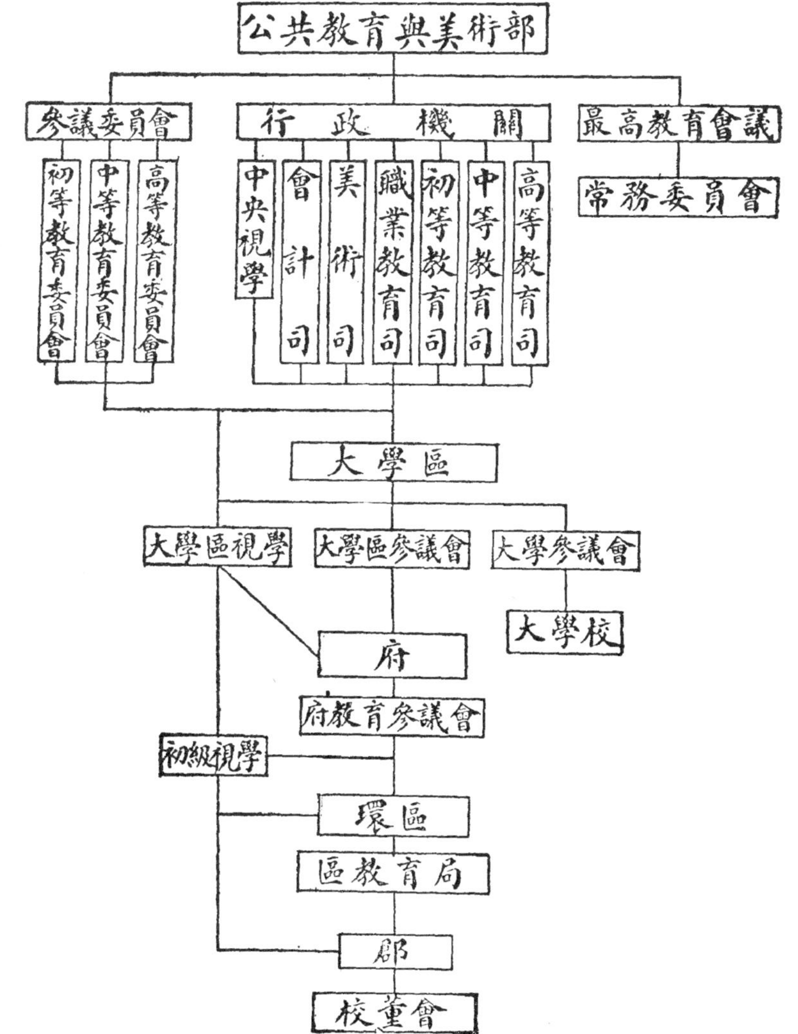
公共教育與美術部
參議委員會
行政機關
最高教育會議
初等教育委員會
中等教育委員會
高等教育委員會
中央視學
會計司
美術司
職業教育司
初等教育司
中等教育司
高等教育司
常務委員會
大學區
大學區視學
大學區參議會
大學參議會
大學校
府
府教育參議會
初級視學
環區
區教育局
郡
校董會

或初級視學員召集本局有監督入學管理財政，發給獎品等責任。以其事務簡，責任少，有許多環區反對設立教育局。即既有的教育局所提出的議決案，亦常爲府議會或府長所反對，以至不能實行。因此環區在教育行政單位上，卻不是十分重要。

（四）郡　每一環區又分爲若干郡，(canton) 郡之校董，爲府教育委員會選任。爲本郡公民的代表，監察區內的小學校。其職務是限於物質方面，如校舍保管，學童健康等。校董每年集會四次。

法國教育行政系統之組織，可繪圖如上。

法國之教育行政，最稱爲中央集權，除少數之特殊學校外，一切學校都歸公共教育與美術部管理。其政體雖號稱共和，而官吏之權特大。教育行政命發於上，則通行全國。各地方及各學校，絕少有自由伸縮之餘地，比之英美的分權制，則截然不同。此種制度有優點，也有缺點。其教育行政機關，如身之使臂，臂之使指，運用靈敏，行政效率極高，其優點一。全國學校的程度整齊劃一，標準很高，其優點二。所有行政人員如教育部長，各司司長，視學官等，多是教育專家，其優點三。各級教育行政單位，都設有諮詢或審議機關，如中央之最高教育會議，大學區之大學區參議會，府之府教育參議會，環區之區教育局，郡之校董會，最後則每高級小學，都有家長委員會。這個機關雖在實際上沒有大權，然爲行政長官的顧問，可以防止集權制的弊，其利四。然其劣點，亦復不少。一則法國太過集權，各地方缺乏自由伸縮的餘地，適足以阻止新教育的實驗，其弊一。教育機關常受政潮的支配，因法國內閣運命短促，教育官吏，遂時常更動，以至雖有良好計劃，常不能實現，其弊二。教育大權集於部長一人之身，其指令幾等於法律，全國教育行政官及教師，只得唯唯奉命，不敢有所異議。所謂最高教育會議，亦不過貢獻意見，須經過教育部長批准方能執行。如此太重人的材能，未免弄得「人存政舉，人亡政息，」其弊三。法國教育行政上的專制，不亞於歐戰前的德國。且德國各邦辦法，尙有不同之處，法則全國一律。

至若法國的教育經費，是由中央各府和各環區負責。中央教育費的來源，是由所得稅，奢侈品稅，註册稅，印花稅，海關稅和賭稅等。府教育經費，是由於地方稅，房屋稅，職工和職業保證稅等。各環區收入的教育稅，其種類比府更多，甚至有狗稅和游藝稅。

法國之學校系統　法國現行之學校系統，是由於第三次共和遺傳下來，其特質約有二點。第一，一切教育管理權操自中央，其原則於一八〇八年拿破崙時已經確立。第二，其初等教育，職業教育，和中等教育，在中央教育部行政上各有分司，甚至有多少職業學校，竟屬中央其他各部管理。在學制全體看來，是一種雙軌制，一軌是爲平民的，一軌是爲貴族的。前者由公立初等小學畢業後，可續入職業補習學校，低級職業學校，高級小學校，或小學補充班，以上升入師範學校，或中級職業學校。後者由中等預備班逕入中學，後入大學。兩途互相隔離。其形式可繪圖如下。

兒童二歲至六歲，入母親學校，六歲後卽入初等小學。大約每環區設有小學一所。若人民數目超過五百，當設一女子小學。若有學齡兒童二十人以上，卽有設小學之必要。小學數目之多寡及其位置，由府議會決定，決定後卽命令區議會執行。法國兒童多數入母親學校和幼兒學校，惟鄉村區域雖在義務教育時期，兒童入學之百分比也

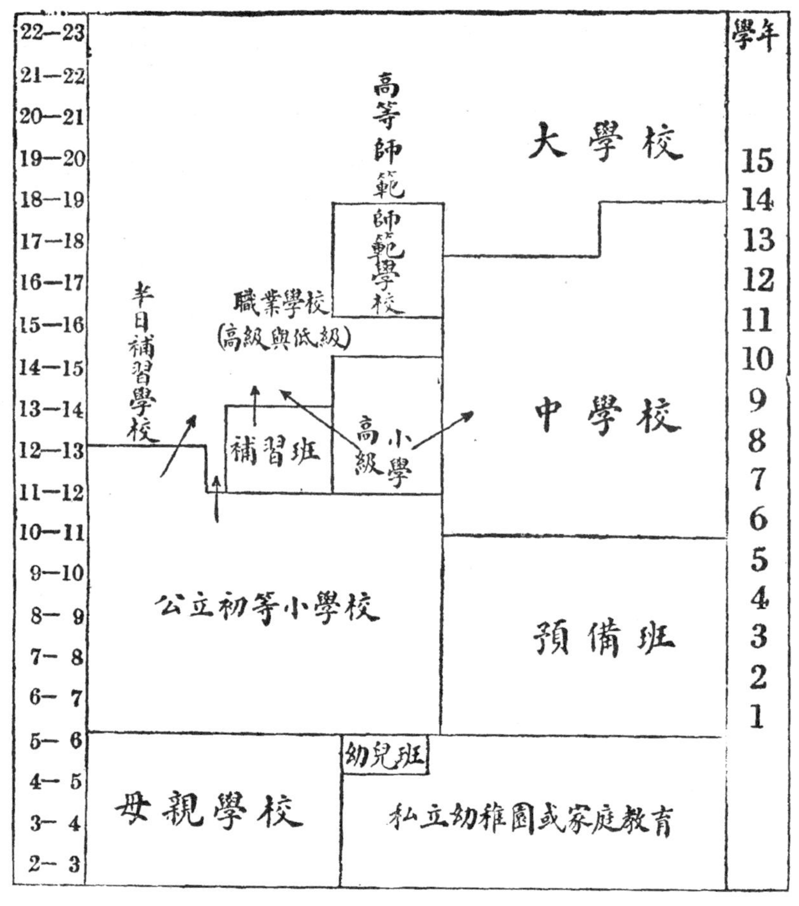

不甚高。一則因鄉人常遣兒童作工，二則兒童十二歲時，有一種考試，若能及格則繼續入學與否，可以自由。有一小部份學生讀至十或十一歲時，轉入中等學校。大多數小學生讀完小學後，是入補習班，補習學校，或高級小學，門路甚多，任兒童選擇。

原來法國的公立教育，是不許教授宗教的。惟禮拜四通常學校無課，學生得入教堂聽講，惟阿爾賽斯與羅蘭 (Alsace-Lorraine) 兩省，情形迥異。蓋此兩省新由德國收回，其初等教育仍組織於宗教基礎之上，有天主教、新教和猶太教師範學校多爲天主教和新教徒所設立。招收的學生，都是該派的信徒。

至若各級學校發達的情形，當於下文分節敘述。

第三節　幼稚教育與小學教育

法國的初等教育，範圍較廣；下則包括幼稚教育，上則包括高級小學，其中又有全時之補習班，供給一年或二年課程，其程度與高級小學相等。注重法國的文化訓練，以發達兒童的理想力，使兒童得領略一種人文主義的精神，和普通法國公民應有的常識。茲將其各種小學教育之機關，分別敘述如左（小學教育也包括男女師範學校，此點於論師範教育一節再述。）

幼稚教育　法國幼稚教育之機關，一爲母親學校，（Le'cole maternelle）二爲幼兒班，（Classe enfantine）前者是根據一八三七年的章程而設立，其目的是供給未達到受強迫教育年齡的兒童一種教育上的需要。至一八八六年十月三十日的法律，既將母親學校和幼兒班併入公立學校系統之內。明年一月，政府又規定其工作和組織，以是幼稚教育的規模，從茲確定。兒童入學是自由的，比小學的強迫教育不同。各地方可自由設校，幷能受國家之補助，但若人口未滿二千的地方，則於小學校附設幼兒班，其作用與母親學校相類似。一九二七年政府頒佈母親學校的詳細規程，其組織設備，均有規定。在設備方面，須有招待室、教室、休憩室、遊戲運動場、廚房、藥櫥、斗篷室、洗面盆、帆布床、可移動的檯椅，和其他教學或休憩活動器具，如玩物、沙礫、貨車、兩輪車、跳繩、球子、剪紙、剪刀、羊毛、棉花、磚泥、木棍、圖畫、粉筆、石板等，使兒童在學校裏邊得盡量享受快樂的生活。然而規程是一事，能否如意照行，尙屬問題。試看三十年來的歷史，就知他們在辦理上，並未曾著若何成績。一則因兒童的父母，以爲兒童入學是以讀書寫字爲主，其他活動，絕不獎勵。二則因教師缺乏專門的訓練，教學方法，不甚得宜。三則視察母親學校者，多是小學視學員，並非專家，不能給予適宜的指導。近幾年來經過教育當局的努力，此種缺點漸次除去。

兒童二歲至六歲，是入母親學校，入學時須有醫生憑證，入學後每月有醫生檢查一次，預防疾病之發生。且有女子做醫生助手，注意着兒童的清潔。此外有女視學員年紀在二十五歲以上，至少有中小學五年教學的經驗，且曾經試驗及格者。即其校長教師都須具有特殊的資格與經驗，並非通常人可能勝任。

母親學校招收學生，以一百五十八爲度。若再多五十八，則須加聘一助理校長。每級學生以二十五人爲度，按其聰明程度與年齡分爲兩組。普通以五歲前爲一組，五歲後爲一組。其課程包括下列幾點：(一)身體運動，有呼吸運動，遊戲和唱遊。(二)感覺練習，有手工與圖畫。(三)觀察實物的練習。(四)發展道德習慣的練習。(五)方言與背誦的練習。(六)練習讀書寫字與算術。根據一九三一年教育部所定的課程，各科目的時間分配，表列如下。

科目	時間
休憩與個人留意	五
唱遊	二
觀察與感官訓練	二

模型與繪圖	二
手工	二
唱歌與音樂	二
背誦與講故事	二
算術	二
方言講演與口語練習	一〇
總共	二九

近年來有一種新趨勢，就是減少學校工作與教學而趨重於遊戲和自由活動。受蒙台梭利（Montessori）的教育理想影響不少。注重自由、健康、幸福、快樂、活動、觀察和思想練習、道德和體力的發展，為這種新趨勢的特質。

小學教育　法國的小學教育開始於一八三三年。其時每環區應設一小學校，但非強迫的。然以進步遲緩，至一八六五年男子有百分之二六，女子百分之四四，尚不能簽字於結婚的憑證。及後義務教育之重要為一般人士所承認，至一八八二年乃通過強迫教育律，六歲至十三歲的兒童，必須入公立或私立學校讀書。若果在家中受父母教導，則第三年以後，必須經過一種考驗，由一委員會執行。這委員會是合一小學校視學員（或其代表）郡代表，和一受憑證而施考驗的人合組而成。凡未曾設有幼兒學校或幼兒班的地方，小學校得招收五歲兒童入學。

現在法國大多數兒童，都是入公立小學校，這類學校每環區都有設立。凡有居民五百以上的環區，則分設男女小學，非經特別允許，不能男女同校。小學教員之資格，必須有高級小學試驗及格的憑證，師範學校畢業試驗所得的憑證，和二年以上服務成績的憑證。男兒童由男教師去教，男女合班或女兒童班，由女教師去教。中間也有女教師去教授男兒童者。現在有許多公立小學，一間僅有一位教員者。凡有兩班學生以上之小學，必置一小學校長，以年齡二十一歲以上者爲合格。校長主教的班級，沒有一定，大約每週須教授四點鐘。若有學生三百以上的小學，校長可不任教學，專任監督和指導教員之責。自一九〇八年後，小學教師常組織教師會，以期促進教學的興趣和專業的精神。大約教師會在學期始末開會，凡學校內部組織，章程起草，學生訓育上的問題，教學各科的方法，圖書館之設置等，都有權去討論或處理。若對於行政上的問題有所議決，必須經當地小學視學員批准以後，纔能有效。

至若小學之目的和課程等，當分別敍述如下。

（一）小學之目的　小學之目的，是將歷代得着的眞理，保守着幷傳授下來，以光大人的良心，堅強人的判別力。普通來說，就是使學生們的德智體三方面，卻有均衡的發展。

（二）小學之課程　法國的小學課程，是由法律、勅令、和教育部的章程規定的。其編製時，雖視學員和最高教育會議得以參加意見，然實行的權責，舍教育部莫屬。現行的小學課程，在一八八七年已立了根底。經過一九二三年的修改，其內容稍爲簡單，並使各校教員稍有伸縮的餘地。對於兒童需要和地方生活比較注意。其組織在原則上，從六至七歲歸入預備部，七至九歲爲初級科，從九至十一歲爲中級科，從十一至十三歲爲高級科。各級每週上課時間均爲三十小時。其程序是逐漸誘導兒童由簡單到複雜，不專重記憶抽象的知識，也注重具體而有實用的學問。從預備部起，卽設下列各種科目：道德和公民教育、讀書與寫字、法文、算術與密達制（metric system）歷史與地理、(尤其法國的)實物課、科學初步、圖畫、唱歌、手工、(為男生而設多實用於農業)針工、(為女生而設)體育與兵操。除阿爾賽斯、羅蘭(Alsace-Lorraine)二地外,教學語言俱以法文為主。茲將其各科時間的分配列表如下:

科目		道德與公民教育	讀書	寫字	法文	歷史與地理	算術與幾何	物理與自然科學	圖畫	手工	音樂	體育	休憩	總數
預備班		1¼	10	5	2½		2½	1¼	1	1½	1¼	1¾	2	30
初級科	男	1¼	7	2½	5	2½	3½	1½	1	1	1	2	1¾	30
	女	1¼	6½	2½	5	2½	3½	1½	1	1½	1	2	1¾	30
中級科	男	1¼	3	1½	7½	3	4½	2½	1	1	1	2	1¾	30
	女	1¼	3	1½	7	3	4½	2	1	2	1	2	1¾	30
高級科	男	1½	2½	¾	7½	3	5	2½	1	1½	1	2	1¾	30
	女	1½	2½	¾	7	3	5	2½	1	2	1	2	1¾	30
總計	男	5¼	22½	9¾	22½	8½	15½	7¾	4	5	4¼	7¾	7¼	120
	女	5¼	22	9¾	21½	8½	15½	7¼	4	7	4¼	7¾	7¼	120

法國的教育理想，是注重學識的訓練。教員的職責是鼓勵幷指導兒童求點學識。新教育的原則，注重兒童自動自決和興趣，而法國小學卻有點相反。他們的課程組織，是注重複習，使學生溫故知新。試以歷史和地理課程做個例子，以見其餘。

地理科

初級科	第一年	鄉土方面	計劃	名詞學	亞細亞	澳大利亞	阿非利加	阿美利亞	歐洲各大國	溫習(一月)
	第二年	溫習(二個月)	亞非歐(一個月)	法國(六個月)	溫習(一個月)					
中級科	第一年	法國	自然的	工業的	溫習(一個月)					
	第二年	溫習(三個月)	法國(七個月)	法國—殖民地						
高級科	第一年	法國(八個月)	工業的	殖民地	歐洲	亞細亞	亞非利加	亞美利加	溫習(一個月)	法國
	第二年	歐洲	自然的	英帝國島	其他各國	亞細亞	法國及其屬地(五個月)		德國	

歷史科

初級科		中級科		高級科	
第一年	第二年	第一年	第二年	第一年	第二年
法國史至一四五三年	溫習(三個月)	溫習(一個月)	溫習(三個月)	溫習至一九一九	古代史、埃及、希臘、
溫習(一月)	法國史至一六一〇	法國史至一八一五	法國史一八一五至一九一八		猶太、羅馬、基督教、
	發明史、文藝史			再溫習(一月)	日耳曼人
	文藝復興宗教		溫習		
	溫習(一個月)				溫習法國史(七個月)
					法與英德關係溫習(一個月)

其他科目的組織，大概相彷彿，都是注重事實的、知識的、實用的。近年來鄉土的研究日見注意，除課室教學外，教員們常引導學生到校外去觀察，國家給予保護。若在星期四和星期日則遊歷自由，否則須得地方視學員的允許。

高級小學　初級小學畢業的學生，若不進中學或職業學校者，則入高級小學，學生年齡在十二歲以上，課程三年畢業。其設置是由地方教育行政當局決定，以適合各地的需要。其校長和教員必須有初級和高級師範學校畢業的憑證，或大學的學位。其助理教員，必須在中等或職業學校有三年的教學經驗。校長每週教學十小時。若有學生一百五十八以上，可免教學。教員每週教學二十小時，幷須五小時做指導學生的工作。至若高級小學男女學生的課程，可列表如下。

高級小學校男生課程

科目	普通科一年級	普通科二年級	普通科三年級	農科二年級	農科三年級	工科二年級	工科三年級	商科二年級	商科三年級
德育包括公民與經濟法律	1	1	1	1	1	1	1	1	1
法文	4	4	4	3	3	3	3	4	4
近代文	3	4	4	…	…	…	…	4	4
歷史	1	1	1	1	1	1	1	1	1
地理	1	1	1	1	1	1	1	1	1
數學	3	3	3	3	3	3	3	3	3
機械學	…	…	…	1	1	1	2	…	…
物理與化學	2	2	2	3	3	3	3	2	3
自然科學與衛生	1	1	1	1	1	1	1	1	1
工藝學	…	…	…	1	1	1	1	1	1
農學	…	…	…	2	2	…	…	…	…

藝術圖範	幾何圖樣	習字	速記術與打字	簿記	唱歌(一小時是自由的)	體育	商店實驗農事等	總數	必修的	自由的
2	1	1*	3*	…	2	2	4	31	26	5
2	1	…	…	…	2	2	4	28	27	1
2	1	…	…	…	2	2	4	28	27	1
…	1	…	…	1	2	2*	9	32	29	3
…	1	…	…	…	2	2*	9	31	28	3
2	3	…	…	…	2	2*	12	36	33	3
2	3	…	…	…	2	2*	12	37	34	3
…	…	…	3	3	2	2	1	29	30	1
…	…	…	3	3	2	2	1	30	30	1

表內有*者是自由的

高級小學校女生課程

科目		德育包括公民與經濟法律	法文
普通科	一年級	1	4
普通科	二年級	1	4
普通科	三年級	1	4
商科	二年級	1	4
商科	三年級	1	4
家政學科	二年級	1	3
家政學科	三年級	1	3

近代文	歷史	地理	數學	物理與化學	自然科學與衛生	工藝學	藝術圖範	幾何圖樣	習字	速記術與打字	簿記	家庭經濟學	唱歌(一小時自由)	體育	織衫、烹飪、家庭管理、小孩管理等	總數
3	1	1	3	2	1	:	2	1	1	3*	:	:	2	2	6	33
4	1	1	3	2	1	:	2	1	:	:	:	1	2	2	6	31
4	1	1	3	2	1	:	2	1	:	:	:	1	2	2	6	31
4	1	1	3	2	1	1	:	1	1	4	2	:	2	2	:	30
4	1	2	3	2	1	1	:	1	1	4	2	:	2	2	:	31
:	1	1	2	2	1	:	2	1	:	:	:	1	2	2	12	31
:	1	1	2	2	1	:	2	1	:	:	:	1	2	2	12	31

必修的	28	30	30	30	30	30	30
自由的	5	1	1	1	1	1	1

由此看來，男校和女校的課程，有許多不同。男校自二年級後分爲普通科和農工、商科共四科。女校則分普通科、商科、家政科、共三科。男校有商店、實驗農事園藝等，而女校則有織衫、烹飪、家庭管理、小孩管理等。男校有機械學，女校則有家庭經濟學。其課程富有彈性，以適應男女個性不同的需要。

高小的設備，普通有一個圖畫室、圖書室、實驗室、博物院、運動室、遊戲場和工店，以爲教學實驗之用。此外如工科則備有機器。農科則有農場。家政學則有實習的器具。且每校設有贊助委員會 (committee of patronage)，包括大學區校長、視學、初級視學、高小校長、縣長或市長、商會長、農會長、和其他。這種委員會的功用，是爲着學校出力，使學校和社會鈎通，以促校務的進步。委員們一年中參觀學校二次，幷有常務委員會爲組織課程的顧問。

高小與中學的性質不同，前者注重在實用，後者注重在學術。前者注重智識的獲得，後者注重智力的訓練。因有種種不同之點，兩校併合困難。卽學生轉學也是不易。法國的高級小學，其性質與英國的中央學校，德國的中學校 (mittelschule) 頗相類似。

全時補習班　凡不能設立高級小學的地方，則設有全時補習班 (cours complementaire)，供給一年或二年的課程。其學生入學資格與高級小學同。這補習班常由小學校附設，在同一小學校長監督之下，其工作由二位專門教員去分任。一是文科的，一是理科的。其科目與時間分配，可列表如下：

科目	第一年	第二年
德育(第一年)公民學(第二年)	1	1
法文	6	6
歷史	$1\frac{1}{2}$	$1\frac{1}{2}$
地理	$1\frac{1}{2}$	$1\frac{1}{2}$
數學	6	3
物質與自然科學	3	6
圖畫	3	3
手工	$3\frac{1}{2}$	$3\frac{1}{2}$
習字	$\frac{1}{2}$	$\frac{1}{2}$
唱歌	2	2
體育	2	2
總數	30	30

由此看來，補習班的科目比之高小簡單一些，其目的是於最短時間給學生以實用的智識。

(三)小學之教學法　法國小學之教學法，共分三步：第一步教員的講釋，第二步做問答式的討論，第三步則總束大意，以作簡單的結論。然後教兒童抄在練習簿內，穩穩地記憶着。試以教學健康一段示例如下：

(1)健康的價值，是無可比擬的。

(2)健康須能夠實用到人的身和心，方是眞正的完全的。

(3)凡人僅僅留心着他的身體，正相似做工的人僅注意身體，不顧及其他一樣。

(4)心（卽靈魂）的健康，可影響人的身體。

(5)凡有強壯的身體和靈魂的人，方是健全。

法國小學的教學法，注重抽象的結論，以此可見。其他如教學法文，其目的不在研究法國文學的美麗，而在用法文以保持全國的統一。教學歷史地理，專注意法國的過去與現在，與別國所發生的關係，以引起國人愛國的情感。他們教學各科，都有一定的目的，以振起他們的民族思想爲主。

(四)小學的考試　小學教育以畢業考試做個結束。此種考試於初級小學最後一學年之終，由各分區舉行。考試及格者，卽得初等小學證書。凡年齡十一歲者皆得與試。考試委員會由大學區校長委任，以初級視學員爲主席。其餘多是從事於初等教育的人員。內容分筆試與口試，筆試包括默寫、算術、作文，男生加試簡單幾何畫或關於農業問題，女子加試縫級。口試包括誦讀及論文解釋，幷歷史地理。至若高級小學之畢業考試，也由一普通考試委員會執行。這委員由大學區校長委任，包括大學區視學員一人，幷由初級視學員、中等學校、師範學校、高級小學教員中，選出五人。其筆試題目是由這委員會提出，交各學校的特別委員會去執行。筆試外復有口試，應試者年齡須達到十五歲。若筆試口試和實地試驗均能得中等分數，則由大學區校長發給高級小學校的證書。

(五)小學的行政　小學校的工作，是受着視學員的指導。小學的課程和教學法，都有章程規定。此外還有許多說明書，和每週出版的專門雜誌，對於教學的計劃和方法，也有詳細說及。視學員的職責，就是視察各校是否照章去辦理。每學生必備一練習簿，每月之始必將每科的工作記下。此外又備另一練習簿，記錄每日的工作。此兩種練習簿是學生的記錄，曾經教員改正，以備視學員和家長調查，以示學生學業的進步。即課本的選擇，考試的舉行，也是由視學員主持。

近年來小學改革之聲，甚囂塵上，其主要之點就是減輕學校的工作，極端的集權和整齊劃一的制度，曾有人作劇烈的評議。考試應當減輕，實驗學校應當創設，課本應當改良，也曾有人努力提倡。現時雖未曾見諸實行，然潮流所趨，自然有一番的革新，姑且拭目以看將來。

近三年來法國的幼稚學校與小學校的進步，可列表如下：

學校類別		一九二七至一九二八		一九二八至一九二九		一九二九至一九三〇	
		學校數	註册學生數	學校數	註册學生數	學校數	註册學生數
幼稚學校	公立的	三、〇九四	一四五、九一一	三、一一五	三四一、二二一	三、一四六	三三六、五八八
	私立的	五八三	三五、七七九	五六七	三三、四〇九	五四五	三二、六〇二
總數		三、六七七	三八一、六九〇	三、六七九	三四七、六三〇	三、六九一	三六九、一九〇
小學校	公立的	六八、二五七	三、一三九、〇二四	六八、三二一	三、三〇三、六六〇	六八、四三七	三、五一五、一二三
	私立的	一一、八八九	七七二、三三〇	一一、八〇六	七九五、五八八	一一、七八七	八四三、七六四
總數		八〇、一四六	三、九一一、三五四	八〇、一一八	四、〇九九、二四八	八〇、二二四	四、三五八、八八七

在一九二九年十一月十五日，男高級小學校有三〇八所，女有二二三所。男學生有三七、七一二八。女學生三八、三二八八。可見高級小學男女兒童的數目，相差不遠。

第四節　中學教育與高等教育

中等教育　法國中等教育之機關，共有兩種：一爲 lycées 卽國立中學。一爲 collèges 卽市立中學。前者於一八〇二年開始創設。一八〇六年通過議案，設立國家教育行政制度，二年後國立中學直接受帝國大學(Imperial University)管理，卽市立中學及其他私立中學，亦受該大學指導或視察。國立中學的教科，於一八〇九年規定。市立中學則於一八一二年規定。皆注重古文學，與現代社會太不接近。至一八二九年後，課程漸次改變，注意於自然科學和近代文學。一九二一年，教育部長巴拉氏(Berard)曾試行拉丁文必修四年，希臘文必修二年的制度。後因內閣變更，此案取消。現行的中等學校制度，可分述之如後。

(一)中等學校之類別　法國的中等教育，是專指以實施文化陶冶，準備高深學術研究的中學校。此外如中學程度的高等小學，職業學校，和初級師範等，雖與中學校平行，並未曾包括在內，所以法國的中等學校，僅指國立中學和市立中學兩種。前者的建設費和維持費，完全由國家擔負。後者是由市立，經過教育部長之批准，以爲該地方確有設立中學的能力與必要，卽可興辦。自一九二五年後，凡市欲設中學者，必與政府立約，具有維持學校十年的能力。現在市立中學的經費，由國家和地方擔負。大約教員和學生指導員的薪水，由國家供給。校舍和設備費，則由地方供給。普通國立中學教員程度較高，薪俸較優。

(二)中學之組織　法國之國立和市立（或公立）中學，其修業期限皆爲七年，班級的名稱極其倒置。如sicieme 謂第六學級，即第一年級。cinquieme 謂第五學級，即第二年級。quatrieme 謂第四學級，即第三年級。trosieme 謂第三學級，即第四年級。seconde 謂第二學級，即第五年級。Premiere 謂第一學級，即第六年級。每級修業期間以一年爲限。修完第六年級後，即可受學士考試。至若中學校下面則設有四學級的初等部，前兩級稱預備部，後兩級稱初級班，皆與小學平行，所以法國學制顯然是雙軌制。一九二四年九月二十九日，教育部下令所有中學預備班，一概與小學相當學級混合，不納費的學生亦允許入學。至若中學校原來是要學生納費的，惟自一九三〇年起，中學一年級准免學費。其趨勢將至其他各級亦漸豁免。或凡貧寒而聰明的學生，則有獎學金制度。其獎額在一九一三年爲三百萬佛郎，至一九三一年增至五一、六一六、六六六佛郎。至一九三二年五七、六四五、六六六佛郎。（爲中等學校，高級小學，和工藝學校。）此種廢除預備班，免收學費，和增加獎學金的運動，皆足證明法國教育制度漸有平民化的趨向。

(三)中學之招生　中學校招生的章程，頗不一定。凡學生讀完中學的預備班者，自然升入中學一年級。其得獎學金者，又可插入二年級。得有初級小學畢業證書者，則插入中學第一年或第二年。其他學生且可准入低級班試讀，然後由教員看其成績而決定班級。

中學是男女分校的，但男生在某種情形之下，得進女校的預備部。至一九三〇年凡地方上未設女子中學者，女生得入男子中學校。但普通有二百學生以上的男中學，就不招收女生。若地方上有若干女學生，又未足以成立一市立中學，則可設立一中學班，以為將來擴充為女子中學校的準備。根據一九三〇年教育部的通告，男子中學得招收女學生，以五十八為度。若超過此數，則當設女子分校。

(四)中學之行政　每個國立中學或市立中學，都設有一個行政部(Administrative Board)。在國立中學，這行政部包括有大學區校長、大學區視學員、府長、市長、校長、會計、教職員代表、學生家長代表、同學會代表等。若在市立中學，更加有地方公共衛生局代表和農工商會代表。每個行政部一年開會四次，其職責是籌劃學校經費，設置相當課程，以適應地方上的需要，派員偕同大學區視學員和校長去參觀學校，幷每季做一次報告。

此外還有學校的同學會和協進委員會，其功用是設立獎學金和獎品，以促進學生們的福利，幷為學生離校後的顧問。

為改進教學起見，還有二個會議：其一是各級教員會，一年開會四次，其目的是討論該級工作上的聯絡，以減輕學生的過勞。其二是各科教員會，聯合教同一科目或有關係的科目的教員而成。每年的始末開會討論關於教材和教學法的聯絡，以免教學上的重複。

(五)中學之課程　現在國立和市立中學的男女生課程，是以一九二五年規定的章程為根據。大約前六年注重普通科目的訓練，前四年之拉丁文和近代文，可自由選擇其一。第三年則有希臘文。凡選過拉丁文的學生，可以自由選讀第五六年甲組的古文拉丁文和近代文，乙組的近代文是選修的。本課程的目的，普通說來，就是預防專門太早，而授以普通的文學和科學。其要點就是將中學課程分為AB兩組，兩組共通科目為法文、史地、數學、理化、現代外國語等。A組學生加習拉丁文與希臘文。B組學生則加多法文，幷加習第二外國語。在一九二六年七月，由最高教育會議，議決在第四第三兩級，在A組之旁加增A1組，增加拉丁文時數，去代替希臘文，各組教學工作如何聯絡，各級教員會時有討論。在中學校最後一年，學生通過第一部學士(baccalauréat)考試以後，方始做專門的研究。專門哲學科或數學科，至第七年之末有第二部學士考試，及格後即可受競爭考試而入大學。

茲將一九三一年法國男子中學各科目的時間分配，列表如下。

班級	科目	法文	拉丁文	希臘文	歷史	地理	近代文	數學	自然科學
第六學級	普通	4	2		1½	1	3	2	1½
	A組	2	6						
	B組	3	2				3		
第五學級	普通	4			1½	1	3	2	1½
	A組		6						
	B組	3					3		
第四學級	普通	3				3½	3	3	1
	A組		5	3					
	A1組	2	6						
	B組	4					4		
第三學級	普通	4			2	1	3	3	1
	A組		4	3					
	A1組	1	6						
	B組	2½				½	4		
第二學級	普通	3			2	1	1½	4	
	A組		3½	4					
	A1組		5				2		
	B組	1					6		
第一學級	普通	3½				3½	1½	3½	
	A組		4	3½					
	A1組		5				2		
	B組	1					6		

物理與化學	圖畫	藝術	總數	各組的總數
	2		15	21
			6	
			6	
	2		15	21
			6	
			6	
	$1\frac{1}{2}$		15	23
			8	
			8	
			8	
	1	$\frac{1}{2}$	$15\frac{1}{2}$	$22\frac{1}{2}$
			7	
			7	
			7	
3			$14\frac{1}{2}$	$22\frac{1}{2}$
			$7\frac{1}{2}$	
		$\frac{1}{2}$	$7\frac{1}{2}$	
		$\frac{1}{2}$	$7\frac{1}{2}$	
4			16	$23\frac{1}{2}$
			$7\frac{1}{2}$	
		$\frac{1}{2}$	$7\frac{1}{2}$	
		$\frac{1}{2}$	$7\frac{1}{2}$	

科目	哲學	歷史	地理	文學研究	近代文學	數學	物理與化學	自然科學	總數
哲學科	$8\frac{1}{2}$	$2\frac{1}{2}$	1	2	2	$1\frac{1}{2}$	4	2	24
數學科	3	2	1		2	9	$5\frac{1}{2}$	$2\frac{1}{2}$	25

中學課程的規定，是由教育部與最高教育會議磋商。最近的趨勢是將教部規定的課程當作建議，給教員們

以相當的自由，准各校作通盤的規劃。惟有二個原則，教員們必須遵守：其一無論其科目爲文學，或爲科學，法文必須通順。其二關於文學科目，必須能養成文學的興趣與嗜好。最近的改革，是將課程的分量略事減少，重熟習而不力求詳盡，以求減輕學生學習上的負擔。

（六）中學之教學法　凡研究法國中學課程的人，總覺得法人注重研究詳細的事實。我們隨時參觀法國的教學，都可發生這樣的感觸。有許多中學教員要學生默寫綱要的。在低年級平常教學全由教員講演。較進步的教員，則教學生以讀書方法，使能自由研究。然則法國中學校的教學法，是注重分量的解釋的。其目的是教學生以批評的眼光去讀書，以發達智力上的好奇心與活動。對於課本並不十分注意。甚至有許多教員用自己的講演和摘要，去代替課本。他們看到課本，不過作爲一種參考材料罷了。

（七）中學之考試　法國中學畢業，授與學士（baccalauréat）文憑。此種考試名爲學士考試。欲獲得學士，須經過二次考試。第一試於修畢第一學級時舉行，再隔一年修畢哲學科或數學科時，則舉行第二試。每次考試須付五十佛郎。考試時間，每年舉行二次。第一次在六月二十五日左右，第二次在十月十五日左右。若第一次考試落第，得於第二次再受試驗。此種考試均由各該中學所屬之大學區，或教育部長指定的城鎮舉行。主持考試的委員會，包括大學教授和中學教授各若干人。由文科或理科主任或大學區校長去選委。其用意在於勿使各中學自行考試，以至作弊。考試分筆試和口試。筆試題目，是由教育部或大學的文理科主任擬定，題數甚多。在相當範圍內准學生選擇。筆試落第者，則不許口試。考試分數，由零而至二十，以十分爲及格，（評總分數時，平時成績也須加入）

十二分爲滿意，十四分爲優勝，十六分爲最優，其考試科目則各組不同，試舉例如下。

第一次考試　筆試

A組　法語作文　翻譯希臘文和拉丁文、數學和物理問題。

A^1組　法語作文　翻譯拉丁文、近代外國語、數學和物理問題。

B組　法語作文　二種近代外國語考試、數學和物理問題。

至若口試則如下

A組　課本的解釋，有法文、拉丁文、希臘文、和一種近代外國語。又有歷史、地理、數學、和物質科學的問答。

A^1組　課本的解釋，有法文、拉丁文、和一種近代外國文。幷有歷史、地理、數學和物質科學的問答。

B組　課本的解釋，有法文和近代外國文。幷有歷史、地理、數學、和物質科學的問答。

第二次考試

哲學科

筆試有哲學論文與物質和自然科學的問題。　口試有哲學文學研究、歷史、地理、數學、宇宙學、物質和自然科學、幷一種近代外國語的問答。

數學科

筆試有數學、物質科學的問題、和哲學論文。　口試有數學、物質和自然科學、哲學、歷史、地理、和一種近代

外國語的問答。

通過第一次考試者，得升入哲學班或數學班，準備第二試。第二試及格，即給學士文憑。此文憑爲研究法律、醫學、及神學所必備。即投考各種軍事學校和高等專門學校，亦具有相當的功用。又投考行政職務如海關、郵電、稅務等，亦非有這項文憑不可。

中學之學士考試，欲得及格，頗不容易。茲將一九二九年五月第一和第二次考試結果，作下列的表。

第一次考試

組別	A	A_1	B
報名考試者	3,325	6,387	4,580
受試者	3,299	6,302	4,507
筆試落第者	1,736	3,682	2,674
考試後落第者	341	437	446
及格者	1,222	2,183	1,387
及格之百分數	37	346	307
分數等第	A	A_1	B
優	1	6	

優等	53	73	45
平常	297	584	342
及格	871	1,540	1,000
受試者總數	14,108人		
及格者總數	5,792人		
及格者百分數	40·05		

第二次考試

組別	哲學科	數學科
報名考試者	13,929	6,009
受試者	13,816	5,915
筆試落第者	5,466	2,109
口試後落第者	1,677	687
及格者	6,653	3,119
及格者百分數	48·1	52·7
分數等第	哲學科	數學科

最優	18	8
優等	221	163
平常	1,559	835
及格	4,855	2,113
受試者總數	19,731人	
及格者總數	7,575人	
及格百分數	38·4	

由此看來投考人數，及格者不及百分之五十，可見這種考試有極大的選擇作用了。

(八)女子的中等教育　法國女中之設立，始於一八八〇年。惟女子有學士學位，是在一九〇〇年以後。到了現在女子中等教育之機關，大別有三：(一)女子中等科，爲市立或私立，爲一種尚未完成之公立中學。(二)市立女子中學校，其管理、財政、人員等等均與男子市立中學無異。(三)爲國立女子中學校，一切與男子國立中學相類。惟男子年限是七年，女子則祇有五年。且男子中學是受古典文字之束縛，而女中則否。因女中成立在歷史上較遲，受古典束縛輕，而受近代之影響較大。女中之主要教科爲：法語及文學、現代語、數學、物理、化學、自然科學、歷史、地理、圖畫、針工、音樂及體操，讀完課程時，給予畢業證書。但自一九二四年後，另設有課程較爲豐富之六年科，而達到學士考試。一九二五年七月十日的命令，則男子中等學校的課程，可適用於女子，惟各科教學時間有點改變，以適應特別的需要。

最近三年來男女中學學生數的進步可列表如下：

(A)男子中學

公立機關	一九二八		一九二九		一九三〇	
	學校數	學生數	學校數	學生數	學校數	學生數
國立中學	一二五	七六、〇三八	一三五	七八、二一四	一二五	八三、七六四
市立中學	二三五	三九、六四五	二三五	四一、〇九七	二三六	四四、五三七

(B)女子中學

機關	一九二八		一九二九		一九三〇	
	學校數	學生數	學校數	學生數	學校數	學生數
國立中學	七二	三三、五六三	七二	三四、七〇七	七二	三七、一九八
市立中學	九四	一五、一九二	九五	一五、四五〇	九七	一七、四四六
中學班	三九	四、七四八	三八	四、六三七	三六	四、六九五
總數	二〇五	五三、五〇五	二〇五	五四、七八八	二〇五	五九、三三九

此外當附帶說明者，即中學之奬學金制。近年來在國立和市立中學學生得全部或半部免費者，數目不少。在一九二五年中學生受資助者計有二〇、〇一七人。此種補助金國庫負擔者居多。其中有由府或市供給者，不特免除學費，且免除住宿及照料費。欲得此種免費額，必須經過競爭考試。

高等教育　法國分十七個大學區，每區有國立大學一所。其校長為一校的領袖，同時為該區教育行政之首領。各大學設有五科或四科，即法學科、醫學科、文學科、理學科。也有設三科者，為法、理、文科，並附設醫藥專校，亦有僅設二科者，即文科和理科。學生畢業年期，若入文理科大約二年，法科大約三年可得碩士（licence）學位，再加讀二年，可得博士學位。茲將其各種學位制度，略述如下：

碩士學位　欲取法國的碩士學位，其辦法各科不同。法學碩士，由大學法科頒給。須合下列三個條件（一）須先有學士文憑，或由教育部取得相當資格證明書。（二）在法國大學肄業三年。（三）筆試口試俱及格。其考試分三期舉行：第一期在修滿第一年之末，第二期在第二年之末，第三期在第三年之末。三次考試及格，則得法學碩士。理學碩士由理科發給，其文憑分二種。一種享有國立各種中等學校教授數學及科學之權。另一種則否。文學碩士也是這樣。一種沒有教書權的。一種享有這種特權的。此外還有一種專門研究及格證，凡取得碩士資格者，可作進一步的投考。投考人於考試三個月前，在公布的題目中，選擇與自己宗旨相近的，做論文一篇。經考選委員會通過，並經一次口試及格，即可取得。

博士學位(doctorat)　法國大學有二種博士，即國家博士與大學博士。第一種博士以教育部代表國家名義頒給，同時授與文官職務上及專門職業上一定特權，第二種則無此種職業的特權，大約都是為外國人給的。外國人欲得國家博士者，亦可照章應試，惟極不易得。法學博士須提出兩物，即印好的論文一篇，經考試委員會審查通過，及大學法科取得專門研究及格證。醫學博士則須在得學士文憑後，在大學五年，經五次年考及格，并論文一篇，經考試委員會通過。此外還有理學博士，文學博士，皆須有碩士文憑，并有合格通過的論文。

國家會試(agregation)　國家會試，是一種學位考試。會試及第，具一種最高價值，有受任國家職務的資格。這個考試以全國爲範圍，每年在首都舉行一次。主試者是教育部指派的專門委員會，投考人士須曾經取得碩士學位者，方准參與。這種會試及第的文憑，其價值是至高無上的，引進人渡進政界的津樑。法國自第三共和成立後，幾乎每次內閣，都有一個會試及第的人做閣員。法國大學文科和理科的教授，通常都有雙重資格，一爲博士學位，二爲國家會試及第文憑，所以會試及第的人，是大家都尊敬的。

法國大學的行政機關，一則管理本大學，同時管理大學區內一切高等教育機關及中學。大學校長由總統任命，各科科長及評議會議員，由教授推選，呈教育部轉請總統任命，教授有正教授副教授，由評議會提出，經最高教育會議決定，正教授由教育部呈請總統任命。其他如教員講員及助教，則不必經過此種手續。

法國十七間大學的名字，學生數和各科的人數，據一九三〇年的調查，可列表如下：

大學名稱	學生數
Aix-Marseilles(1409)	2,788
Algiers	2,014
Besancon(1485)	2,916
Bordeauz(1441)	3,933

Caen(1432)	1,363
Clermont-Ferrand	1,044
Dijon(1722)	1,207
Grenoble(1339)	2,927
Lille(1530)	3,260
Lyon(1808)	4,658
Montpellier(1125)	3,781
Nancy(1572)	4,003
Paris(1150)	29,851
Poitiers(1431)	2,115
Rennes(1735)	2,734
Strasbourg(1567)	3,019
Toulouse(1230)	3,993
總數	73,601

年期	1928	1929	1930
科別	國立大學	國立大學	國立大學
法·科	17,502	17,381	19,586

醫科	13,853	14,574	16,246
科學	14,203	14,690	15,286
文學	13,912	15,060	16,928
製藥學	4,793	4,755	5,232
神學	268	301	323
總數	64,531	66,761	73,601

由此看來法國有經過八百餘年的大學，其歷史算是很長。學生之多，以巴黎大學爲最。專科人數之多，以法科爲最。

此外尙有高等師範學校，以造就中等學校師資爲目的。又有東方語言專門學校，實用高等學校，典籍學校，修業期均三年。

第五節　師範教育與職業教育

師範教育　法國的師範制度，在歐洲算資格很老。在一七九四年黎加惱（Lakanal）的報告，已有設立師範學校培養小學師資的獻議，一八一一年在斯臬時巴（Strasbourg）卽有師範學校之設立。一八七九年規定每府必須設立師範學校二所：一爲男校，一爲女校。至一八八一年師範學校的課程，漸漸規定。到了現在共有師範學校八十八所。

(1)師範學校之組織　法國之師範學校，修業期爲三年，仍在小學系統以內。蓋學生畢業於小學後，即入一補習班，或一高級小學。至十五歲，可進入師範學校。師範學校每年招生一次，其名額由教育部長規定。學生入學時，須簽畢業後服務公立小學十年之條約，不履行時，政府得令其賠償在校時的費用。學生皆是駐校，但也有一部份通學生。在行政上是受大學區校長和視學員指揮。每校設立行政部(administrative board)由大學區視學員一人，大學區校長委任者四人，府議會委任者二人，合組而成。其功用是討論管理問題，編製預算表，參觀學校，編製年報等。校內行政，由指導員(director)財務員和教授會去管理。

(2)師範學校之師資　師範學校師資的來源，大約有二：一爲從事辦理小學教育多年富有經驗者。一爲由高等初級師範學校(higher primary normal school)畢業而得任命者。此高等初級師範，專爲養成師範學校的師資，誠法國師範學制中的特點。此種高等初級師範學校，全國僅有二所。

(3)師範學校之招生　師範學校招生，常有嚴格的口試。大約國內各府所要聘請的教員額，由府議會報告府長，再由府長報告大學區校長而至教育部長。然後教部根據這種報告以定招生名額的限度。投考者必須法國人，行爲端正，身體強壯，年齡在十五與十九歲之間。投考時有口試與筆試。筆試及格，方准口試。名列前茅者，可得入學獎勵金。此種入學考試，並不容易。茲將五年來男女學生投考人數，及得取錄者，列表如下：

年期	男		女	
	投考者	取錄者	投考者	取錄者
一九二七	四、七〇〇	一、七八七	六、六五九	一、九一一
一九二八	五、三七五	一、八六四	六、五九〇	一、九八六
一九二九	六、一〇一	一、九六七	七、一九八	二、一〇四
一九三〇	七、〇四八	二、一二五	八、〇一一	二、一八二
一九三一	六、三二七	二、一六三	七、三二一	二、一七六

由此看來投考獲取錄者，大約僅佔三分之一。歷年來女生投考和得取錄的人數，均比男生多。女子職業適宜於教育，於此也可見一斑。

(4)師範學校之課程　最新的師範課程，是一九二〇年八月十八日所規定，使師範學校有明顯的目標，師範生有專業的準備，比之從前迥不相同。師範學校的工作，比之高級小學有兩個異點：一則高級小學完全注意智識的獲得，而師範則否。二則師範學校是供給學生研究學問的方法，及其材料。因此教學注重活動，并利用一切自然環境以研究科學。其科目及其時間分配可列表如下：

科目	第一年		第二年		第三年		總數	
	男	女	男	女	男	女	男	女
教育心理學與社會學、教育、倫理學、科學的哲學	2	2	2	2	2	2	6	6

科目								
法語與法文學	4	4	4	4	4	4	12	12
歷史與地理	3	3	3	3	$2\frac{1}{2}$	$2\frac{1}{2}$	$8\frac{1}{2}$	$8\frac{1}{2}$
近代外國語	2	2	2	2	2	2	6	6
數學	3	3	3	3	2	1	8	7
物質與自然科學、衛生實驗、女子則加家庭經濟	4	4	4	4	4	5	12	13
農業理論	…	…	1	…	1	…	2	…
繪畫與模型	2	2	2	2	2	2	6	6
幾何畫	1	1	1	1	1	1	3	3
唱歌	2	2	2	2	2	2	6	6
體育	2	2	2	2	2	2	6	6
手工與農業	4	4	4	4	4	4	12	12
總數	29	29	29	$28\frac{1}{2}$	$27\frac{1}{2}$	$27\frac{1}{2}$	$87\frac{1}{2}$	$85\frac{1}{2}$

由前表看來，男女師範學校之課程，幾乎完全相同。其不同點，不過限於家事及幼兒保育之訓練方面。表內的科目，教育是包括原理，方法，課室管理。在第一年級讀特殊方法。在第二年級讀學校行政與組織。在第三年級讀教育社會學，是包括社會經濟組織，家庭在社會上的地位，和學校與兒童的關係，公民學，宗教藝術等。此外師範學生還有教學觀察與實習。

(5)師範學校之實習　每個師範學校，總有實習學校與之聯絡。若女子師範，則有母親學校與幼兒學校。學生們在求學三年時間中，每年總要有五十個半天（共二十五天）做實習。第一年則觀察與報告。第二年則觀察與教學實習，受指導員和教授指導。最後一年則自己做獨立的教學，每禮拜開會一次，在教授指導之下，討論一切教學上的問題。

(6)師範學校的考試　每年之末，學校給學生以考試。不及格者則重修或退學，每一次考試作爲高級證書(brevet superieur)考試的一部份，此種考試縱不是師範學校學生，如得有初級證書(brevet elementaire)，高級小學證書，或既通過學士考試第一部者，均得應考。考試分筆試與口試，根據該年師範學校學生所做的工作。校外學生欲赴考者，可一次考完，抑或分爲二次。試舉一九二六年的考試結果，以備參考。

學生類別	考試人數	及格人數	及格百分數
本校學生			
男生	一、九五三	一、六九六	八六・三
女生	二、〇一六	一、八六一	九二・三
校外學生			
男生	一八三	八七	四七・五
女生	一、一一一	六八九	六二・〇

這樣看來，女生考試及格者多於男生。本校學生及格者多於校外學生。因考試是根據校內課程，無怪其然。

最近師範教育之趨勢，就是師範學校課程之加重，尤其社會學之增設，以提高師範生的普通智識。

(7)教育之地位與待遇　法國的小學教師地位頗高，在環區中人目爲最有教育之人。在大城市中則看其資格之高低而定。教員一經任用，其位置卽是永久。若非行爲太過不法，或職業的不勝任，斷無革職或停職等事。凡革職之教員，須由大學區視學員會同府議會與府長斟酌辦理。關於該教員的一切案件，須交付教育部長和最高教育會議去審查。至若教員薪水之額度，國家既有規定，惟因生活程度之改變，佛郞價格之高低，以至薪水定額常有更改。大約教員薪額與其所任教的班級和城市大有關係。班級高，城市大，則薪水較高。

中學教員之現況　在一九二〇年前，凡得文學碩士和理學碩士的人，都有做中學教員之資格。至一九二〇年後文學和理學碩士，都分做兩種，一種是沒有教書特權的，叫做 licence bibre。一種是享有中等學校教書特權的，叫做 licence d'enseignement。凡欲預備在中學教授的科目，在文憑上已有說明。欲得這種學位，必在大學肄業四個學期。其中有兩學期，在國外的大學去修習。每學期之末都有考試，筆試與口試，皆能及格，卽給文憑。此種文憑有好幾種：如教學哲學的，有哲學通史的文憑，心理學文憑，論理學及普通哲學文憑，倫理學及社會學文憑。教學文學者，有希臘文研究文憑，拉丁文研究文憑，法文學研究文憑等。此外又有教學歷史地理文憑，近代文學文憑等等。卽理學亦然。也有教學各種自然科學的文憑。又有一種文憑，叫做能力文憑(certificates of aptitude)，考試者必須有學士學位，每年有一次競爭考試。取錄名額，由教部按照教員缺額而定。現在這種能力文憑，僅有教學近代外國語的給予男子。有教學文科理科的，給予女子到女校做教學工作。再上則有國家會試 (agregation)

(又謂爲專門憑證考試。)及格者得爲國立中學教員，會試期限也每年一試。選取名額看各科需要的教員數目而定。在一九二七年最高教育會議議決女子也得如男子一樣會試，及格者得爲女中教員，經過這種考試及格是有最高的資格。

至若中學教員之訓練機關，大約有二。一爲巴黎大學之一院，內設文理二科，其教職員多由大學教授兼教，修業期限爲三年，第一年爲預備碩士考試之課程，第二年頗重教育學科之研究，第三年則爲專門憑證考試(agregation)的準備，故對專業極其注重。一爲 Seves 女子高等師範，其大致與巴黎高等師範同，惟在第二年之末，有女中教師證書考試，不及格者不能留校作第三年研究。最後一年亦注重實際訓練以備專門憑證的考試。

法國的師範教育，有幾個特點。一爲中小教師所受的教育，是截然分開，因小學教師所受之教育，在小學系統之內另成一軌。二爲師範訓練與學習程序，皆由國家規定。三爲教師經歷，各種考試非常嚴密。

職業教育　法國在中古時代對於徒弟制度，非常重視。自一七八八年孟德耳工藝學校(School of Arts and Crafts of Montagne)成立以後，職業教育漸漸興起。一八八八年規定職業教育受商部和教育部共同管理，其結果則互相牽制，辦事遲緩。到一八九二年歸於商部管理。一九二〇年又由商部歸到教育部管理。在教育部設職業教育司，並於一九二九年設立參議機關，爲最高職業教育會議。

法國職業教育之機關，可分述如左：

(一)高級小學　高級小學分農、工、商等科，雖其職業訓練，非專業性質，然其課程是帶職業之陶冶，上面論小學教育已有詳細說及。

（二）半時間之職業補習科　凡既在工商業界任職的人，而欲一部份時間補習職業智識，可入職業補習科。此科設於各里區者，由府委員會決定各工廠或商店也得自設，招收十八歲以下的少年，求學三年，每週至少四小時，每年至少一百小時。最多每週八小時，每年二百小時，修畢學程者，可得職業證書。

（三）全時間的職業學校　全時間的初級職業教育機關，爲實用工商學校，由府或市設立，或數府市合設，修業三年，招收十二歲生徒，授以工商業雇員所需之學識。此類學校之組織，富於伸縮性，以適應地方之需要爲原則。政府僅監督其建築計劃及予以半數以下之補助。修畢此學程者，給予實用工業或商業證書。

（四）國立職業學校　此種學校程度較高，以訓練各種實業之工頭、工廠管理員、視察員等爲目的。入學年齡須在十三歲以上，修業期間四年。同時他們亦得預備升入國立工藝學校及其他工業學校，其肄業期間得減爲三年。以下八所爲國立職業學校直轄於中央。

1. Armentrires(1882)　2. Epinal(1918)　3. Lyons(1925)　4. Nautes(1898)　5. Saint Etienne(1925)　6. Vieerzon(1887)　7. Voiron(1882)　8. Besancon and cluses

（五）高等職業學校　爲完成職業教育之工作，須有高等職業教育之設施，以是有高等商業學校，國立工藝學院等高等商業學校，入學年齡至少十五歲，並經過入學考試，修業期間至少二年。此校以養成普通商業出口、商業銀行、實業機關等高級僱員及經理爲目的。國立工藝學院，是設在巴黎，入學程度須有中學畢業或同等程度。年齡在十七歲以上，修業期三年，以造就工程師及實業界領袖人材爲目的。此外還有職業師資訓練機關，名爲職業師範學校。校址設於巴黎，專以造就各類各級職業師資爲目的，惟其造成人材有限，故師資訓練仍靠着國立工藝學院，和高等商業學校等。

第六節　成人教育

法國的成人教育，是包括一切補習教育和青年教育。這些青年於小學畢業後，年齡在十三歲以上，其時強迫的義務教育已經停止，又不再入國立中學，市立中學，高級小學，專門學校去讀書。以是施以一種成人教育，含有普通教育與職業教育氣味。成人教育之機關有下列幾種：

(1)由學校和團體所辦的補習課程

(a)各公立小學所辦的補習課程　此種補習課程，由小學教師編製，但須經大學區視學員認可，規定補習時間爲五個月。教師薪水，是受國家津貼，或由教師自願盡義務。上課時間在夜間晚飯後就開始。在女子學校中，成人補習教學常定於木曜及日曜晨間舉行。課程則視來學者之需要而定，對於全不識字的成人，則另設特別組。在農村社會注重農業智識；在實業區注重工業教育；在女子學校則注重家事。一九二八年由公立小學男女教師主辦的成人補習課程，其數目竟達二四、〇〇四種，教師人數有二九、三六八人。男女成人讀補習課程的，男有二一一三、五七九八女有九三、六一七人。

（b）民衆教育社所辦的補習課程　爲普及民衆教育而設的機關，稱爲民衆教育社。在一九二八年間，其數達四百四十九所。各地各自爲政，附設成人補習課。如巴黎的民衆實藝社（the Polytechnic Society）在一九二八年曾開設四百七十四種成人補習課程，註册學生有七千八百二十四。里昂（Lyon）的羅尼（Rhone）專業教育社開設了三百十一種成人補習課程。註册學生有一三、〇七七人，其辦學不受教育部規程或條例所拘束，其經費來自郡或邑或社員的補助。其教師常爲願盡義務的小學教員，不受報酬。

（2）由教部專門教育委員會管理的成人職業補習班　教育部專門教育委員會得命令各地方職業教育委員會，開辦成人職業補習班，令該地的徒弟或青年勞動者一律入學補習。有圖畫、算術、幾何以及其他成人職業預備課程。各種成人入學，都是免費的。他們的經費是由國家補助。在一九二七年法國設有成人職業預備班者，有四百九十四市，入學青年，有一五〇、〇〇〇八。

（3）各種民衆講演會　此種講演會有文學的、藝術的、歷史的、科學的，凡不能去研究成人補習課程者，則可聽講演而得了普通智識。演講者常利用電影機，以吸引學生和工人聽講，常在各公立小學舉行。在一九二八年有四三、八二四間小學，努力這種工作。

（4）畢業同學聯合會　許多同學離了小學校以後，好像勞燕分飛，天各一方，惟組織許多學友會使他們有聚首的機會。在一九二八年共有學友會四七七八所。該會除設立講演室、閱讀室、遊戲場以外，且舉辦教育事業，組織種種成人補習課程，以幫助民衆。

此外有許多大學做推廣工作，設立成人教育班，并國家強迫小學校設立圖書館。一方面供學生研究，一方面供民衆閱覽。在一九二八年法國小學圖書館，達四萬八千四百一十所，供給民衆讀書的機會也是不少。

第七節　法國教育之趨勢

法國的教育制度，最是整齊劃一，其教育事業，全是國有公有。私立教育，殊不足觀。自歐戰以來，一方面受外界新教育潮流的鼓盪，一方面因其國內社會情形的改變，教育事業的革新，約有下列幾個趨勢：(一)在教育行政系統，仍趨重集權制。(二)在學校系統，則漸次打破雙軌制。(三)在中學教育一段，漸趨向平民化。(四)在課程編製方面，則漸次准各地各校有點自由。原來法國的中央集權制，在大革命前既造成強固的基礎。革命後一仍其舊，歐戰後教育部的權限，更加擴充。例如在一九二〇年前，教育部僅管理普通教育與普通職業學校，專門職業教育則在商部和農部手裏。自一九二〇年後，商部管理的職業教育，竟歸教育部管理。又如體育，其初由陸軍部負責，一九二三年歸於教育部，一九二九年特設體育總幹事，管理一切關於體育事宜，此皆是教育行政益趨向中央集權的例證。法國的學校系統，原是極端的雙軌制。兒童六歲以後，則平民與資產階級，截然分爲二途。平民由公立初等小學而至補習班或高級小學。資產階級則入與公立初等小學平行的中學預備班，後可入中學而進大學。但近年來法國單一學制的思潮漸佔勢力。有主張一切兒童無論其爲貧爲富，皆宜受同一的小學教育者。有主張中等學校亦當免收學費者。一九二四年九月二十二日的教育部命令，已將中學預科置於初級視學員的監督下，一九二五年秋季更由部令打破中學預科班與小學的界限使六歲至十二歲兒童共受一種課程的訓練。現在討論的趨勢，是將學制系統改組，變小學教育爲六歲至十二歲。中等教育的低級段爲十二歲至十六歲。高級段爲十六歲至十九歲。大學和專門教育則自十九歲始。將來此種制度能否實現，極難預料。法國的中學校原爲資產階級所獨佔的教育機關。歐戰後單一學制的主張，逐漸得勢，中等教育遂傾向於平民化。一九三〇年三月十二日，衆議院表決中等學校免費的原則。其第一步的辦法，就是議決從一九三〇年四月一日起，中學第六學級（即第一學年）之學費免除，且據一九二五年一月九日教部新規程，每學年之始即舉行免費生考試。及格者得任擇一種學校投進（國立或市立中學校，高級小學，商業學校，或工業學校，）試讀若干時後，得由此校而轉入彼校。現在由高級小學轉入中學，是極可能的事。中等學校，既逐漸有免費規則，又有免費生考試，平民入中學的機會，必因此加增。又法國學校的課程，原是一律由教部規定，全國奉行。然近年來教員爲適合各班學生的程度，并謀全校各班連絡起見，於相當範圍內，可以自由伸縮變通，且得自己講演，用課本視爲一種參考材料，即新教育和新實驗，在此種情形之下，也漸次萌芽。如里昂的市議會(City Council of Lyons)授權與查渥特(M. Charvat)氏，招年幼女子四十人，用蒙台梭利和德可樂利(Decroly)的方法教授之，訓練之。教育視學員保羅惠(M. Profit)氏將初等學生組織合作社，由他們自己管理一切，公舉主席書記司庫，辦理校內一切事宜。古新尼(R. Cousinet)氏爲杜威門徒，利用德可樂利方法，而加以修訂，試行於一百五十間學校中，學生不分班級，沒有一定課程，各盡所能，分工合作。此皆爲新教育家試驗新課程新方法幾個例子。此外如師範學校和職業學校的改革，成人教育的擴充，大學教育的現況等等，上面已略說過，玆不再述。

練習題

1. 試述法國教育的發達略史。
2. 英美法三國的教育，在發達新歷史方面看來，有何異同之點？
3. 法國教育行政採取集權制是何原因？
4. 試比較法意兩國的教育行政系統。
5. 研究法國教育行政系統後，對於吾國的教育行政系統，有何改革的獻議？
6. 法國教育行政系統，對於吾國曾發生何種影響？
7. 教育行政有中央集權和地方分權的分別，究各有何利弊？
8. 試述法國學校系統的特點。
9. 試述法國初等教育的範圍。
10. 試比較法意兩國的幼稚教育。
11. 試略述法國小學教育的發達史。
12. 法國小學課程有何特點？

13. 試比較法意二國的小學教育。
14. 法國的高級小學與學生們的職業訓練有何設備?
15. 高級小學與中學的性質有何不同?
16. 試詳述法國小學校的教學法。
17. 試比較法意兩國小學校的考試制度。
18. 試述法國中等教育的略史。
19. 試述法國中等學校的類別,及其組織。
20. 法國中學校是否男女共學?
21. 試詳述法國中學校內部的行政組織。
22. 試述法國中學課程的特點。
23. 試比較英法意三國中學考試制度。
24. 法國中學學士考試,是否容易及格?
25. 試述法國女子中等教育的情形。
26. 試比較美法兩國給學位的制度。
27. 試評述法國的國家會試制度。

28. 法國的師範教育制度，有何特點？

29. 試比較法意兩國的師範教育制度。

30. 試述法國中學教員之訓練機關。

31. 試述法國職業教育的歷史及其機關。

32. 試比較法意兩國的成人教育。

33. 試述法國教育最近的趨勢。

34. 法國教育對於現在吾國教育改造，有何參考資料？

英文參考書

Kandel, I. L.: Comparative Education, Houghton Mifflin Co., pp. 119–135, 262–280, 396–424, 548–564, 674–706, 835–841

Cubberley, E. P.: The History of Education, Houghton Mifflin Co., 1920, Chap. 23, pp. 588–602

Epstein, M.: The Statesman's Yearbook, Macmillan and Co., 1932, pp. 848–856.

Kandel, I. L.: Educational Yearbook of the International Institute of Teachers College, Columbia University, 1932, pp. 181–200

Ahmad, Z. U.: System of Education in England, Germany, France and India, Longmans,

Greene, and Co., London and New York, 1929

Sandiford, P.: Comparative Education 1927, Chapter IV, France, by A. H. Hope

中文參考書

常導之法國教育制度（北平文化學社）

周太玄法國教育概覽（中華）

常導之德法英美四國教育概觀（商務一九三〇）六九至一二九頁

莊澤宣各國教育比較論（商務）一九二九

羅廷光師範教育新論（南京書店一九三三）六四頁

雜誌論文

顧克彬法美中等教育之差異（中華教育界十九卷十二期）

龍笑雲一九三〇年法國中等教育之改革（教育雜誌二十三卷六號）

謝　康五十年來法國教學之一瞥（教育雜誌二十三卷）

崔載陽法國教育之社會的分析（新教育一卷一期）

卜　愈法國中學之精神與我國中學之缺點（江蘇教育一卷十期）

張　懷法國教育對於我國教育改造之參考資料（中華教育界二十一卷七期）

第七章　德國教育之演進及其現況

德意志自一九一八年後，由帝國一變爲聯邦共和國。計全國面積爲一八一、七二三方英里，人口依一九二五年六月十五日統計，爲六三、一八〇、六四九人。全國共有十八邦，其中以普魯士爲最大，計面積爲一一三、〇三六英方里，人口三八、一七五、九八九人。

第一節　德國教育之史的考察

德國教育之發達，略可分爲二時期：在弗特烈威廉第一（Frederick William I 1713-1740）以前，爲宗教教育時期。以後則漸進而至國家管理教育時期。基督教在中古時代，操歐洲教育界無上的權勢，德國當然不能屬於例外。至一五〇〇年時，在德意志各都市，除拉丁學校外，再設立習字學校，其教師多屬地方之牧師。在宗教改革時期，路得算是一個熱心教育的人，他以爲學校之目的，是在造成宗教的人物，同時給與現世的實際的人物以必要的修養。他對於初等教育，格外提倡。後來德國教育之普及，都是靠着他的功勞。其時宗教勢力，仍非常之大，國家對於教育，不特別注意。自普魯士王威廉第一興起以後，主張王權神授，一方面大練陸軍，一方面頒佈普通學校法令，世稱王爲「普魯士小學之父，」國家管理教育，從茲開始。大弗特烈（Frederick the Great 1740—1786）

繼之，在一七六三年頒布地方學校令，實行強迫教育，爲現在德國小學校法令的基礎。弗特烈威廉第二(Frederick William II (1786—1797))即位後，再接再厲，奬勵教育，開手採取中央集權制，及後德意志各邦咸以普魯士教育爲模範。至一八一五年國家在教育上的勢力，已有取教會而代之之勢，至一八二五年，教育權可說已完全由教會收回，教育遂變爲國家所利用的一種工具。其時採用的學校系統，完全是雙軌制。平民的一軌，是由小學而至補習學校。貴族和資本家子弟的一軌，則由中學預備班而中學而大學。中學和中學預備班是和小學與補習學校，兩兩平行的。且自一八一七年，改公共教育部(Department of Education)爲獨立的宗教和教育部以後，中央管理教育的權限，日見擴張。一八二五年命令各省設教育局，對柏林的教育部負責，教育行政系統，漸次完成。至一八五〇年的普魯士憲法，便完成了國家教育的組織，劃分教育區，設置視學官，舉行市鄉學校會議，更顯著中央集權的教育狀態。一八六六年，戰勝奧國。一八七〇年又戰勝法國，以普魯士合德意志聯邦，爲一帝國。德國統一，毛奇將軍歸功於學校教師。統一後教育日見發達，國家日臻強盛，至歐戰失敗後，國體改爲共和，在教育各方面的改進，當以下分別敍述。

第二節　德國教育之行政制度與學校系統

德國是聯合十八邦而成，自共和國成立以來，因內部各政黨勢力之消長，中央政府時常改組，各邦政府亦然。以是對於教育上的設施，常無劃一的標準。教育行政採取各邦集權制，在中央不設教育部，惟於內政部設教育科。

新憲法雖有教育政策的規定，但是執行權仍歸各邦。玆將中央和各邦教育行政的組織，略述如左。

(一)聯邦政府與教育

根據一九一九年德國聯邦政府憲法第一四三條，中央政府各邦和各地方，對於教育上的組織，必須合作。第十條授權與中央政府製定教育制度的原則。其他各條對於中央和各邦的教育權限，或關於教育制度，舉其要者如下。

(1)學校制度是受邦的指導，各邦得允許各地方參加負責指導工作，必須由專家任之，方能盡責。(一四四條)

(2)義務教育規定最低限度是八年，並繼以補習教育，學生是免費的。(一四五條)

(3)私立學校之設立，必須按照法律辦理，幷須得國家的允許。其課程設備以及所請教員，必須與公立學校相等……私立預備學校，必須廢除。(一四七條)

(4)各級學校須按德國的精神，以發展人民的道德和公同心，以及個人的和職業的效力——公民教育和手工訓練，必須佔課程之一部。(一四八條)

(5)聯邦政府，各邦，和各地方，須助長平民教育，包括人民大學。(一四八條)

(6)除不受教規束縛的學校外，宗教教育必佔學校課程之一部，其教授必須與宗教團體的基本原則相合，並須受國家指導。——教員教授宗教與舉行教會禮節與否，一任個人自由。兒童參加宗教教育與教會儀節與否，

則由主持該兒童的宗教教育者的意見而決定。——在高等教育機關，仍設道學科。（一四九條）

其他如提高初等學校師資訓練機關的地位，使進於高等教育等級，（一四三條第二項）幷確認公立學校教員具有國家公務人員同等之權利與義務，（同上第三項）保障未成年人的教育權利，規定各類學校收錄生徒，應依據其才力與志願，不得因其父母的經濟與社會的地位或宗教派別而有所歧視，（一四六條第一項）皆有法律明文的規定。

由此看來德國的教育行政權，是集於各邦。聯邦政府不過與各邦合作，幷製定教育制度上的原則罷了。其組織有如下述

（甲）教育科與教育委員會　聯邦政府於內政部設教育科，該科得依憲法制定教育規程。一九二〇年曾發佈基本學校規程確定國民學校首四年之組織。一九二四年帝國教育委員會(Imperial Education Committee)改爲教育委員會(Education Committee)，其構成人員有各邦教育部代表七人，其功用（一）排置各邦關於教育組織的根本問題，於必要時使之整齊劃一。(二)考慮一邦的教育立法及其對於他邦的關係。(三)討論基本法律上的原則，爲明瞭教育情形起見，該會設有圖書館，幷刊印報告。爲提倡體育起見則與一聯邦會議(Federal Council)聯絡，（此聯邦會議，是合各種團體的代表而成的。）設置關於一切體育的事宜。聯邦內政部並補助中央教育研究所，發刊德意志教育年鑑。

（乙）聯邦教育會議　全國教育會議，在帝政時代曾有舉行，一九二〇年在柏林開會，於德國教育史上更有

重大的意義。該會議決的事項，最重要者，是關於小學教師之訓練各類學校最低限度的課程標準學年長度，文憑互相承認及統計等。主張全聯邦應歸一律。惟管理採取分權制，各邦得依聯邦規定的原則，制定單行法規。聯邦政府為擴展其對於教育事業的參加起見，欲籌措一部份教育經費，幫助教員薪水，和救濟缺乏教育經費的地方。

（二）邦教育行政機關的組織

教育行政的職權，歸之各邦，各邦教育行政制度，雖有點差別，然亦有相當之統一性。茲舉最大的一邦普魯士做個例子，以見其餘。

（甲）邦教育行政機關　普魯士邦教育行政機關，有科學美術及公共教育部，簡稱教育部。於一九一八年改組。然商業教育歸商部管理，農業教育歸農林部管理。（間有些例外的）兒童福利及學校衛生調查，歸公共福利部管理。這幾部皆與教育部合作，管理該部屬下的學校，至若教育部有部長一人，主管一切行政事宜：如編製教育預算表，出席議會，發佈命令，關於學校內部的管理，課程大綱，考試規則等等。其他如教材之審定，行政官之委任，教師訓練，及在職教師之監督，也是教育部的職責。教部分為人員、總務、高等教育與研究、初等教育、中等教育、藝術、成人教育、體育、會計、和宗教事務，共十司。高等教育司監督大學高等工業學校，專門學院，研究所，和國立圖書館等。藝術司管理戲劇，公共紀念碑，博物院，藝術教育等。初等教育司，管理小學教育及其師資訓練。體育司管理體育和中等體育學校。每司有司長和職員若干人。

與教育部聯絡者，尚有許多重要的委員會、局，和其他機關。一九二八年成立課本審查委員會，會員是由部長委任，任期三年。出版人每樣課本出版時須送八本交該會審查。審查結果，呈交部長辦理。一八九九年成立邦教育調查局，(State Bureau of Information on Education) 調查中等學校用的課本，幷擴大其範圍，調查國內外教育情形，刊印定期報告，以供部長參考。同年又成立邦自然科學教學局，供給教學數學自然科學的課本教材和設備。又一九一五年設立一種機關，像邦際教育研究院，由德意志各邦之教育部捐資維持。該院共分幾部，司理教育影片、教育消息、職業指導等事項。其功用甚爲複雜。如傳佈教育消息、採取學校課本和教學材料，辦理教育旅行，以及其他調查研究等，都是該院的工作。

(乙)省教育行政機關　普魯士全邦分爲若干省，每省設省教育部 (Provinzialschulkollegien)。現在已設部者，共有十三省。部員爲邦教育部長委任的教育專家或富有教育經驗者，以省長爲主席。惟事實上每將其職權付託於副主席。部員通常共七八人或八人。其重要職責是監督中等學校和盲啞學校。在中等教育範圍內，是監督教員的訓練、試驗與任用，幷顧問一切中等教育的問題。在不蘭登巴省 (Brandenburg) 的省教育部，且管理小學教育和高等教育，以及商部所委託的職業教育。每省得刊印學校規程，若經邦教育部長批准，得在該省區施用。

(丙)府教育行政機關　普魯士第三級教育行政區爲府 (Regierungen)。府與省在歷史上同時設立。府學務局的構成人員，有行政、建築、醫藥、法律、和教育專家共七八人或八人。均由府長任用，以府長爲當然主席。其職權常由府長付託與該局指導員富有教育經驗與訓練者。府學務局的任務，普通是關於初等教育方面，如初等學校教師之任用，公私立初等學校之督察，以及學校產業之管理等。

教育視察　普魯士的省教育部和府學務局，均設視學員若干人。前者視察中等學校，後者則視察小學和私立學校。省視學和府視學均由邦教育部長委任，大約前者由中等學校的校長和教員中選出，後者則由府學務局介紹，由初等學校教育人員中選出。自革命以來，視學員任用的資格，頗爲嚴格，非有專門學識者，不能選任。府視學員爲府的代表，其作用爲教師的領袖與顧問。即學程之批准、教師之會議、學校之視察與報告。在任教員之改進等等，皆是他們的職責，且得出席地方教育公團的會議，凡教員不盡責或行爲不端正者，彼等有警告及彈劾權。

以上的教育行政組織，是屬國家機關。以下還有地方公民參與教育行政之機關，分市區與鄉區。

市區　在較大的城市，其小學教育的行政與設備，是由市學務代表會（Schuldeputationen）管理。該會是合市長、市議會、教師和公民代表、新教、舊教及猶太教代表組織而成（若有二十個猶太教兒童入學時，得派代表。）以市長爲主席。市衞生官和視學員，開會時亦得被請赴會，陳述意見。其職責是指導小學建築和整理校舍，供給校具，執行強迫教育律，預選教員，預備教育預算表，設置露天學校，以及其他關於兒童福利等事。有時他們可委任特別委員會，擔任督促入學和兒童視察等事務。在大城市裏邊，且可爲某學校而設特別委員會，專注意某種學校的一切教育事宜。市學務代表會得設立中等學校，惟必須得教育部的認可。

鄉區　在農村或鄉區地方，當地政府有籌劃教育經費之責。關於教育行政事務，則設有鄉區學務局（Schulvorstand）。該局之構成人員包括鄉長，教師代表，本地公民和教會代表。其職責與市學務代表會相似，有時得聯合幾個鄉區組設聯合鄉區學務局。

教師會與家長會　自革命以來，教師組織會社，對於教育行政極形活動。如參加府學務局，做一切關於教育問題的顧問。即委任視學員，他們也有商議之權。至論家長會自一九一八年以來，既爲法律所承認。其目的是增進學校與家庭的關係，使爲家長者得以明瞭教育的改進，而益增熱心。家長會是由每個學校學生的家長，聯合推舉，

聯邦政府內政部

教育科與教育委員會

普魯士邦
科學美術及公共教育部

宗教事業司	會計司	體育司	成人教育司	藝術司	中等教育司	初等教育司	高等教育與研究	總務司	人員司

省長
省教育部
省視學員

府長

府學務司
府視學員

市長 — 市學務代表會

鄉長 — 鄉區學務局

至少以五人組成會員任期二年每年開會二次於必要時得由三分二會員同意或因教師請求而開特別會議其權限完全是顧問性質。

普魯士之教育行政系統，可繪圖如上。

普魯士的教育經費，由邦和各地方負責，交付於教育經費管理會。該會的司庫，是由地方團體的代表們所委任，管理關於教育經費的一切事宜。如發教育薪水，養老金，和貧瘠地方的補助金等。

普魯士之學校系統　學校系統的設立。其權操於各邦，聯邦政府權限極微。革命後希望聯邦政府能籌一部份教育經費，以加增其教育勢力，但一九二四年後事實上已告絕望。只在聯邦政府的憲法上，規定全部公共學校制度，應建設於四年的基本學校之上，建立中間學校及中等學校。此外對於私立學校教師訓練等，也有相當的規定。現時各邦皆根據憲法精神，規劃一種兼有單軌制與多軌制優點之彈性學制，使多類學校，能互相聯絡。聯邦憲法規定兒童六歲至十四歲，爲強迫教育時期，兒童必須入學。十四歲至十八歲，則入半時間之補習學校。小學校和補習學校，其課本與其他設備，皆由國家供給，兒童不須付費。至論學校前的教育，如幼兒學校或幼稚園，則不在公共制度的範圍，而由私立的團體設立。國家的教育行政官，有權加以指導。六歲後則入四年的基本學校。其學校系統，可繪圖如左：

普魯士學校系統圖

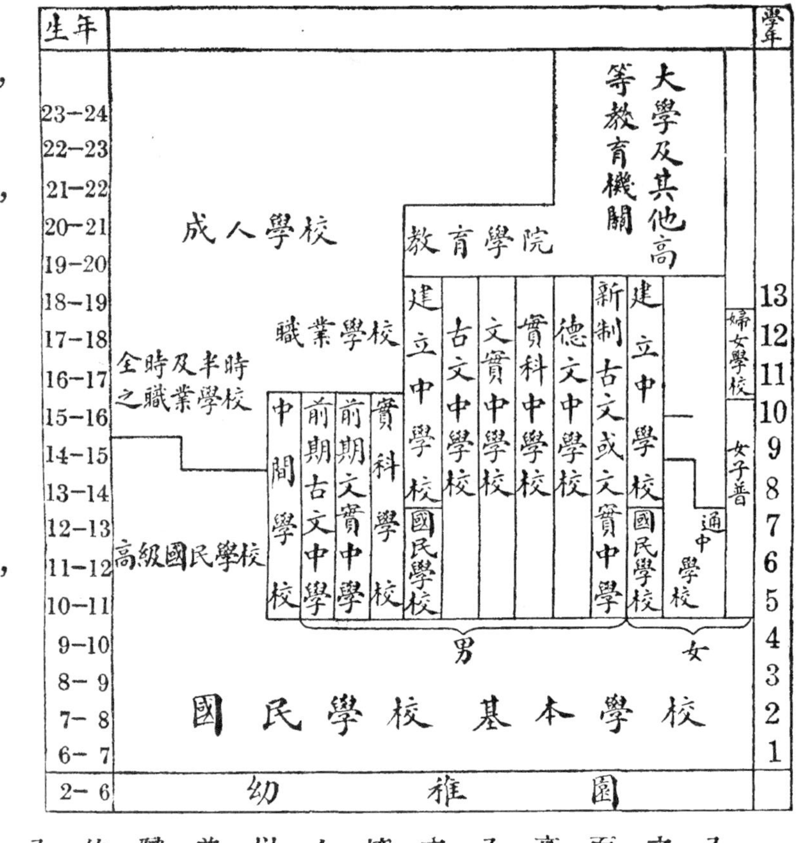

德國兒童無論其爲貧爲富，皆必須入四年的基本學校。在這四年間，看學生之志向如何。優秀者有資產者，則由中學而大學。天資較次而家事貧淡者，則再續高級國民學校四年，而入職業學校。若不入高級國民學校者，其家長有栽培子弟之能力，則入中間學校或其他的中等學校。中間學校設有多種課程，其程度介乎小學與中學之間。除了小城市或小地方以外，都是男女分校。其六年的課程或是普通性質，或於高年級分設工商科以應職業的急需。有些中間學校的課程，與其他中等學校平行，注重近代文學，以爲轉入中學高級部的預備。爲男子而設的中等學校，種類較多，有古文中學校（gymnasium），文實中學校（realgymnasium），實科中學校（oberrealschule)，和德文中學校 (deutsche oberschule)。此類中學皆有九年課程。與其平行而爲六年制者，則有前期古文中學 (progymnasium)，前期文實中學 (realprogymnasium)，和實科學校 (realsceule)。其組織有合六年九年制而成九年制的中學，即名新制古文中學 (reformymnasium) 或新制文實中學 (reformrealgymnasium)。爲女子而設者，則有混合式的中等學校立於基本學校之上，爲六年制的女子普通中學校。(lyzeum) 再進則有婦女學校 (frauenschule)。凡由九年制中學畢業的學生，則有進入大學或其他高等教育機關的權利。至若建立中學 (aufbauschule) 的六年課程，也是戰後所創設，使讀完高級國民學校者，得繼續求學，畢業後可再進大學。此種中學原來設於小地方或鄉下，近來即較大的城市也有設立。又爲一般青年無機

原名	譯名
Grundschule	基本學校
Volksschule	國民學校
Aufbauklassen	增廣學校
Mittelschule	中間學校
Progymnasium	前期古文中學
Realprogymnasium	前期文實中學
Volkshochschulen	民衆學校
Mädchengymnasium	女子古文中學
Oberlyzeum	女子高級普通中學
Fachschule	職業學校
Handelschule	商業學校
Lyzeum	女子普通中學
Frauenschule	婦女學校
Aufbauschulen	建立中學校
Gymnasium	古文中學校
Realgymnasium	文實中學校
Reformgymnasium	新制古文中學
Deutche Oberschule	德文中學校
Oberrealschule	實科中學校
Realschule	實科學校

會入中學而從事職業者，設夜間中等學校，補足程度，以便將來升進大學，現正在實驗期間。

爲讀者便利起見將要緊的德文譯名列表如上：

至若各級教育情形當分別敍述如下。

第三節　幼稚教育小學教育及中間教育

幼稚教育　幼稚教育的重要，在堪美紐斯（Comenius 1592-1670）時代，已有人提倡過。不過幼兒教養院之設立，實始於一八三〇年。其時柏林某地的貧民院和學校指導員合組一個聯合會，由該會創辦第一個幼兒教養院。一八三三年各教育機關深感兒童教育之不可少，乃聯合組織兒童教養院促進會。至一八四〇年在柏林已有這樣的促進會七個，教養院四十個。其目的是招收二歲至六歲的兒童，父母無能力教養者，施以一種適當的教育。又一八二八年非利拿（Fliedner）由英國遊歷回來，提倡英國式的幼兒教育。至十九世紀末年，幼兒學校遂極盛一時。福祿培爾（Frobel）創造幼稚園，人人都知道的。他在一八三七年開始工作，創辦學校，收容三歲幼孩，及後其教育思想與方法，遂傳佈全國。至大戰前幼兒教養院，幼兒學校，和幼稚園，各自獨立，其發達情形三種並行。大戰發生，幼兒教育更形重要。戰後共和國成立，政府頒佈幼稚園條例，將各種各式的幼稚教育機關，凡收受二至五歲兒童的，都稱爲幼稚園。

幼稚園的各方面，可略事說明如下：

(一)目的　幼稚園是注意兒童生理心理各方面的教養，以及因社會的教育的關係，在家庭中不能得到發展的機會者，幼稚園得補充之。

(二)設備　幼稚園應有一座花園和室內游戲場，凡滿二十兒童者，至少應有教室兩間，以便分團教學。并應有烹飪室、浴室、複室、隔離室、唱遊室等。桌椅大小，依年齡等級而定。每人有一具碗櫥，此外尚有建造工具，如剪刀、鐵鎚、針釘之類。工作原料，如紙張泥土原料之類。遊戲物品，如積木、動物、皮球之類。

(三)組織　年齡太幼者，如二歲兒童則設特別班，專門注意他們衛生及生理的發展。五歲兒童則設中間班，備有比較充實擴大的課程，不過仍不教讀書寫字。普通總有大小教室兩間，依照年齡大小，分團教學。

(四)行政　一切幼稚學校，歸政府監督，隸屬於教育衛生兩部。幼稚學校兒童，歸地方兒童局監督，學校教養兒童均須得兒童局許可。凡兒童在家不能得正當教養者，則由兒童局遣之入學。有些地方兒童局設有專門在幼稚學校服務的醫生，有些地方則由公立學校的校醫擔任。

(五)日程　幼稚園開放時間，依照母親們的需要，各地不同。大約兒童七點至九點間入學，到齊後唱早歌，隨後自由遊戲。遊戲後，是午餐。食物以蔬菜山芋等爲主。午餐後一點至三點兒童都在帆布床上睡眠安息，其餘下午時間，都是自由遊戲，講故事或表演。

最近數年來因政治的進展，又促成了一種不同形式的幼稚學校，由一種社會主義者去創辦。目的在依照社會主義的教義，教兒童注重社會，不注重家庭。其用意是以兒童教育入手，以謀建設一共產社會。

小學教育 德國兒童在六歲前入幼稚園，多數幼稚園都是私立，經過教育行政當局許可。幼稚園讀完後，則入初等教育機關，總稱國民學校（volksschule）。現時各邦國民學校之修業期限，均以八年畢業，其前四年通稱基本學校(grundschule)。

大多數兒童讀完基本學校後，仍繼續高級四年之國民學校，其餘則繼續入中間學校和中等學校。依一四五條聯邦憲法之規定，強迫教育至少八年，後繼續半日補習教育至兒童十八歲時止。又據一九二五年基本學校課程的法規，確定基本學校修業四年，若有特異材能的兒童，由基本學校教師提出，經學務視察人員許可，得讀完基本教育三年後，即轉入中間學校或中等學校。以下將小學校之組織行政和課程，作分別的敍述。

（一）組織與行政 普魯士的小學若有學生三班以上，則男女分校。女教員不許在男學生那班上課。在一九二七年，大多數的小學，都少過三班。在三三、四〇五小學校中，僅有一位教員的，尙有一四、〇七六所。二位教員的，六、四九二所。三位教員的，四、五二九所。四位教員的，一、八〇八所。五位教員的，九五九所。六位教員的八五一所。七八位教員的，四、七九〇所。

班級人數之多少，間接受經費之多寡而決定。大約六十學生，須有教員一人。若班級太小，則用費加多。一九二二年五月二十四日命令，每班學生最多者不能過八十。一九二六年十月四日重申命令，每班平均人數不得過四十五人，若在五十人以上，非加聘教員不可。自受世界經濟恐慌的影響，減少班級人數的運動，一時無大成效。

學校行政由校長負責。凡有教員三人以上和六人以下的學校，其校長稱首席教師（hauptlehrer）。凡有教員六人以上者，其校長稱 rektor。幷加設副校長。其職責除教學若干小時外，擔任學校行政事務，保管學校紀錄，處理來往公文，幷代表學校關於一切外交事宜。副校長得受校長指定，留意學校圖書館，兒童社會福利，並管理學校銀行的行政。

（二）小學之課程　小學課程除聯邦政府對於組織和工作有相當之建議外，大抵由各邦的章程去規定。普魯士邦於一九二一年三月十六日，規定基本學校的課程，其各科目及其時間分配，可列表如下：

科目	第一年	第二年	第三年	第四年
宗教	各科綜合教學	4	4	4
鄉土研究 德語		9	10	11 (10)
寫字		2	2	2
數學		4	4	4
圖畫			2 (1)	2 (1)
唱歌		1	2 (1)	2
體育		2	2	3 (2)
針指			(2)	(2)
總數	18	22	26	28

（表內有括號者則爲女生而設）

基本學校的目的，是順導兒童的天賦能力，而使之發展。科目極其簡單，使兒童從游戲運動中，明瞭物質和文化的環境。平常重實際的活動，如鄉土研究，則繼之以旅行。語言練習，則有故事講演。總之使兒童於種種日常活動中，得了德智體三育。

高級國民學校　基本學校上面，則有高級國民學校，其課程不特注重兒童的興趣，且設種種科目，預備兒童畢業後得入職業學校肄業。有多少兒童於十八歲時，得轉入新設的建立中學。至若高級國民學校的課程，比之基本學校複雜一些，其科目與時間分配列表如下：

<table>
<tr><th colspan="2">科目</th><th>宗教</th><th>德文</th><th>歷史與公民</th><th>地理</th><th>自然科學</th><th>算術</th><th>幾何</th><th>圖畫</th></tr>
<tr><td rowspan="4">男校</td><td>V</td><td>4</td><td>8</td><td>2</td><td>2</td><td>2</td><td colspan="2">4—5</td><td>2</td></tr>
<tr><td>VI</td><td>4</td><td>7</td><td>2</td><td>2</td><td>3—4</td><td colspan="2">5—6</td><td>2</td></tr>
<tr><td>VII</td><td>4</td><td>6—7</td><td>2</td><td>2</td><td>4</td><td colspan="2">5—6</td><td>2</td></tr>
<tr><td>VIII</td><td>4</td><td>6—7</td><td>3</td><td>2</td><td>3</td><td colspan="2">5—6</td><td>2</td></tr>
<tr><td rowspan="4">女校</td><td>V</td><td>4</td><td>7—8</td><td>2</td><td>2</td><td>2</td><td colspan="2">3—4</td><td>2</td></tr>
<tr><td>VI</td><td>4</td><td>7</td><td>2</td><td>2</td><td>2—3</td><td colspan="2">4</td><td>2</td></tr>
<tr><td>VII</td><td>4</td><td>6—7</td><td>2</td><td>2</td><td>3</td><td colspan="2">4</td><td>2</td></tr>
<tr><td>VIII</td><td>4</td><td>6—7</td><td>3</td><td>2</td><td>3</td><td colspan="2">3</td><td>2</td></tr>
</table>

唱歌	體育	手工	針工	總數
2	2—3	2		28—30
2	3	2		30—32
2	3	2		30—32
2	3	2		30—32
2	2		2	28—30
2	3		2—3	30—32
2	3		2—3	30—32
2	3		2—3	30—32

由此看來高級國民學校的課程，是包括宗教、德文、歷史、公民、地理、自然科學、算術、幾何、圖畫、音樂、體育；女子則有針工和家政學，男子則有手工。以上不過是教育部的提議，至若學程得由各校教員隨各地的情形斟酌辦理。

德意志較大各邦，和其聯邦國民學校的學生數教員數，可列表如下。

項目	學生數			教員數		
邦別＼年度	一九二一至一九二二	一九二六至一九二七	一九三一至一九三二	一九二一至一九二二	一九二六至一九二七	一九三一至一九三二
普魯士邦	五、四七〇、〇〇〇	四、一七六、〇〇〇	四、六八一、〇〇〇	一一六、七六五	一一三、三八四	一一五、四一〇
巴央邦	一、〇四五、〇〇〇	七六一、〇〇〇	九三七、〇〇〇	二四、〇三四	二三、四四七	二〇、七三九
撒克遜邦	七三〇、〇〇〇	五〇七、〇〇〇	五六八、〇〇〇	一六、六七三	一五、七五二	一五、六三三
威登伯邦	三六二、〇〇〇	二五五、〇〇〇	二九六、〇〇〇	七、六三六	七、二一四	七、六一八
巴登邦	三六一、〇〇〇	二六三、〇〇〇	三〇一、〇〇〇	七、五八一	六、七六二	六、八一八
圖林根邦	二四二、〇〇〇	一七三、〇〇〇	二〇七、〇〇〇	五、三六九	四、八一七	四、七九六
全德	八、八九四、〇〇〇	六、六六二、〇〇〇	七、五八九、〇〇〇	一九五、九四六	一八六、八五三	一八七、七〇四

由上表看來學生數和教員數，自一九二一至一九二七減少許多。一九二七至一九三二，又有多少進步。就全德人口算來，每一〇、〇〇〇人口中有初等學生一、一七四名，每一教師所授生徒數在四十零十分四。

中間教育　中間教育是居於國民學校與中等學校之間，其程度上不及中學，下則超過國民學校。其本質如何，頗難確定，普通來說，一般兒童無力入中等學校多付學費者，則入中間學校。茲將中間學校的目的，行政及其課程，略述如下。

(一)目的　中間學校之目的有二：一則供給普通教育和職業的準備，使學生有志爲中等農工商業雇員，或任行政事務者，得以入校讀書。女子則預備任家庭事務。二則使較小的地方便以設立六年課程，與中等學校前六年平行，使畢業學生得升進中等學校最後的三年肄業。

(二)行政　中間學校雖受國家監督，然多由各地方或私人團體去維持。若果經濟太窮的區域，得受國家補助。其監導事宜，通例均與國民學校隸屬同一行政系統下，其教員大多數均係曾任國民學校教師者，經過特種考試，證明其學業上有充分的進展，或曾經通過中等學校之教職考試者。此種學校有下例幾個特點：(一)設備比國民學校較好；(二)學生班級較小；(三)學生須付學費（公立者一年由六十馬克至二百四十馬克。私立者由七十二馬克至六百馬克；(四)學生六年畢業來自較富裕的家庭；(五)教員有特別文憑，如教授音樂、圖畫、體育、針工、園藝、手工、家政學者，皆是專家；）(六)女教員得在男學生的班級上課。若男女合班者則男女均可以教。於可能時則男女分部或分校。

（三）招生　凡學生讀完國民學校四年或三年，（在特別情形）經過入學考試及格者，得以入學。若該中間學校和某國民學校有特別的聯絡，則經教員介紹，卽得入學。至若入學考試是由考試委員會主理。該會是由基本學校教師，和學生擬入之中間學校教師，組織而成，於收錄新生之各學校舉行。但也可以聯合一地方上所有的學校，組織聯合考試委員會。

（四）課程　中間學校有好幾種課程。然按章程規定其教學國語數學和自然科學的教學時數，（至少和至多的限度）并以一種外國語爲必修，其餘則由各校視各地方的特別情形，酌中辦理，以適應其需要。大約前三年爲普通科目，第四年起開始分科。有些地方無能力設各種課程者，則以普通科爲主。茲將男女中間學校的課程，臚列如左：

（A）男子中間學校的課程

科目	公同的普通科 VI	V	IV	III	II	I	商科與職工科 III	II	I	工科 III	II	I
宗教	2	2	2	2	2	2	2	2	2	2	2	2
德文	6	5	5	5	5	5	5—6	5—6	5—6	5—6	5—6	5—6
歷史		2	2	2	2	2	2	2	2—3	2	2	2—3
地理	2	2	2	2	2	2	2	2	2	2	2	2

第一外國語	第二外國語	數學(簿記)幾何	自然科學	圖畫	手工	園藝	音樂	體育	速記與打記	必修科目之總時數
6		4	2	2	(2)		2	3		29
4—5		4—5	2—3	2	(2)		2	3		30
4—5	3—5	4—5	2—3	2	(2)		2	3		30
3—5	(3—5)	5—6	5—4	2	(2)	(1—2)	1	3	(1)	32
3—5	(3—5)	5—6	3—4	2	(2)	(1—2)	1	3	(1)	32
3—5	(3—5)	5—6	3—4	2	(2)	(1—2)	1	3		32
5—6	(3—5)	5—6	2—3	2			1	3	(1)	32
5—6	(3—5)	5—6	2—3	2			1	3	(1)	32
5—6	(3—5)	5—6	2—3	2			1	3	(2)	32
3—4	(2—3)	6—7	4—5	3—4	(3)	(1—2)	1	3		32
3—4	(2—3)	6—7	4—5	3—4	(3)	(1—2)	1	3		32
3—4	(2—3)	6—7	4—5	3—4	(3)	(1—2)	1	3		32

表内每週時間可以變換者，用﹁連之。其科目若是選科者，則用括號連之。體育一科每月有一日任學生出外旅行。

(乙)女子中間學校的課程

科目		宗教	德文	歷史	地理	第一外國語	第二外國語	算術(簿記)幾何	自然科學	圖畫	手工	圖藝	針工	家庭經濟	衛生(小兒看護)
公同的普通科	VI	2	6		2	6		3	2	2			2		
	V	2	5	2	2	4—5		3—4	2	2			2		
	IV	2	5	2	2	4—5	(3—5)	3—4	2—3	2			2		
	III	2	5	2	2	3—5	(3—5)	4—5	2—3	2	(1)	(1—2)	2		
	II	2	5	2	2	3—5	(3—5)	4—5	2—3	2	(1)	(1—2)	2	(3—4)	
	I	2	5	2	2	3—5	(3—5)	4—5	2—3	2	(1)	(1—2)	2	(3—4)	
商科與職工科	III	2	5—6	2	2	5—6	(3—5)	4—5	2—3	2					
	II	2	5—6	2	2	5—6	(3—5)	4—5	2—3	2					
	I	2	5—6	2	2	5—6	(3—5)	4—5	2—3	2					
家庭經濟與社會福利	III	2	5	2	2	3—5	(3—5)	4—5	2—3	2	(1)	(1—2)	2		
	II	2	5	2	2	3—5	(3—5)	4—5	2—3	2	(1)	(1—2)	2	(3—4)	
	I	2	4—5	2	1	3	(3)	2—3	2	1			4	4	4

音樂	體育	速記與打字	必修科目總時數
2	3		30
2	3		30
2	3		31
2	3	(1)	31
2	3	(1)	31
2	3		31
2	3	(1)	32
2	3	(1)	32
2	3	(2)	32
2	3	(1)	31
2	3	(1)	31
2	1		32

(丙)中間學校課程(預備入中等學校)

科目	VI至IV之公同科目	上課時間 III	上課時間 II	上課時間 I	上課時間總數
宗教	6	2	2	2	12
德文	16	3—5	3—5	3—5	25至31
歷史	4	2—3	2—3	2—3	10至13
地理	6	2	2	2	12
第一外國語	14至16	(3—5)	(3—5)	(3—5)	23至31
第二外國語	3—5	(3—5)	(3—5)	(3—5)	12至20
算學	12至14	4—6	4—6	4—6	24至32
自然科學	6至8	3—4	3—4	4—5	16至21
圖畫	6	2	2	2	12

音樂	6	1	1	1	9
體育	9	3	3	3	18
針工(女生)	6	2	2	2	12
必修總時數	89	34	36	36	195

以上是一種建議的課程，男生則分商科職工科與工科。女生則分商科，職工科，家庭經濟，與社會福利科。此外又有中等學校的預備科。至若農業航海和鑛學等科目，可視地方之需要而設。女子的家庭經濟與社會福利科，得加長一年，（共七年）加進宗教與人生智識二小學時，德文和社會學三小時。教育理想與幼稚園原理三小時，衞生與兒童看護一小時，公民學與經濟學二小時，家庭經濟學三小時，音樂一小時，幼稚園工作五小時，體育一小時，針工四小時，圖畫與手工二小時，烹飪、家庭工作、園藝七小時，共三十二小時。

（五）教學法　中間學校的教學法，是活動的，適合地方環境，使各科聯絡，注重現實的動境與問題的研究。科目最有關係的如德文、歷史、地理與國語，數學與科學，手工與圖畫，教員皆是專門家。聯絡教學與時常會談，比之小學校更有其必要與可能。教員們或曾在小學任教多年，或已通過特殊的試驗，或曾受過大學的教育，對於教學頗能勝任愉快。

自一九二一年至一九三二年中間學校數和學生數，均有減少的趨勢。試列表如下，以示一斑：

項目　數目　年度	一九二一至一九二二	一九二六至一九二七	一九三一至一九三二
學校數	一、七四三	一、五五〇	一、四七一
學生數	三二九、三〇〇	二五九、三〇〇	二二九、六〇〇
其中男生	一四八、五〇〇	一二〇、二〇〇	一〇四、五〇〇
其中女生	一八〇、八〇〇	一三九、一〇〇	一二〇、三〇〇
教員數	一二、九〇〇	一二、二〇〇	一一、五〇〇
其中男教員	六、五〇〇	六、九〇〇	六、〇〇〇
其中女教員	六、四〇〇	五、三〇〇	五、三〇〇

第四節　中等教育與高等教育

中等教育　德國的中等學校，類別甚多，在歷史上看來，古文中學資格最老。經過一八九二年的改革，其時被正式承認者有實科學校前期古文中學，皆六年畢業。又有古文中學校，文實中學校，實科中學校，皆九年畢業。其課程內容，多重德文、歷史、宗教，俱爲各類中學校的普通根柢。至一九〇一年因大學必修科目的影響，中學科目也經修改。至一九二〇年六月的全國教育會議，對於中等教育之改進，頗有新建議。有主張設置一種以德意志文化教材爲課程中心之中學校者。有主張成立一種側重實際生活需要之新型式中學校者。到了現在，類別甚多，試略述如下：

（一）中等學校之類別　一九二〇年的全國教育會議議決，一方面繼續固有的各種中等校，一方面創設新的中學。以是在基本學校之上，繼續舊式者，有古文中學，文實中學，實科中學。在一九二二年新設的中學，有德文中學，建立中學。德文中學是九年畢業，注重研究德國的文化，以德意志學科為其中心課程，外國語教學的時間極少。德語德文學和歷史地理，比之其他中學則特別的多。至若建立中學則設在小城鎮與鄉村，利用廢止的舊式師範學校的校舍，招收一般讀完七年制國民學校優秀的兒童，施以六年的課程，以適應他們的需要。近來這種學校即較大的城市也有設立。此外有新制古文中學，九年畢業。前三年的課程與新制文實中學，和實科中學同，其初讀一外國語，由四年級起即讀拉丁文。又有新制文實中學，肄業期也是九年。其特點是專科選課，較之文實中學實科中學還遲。此外又有六年制的中學，如前期古文中學，前期文實中學和實科學校，與九年制者兩兩平行。

（二）中等學校之行政　普魯士中等學校有公立與私立之分，然皆受國家之指導與監督。未得國家允許，人民不能自由設學。凡設立中學者，必須適合下列二個條件：（一）該地確有設立中學之必要；（二）無論何時，都有維持中學之能力，不必靠着政府的補助。即學校的地址，建築和設備一切，以及教員的資格與程度，都要合乎國家的定章與標準。經該地教育行政長官許可，即能設立。至論其行政，可分校外與校內，試分別說說。

邦教育部授權與省教育部，關於一切中等學校視察事宜。省視學員每年至少視察省內中等教育一次。每四年做一短篇報告，論及各校特性，及其進步情形。視學員視察各校時，須與教員們會商教學的改進，以及一切校務的設施。省教育部且可隨時委任高級教員幫助視察與指導。且自一九一八年後，每地方創立學校委員會。地方大者有好幾個委員會，主任中等教育的行政與指導工作。在一市的學校委員會合一市長，（或他委的代表）三位行政人員，三位市議會員，二三位公民代表，二位至四位教員（包括校長）而成。以市長為主席。其職責是監督校舍與設備，預備預算表，分配校址，決定學費，處理教員請假等。委員會的主席對於學校要時加視察，且得參觀教學。

至若中學內部的行政，有校長負責。校長由教育部長委任。若是國立學校校長，對省教育部負責。若市立學校，則對省教育部與地方學校委員會負責。校長的職責廣義來說，是對學校的維持與指導。外則與學生家長聯絡。內則與教員共同負教學上的改進。

（三）中等學校之招生　凡讀完四年基本學校的學生（聰明者可以三年）可以請求投考中學。主考者是中學校長。招生名額看班級大小、學生能力、和全校學生缺額的數目而定。即學生年齡，也為招考時重要的參考。凡超過十二歲的兒童，不許插入低級班。然招生的方法各地極不一律。有些地方則基本學校與中學有特別的聯絡，讀完基本學校者，由教員介紹，即徑直入中等學校。有些地方則由中等學校給予入學考試。有些地方則有幾個中學聯合，給予入學考試。考試者須循着下列二個規則：（一）考試時須按基本學校學生的程度，僅考普通智識，如德文、算術、圖畫等；（二）考試須由基本學校和中等學校的教員組織的混合委員會執行。取錄時，且用基本學校求學時的成績或測驗成績，做個參考。

（四）中等學校之目的　歐戰後中等學校之目的，大有改變。一則因德人覺悟戰前中學教育之缺點。二則因社會現象與教育理想的變遷。原來德國的中等學校，是注重智識之獲得，頗忽略於能力和文化上的訓練。自一八九八年有一位柏林中等學校的學生名費斯查 (Karl Fischer) 組織少年團，發起一種青年運動 (Jugend-bewegung)。 極力反對學校的重智主義，而作歸復自然注重鄉土生活的提倡。在歐戰時已得一般人士之同情。歐戰後加以德人民族思想的澎湃，以是注重德國文化，變爲中小學校的共同目標。在教學上的重智主義和記憶主義，一變而轉重個人的活動，以發達個人的創造能力。現在德國中等學校的教學方法，也因目的之變遷而大加改革，由注入式記憶式，一變而爲活動式了。

(五)中等學校之課程　中等學校的課程，是根據一九三一年九月十四日教部所頒佈的。其中可令人注意者，就是關於第一近世語爲法文抑爲英文的問題。在普魯士邦則隨各地情形不同而決定。最近的趨勢，是以英文爲第一近世語。除下列課程內所指示的各科時間外，自二年級以上每週加音樂三小時，體育十九小時，團體活動三小時，因此使九年的中學校的總時間爲二六三小時。建立中學校則加音樂六小時，體育十三小時，自由團體活動三小時，使總時間爲一九六小時。

(1)古文中學

科目＼學級	VI	V	IV	VIII	OIII	VII	OI	VI	OI	總數
宗教	2	2	2	2	2	2	2	2	2	18
德文	4	4	3	3	3	3	3	3	3	29

拉丁	希臘	近世語	歷史(公民)	地理	數學	自然科學	圖畫	音樂	總數
6	…	…	…	2	4	2	2	2	24
6	…	…	…	2	4	2	2	2	24
6	…	3	2	2	4	2	2	…	26
5	6	2	2	1	3	2	1*	…	27
5	6	2	2	1	3	2	1*	…	27
5	6	2	2	1	3	2	1*	…	27
5	6	2	3	1	3	2	1*	…	28
5	5	2	3	1	3	2	1*	…	28
5	5	2	3	1	3	2	1*	…	27
48	34	15	17	12	31	18	12	4	238

有*者是每二禮拜二點鐘

(2)文實中學

學級＼科目	宗教	德文	拉丁
VI	2	4	6
V	2	4	6
IV	2	3	6
VIII	2	3	4
OIII	2	3	4
VII	2	3	3
OII	2	3	3
VI	2	3	3
OI	2	3	3
總數	18	29	38

第一近世語	第二近世語	歷史(公民)	地理	數學	自然科學	圖畫	音樂	總數
			2	4	2	2	2	24
			2	4	2	2	2	24
3		2	2	4	2	2		26
4	4	2	1	4	2	2		28
4	4	2	1	4	2	1^{+}		27
4	3	3	1	4	3	1^{+}		27
4(3)	3(4)	3	1	4	3	1^{+}		27
4(3)	3(4)	3	1	4	3	1^{+}		27
4(3)	3(4)	3	1	4	4	1^{+}		28
27(24)	20(23)	18	12	36	23	13	4	238

括號內的數目是指英文爲第一近世語時

有十記號者是每二禮拜二點鐘

(3)新制文實中學

學級 / 科目	宗教	德文	拉丁
VI	2	5	
V	2	5	
IV	2	5	
VIII	2	3	
OIII	2	3	
VII	2	3	4
OII	2	3	4
VI	2	3	4
OI	2	3	4
總數	18	33	16

第一近世語	第二近世語	歷史（公民）	地理	數學	自然科學	圖畫	音樂	總數
6			2	4	2	2	2	25
6			2	4	2	2	2	25
6		2	2	4	2	2		25
5	5	2	2	4	2	1^{+}		26
5	5	3	1	4	2	1^{+}		26
3	3	3	1	4	3	1^{+}		27
4(3)	3(4)	3	1	4	3	1^{+}		28
4(3)	3(4)	3	1	4	3	1^{+}		28
4(3)	3(4)	3	1	4	3	1^{+}		28
43(40)*	22(25)*	19	13	36	22	12	4	238

說明同上

（4）實科中學

學級／科目	宗教	德文	第一近世語
VI	2	5	6
V	2	5	6
IV	2	5	6
VIII	2	3	5
OIII	2	3	5
VII	2	3	3
OII	2	4	3
VI	2	4	3
OI	2	3	3
總數	18	35	40

第二近世語	歷史(公民)	地理	數學	自然科學	圖畫	音樂	總數
…		2	4	2	2	2	25
…		2	4	2	2	2	25
…	2	2	4	2	2		25
5	2	2	4	2	1		26
5	3	1	4	2	1		26
3	3	1	5	6	2		28
3	3	1	5	5	2		28
3	3	1	5	6	1*		28
3	3	1	5	6	1*		27
22	19	13	40	33	14	4	238

*每二禮拜二點鐘

(5)德文中學

學級 / 科目	宗教	德文	第一近世語	第二近世語
VI	2	5	6	
V	2	5	6	…
IV	2	5	6	…
VIII	2	4	5	…
OIII	2	4	5	…
VII	2	4	4	4
OI	2	4	4(3)	3(4)
VI	2	4	4(3)	3(4)
OI	2	4	4(3)	3(4)
總數	18	39	44(41)*	13(16)*

歷史（公民）	地理	算學	自然科學	圖畫	音樂	總數
	2	4	2	2	2	25
	2	4	2	2	2	25
2	2	4	2	2		25
3	2	4	4	2		26
3	2	4	4	2		26
3	2	4	3	2		28
4	2	4	3	1†		27
4	2	4	4	1†		28
4	2	4	4	1†		28
23	18	36	28	15	4	238

*凡有括號者是用拉丁文或法文為第二近世語

†每二禮拜二小時

(6)建立中學

1. 以德文中學為標的建立中學

科目＼學級	宗教	德文	第一近世語
VIII	2	5	7
OIII	2	5	6
VII	2	5	4
OI	2	4	4(3)
VI	2	4	4(3)
OI	2	4	4(3)
總數	12	27	29(26)*

第二近世語	歷史(公民)	地理	算學	自然科學	圖畫	總數
	3	2	5	4	2	30
	3	2	4	4	2	28
4	3	2	4	4	1	29
3(4)	4	2	4	4	2	29
3(4)	4	2	4	4	2^{+}	29
3(4)	4	2	4	4	2^{+}	29
13(16)*	21	12	25	24	11	174

*說明同上

2. 以實科中學爲標的建立中學

科目/學級	宗教	德文	第一近世語	第二近世語	歷史(公民)
VIII	2	4	6		3
OIII	2	4	6		3
VII	2	4	4	4	3
OII	2	4	4	4	3
VI	2	4	4(3)	3(4)	3
OI	2	4	4(2)	3(4)	3
總數	12	24	28(26)	14(16)	18

地理	算學	自然科學	圖畫	總數
2	6	4	2	29
2	5	4	2	28
1	5	4	2	29
1	5	6	1+	30
1	5	6	1+	29
1	5	6	1+	29
8	31	30	9	174

括弧內之數目是用拉丁文或法文爲第二近世語

(7)各類中學校各科目之時間分配表

科目＼學校	古文中學	文實中學	新制文實	實科中重	德文中學	建立實科	建立德文
宗教	18	18	18	18	18	12	12
德文	29	29	33	35	39	24	27
拉丁	48	38	16				
希臘	34						
第一近世語	15	27(24)	43(40)	40	44(46)	23(26)	29(26)
第二近世語		20(23)	22(25)	22	13(16)	14(16)	13(16)
歷史(公民)	17	18	19	19	23	18	21

地理	算學	自然科學	圖畫	音學	總數
12	31	18	12	4	238
12	36	23	13	4	238
13	36	22	12	4	238
13	40	33	14	4	238
18	36	28	15	4	238
8	31	30	9		174
12	25	24	11		174

由此看來各類中學所有之科目大約相同。惟古文中學重拉丁、希臘，而忽略近世語。文實中學有拉丁而無希臘，近世語較重。新制文實中學，近世語更重。其餘的中學重近世語，而無拉丁希臘。這因各類中學的目的不同，故其課程的偏重也不同。古文中學注重人文的訓練，偏重古文學。文實中學注重研究羅馬文化與基督教，和算學科學的思想對於德國文化發達之影響。其他中學也各有其特殊的目的與使命，上面已略說一二，茲不復述。

各中學用的課本在教育部組織有特別專門委員會，每書出版時，出版人須送樣書八本，交付審查，審查通過者，方准採用。

（六）中等學校之考試　中等學校最重要的考試，一爲畢業考試，或稱成熟考試，於完全中學全部課程修完時舉行。一爲結束考試，有若干部於修完中學前六年學程時舉行。前者極關重要，可以使中等學校畢業生的程度，比較整齊，且給升入高等教育機關的憑證。各邦之教育行政當局，對於這種憑證，有相互承認之協定，以便中學畢業學生至各邦升學。此種畢業考試，是由每校之考試委員會執行。該會是合教育部代表，中學校長，和省教育部所委任的教員組織而成。若果是市立中學，中等學校委員會也要派一人參加，且能在文憑上簽字。每個委員有時也在中學校參觀教學，并調查學生所學的東西。赴考學生須繳進從前的求學成績，并說明他們要考的功課。能允許他們赴考與否，則須經畢業班的教員會決定。考試分筆試與口試，和體力測驗。筆試必須包括德文與算學，其他科目則隨各人所專修者而不同。例如古文中學必考拉丁與希臘。文實中學與新制文實中學，則考法文與英文，或用拉丁以代替其中之一。實科中學則考近世語與科學，德文中學則考一種外國語和歷史或地理。筆試目的是考查學生是否有進大學的程度與能力。成績高低則由全體考試委員決定。口試的問題，比較普通，看學生是否對於所學能得其要。茲舉一九二七至二八年各類中等學校的赴考人數和其及格者百分比，列表如下：

學校名稱	報考人數	退場者	受試者	及格者	落第者	及格百分數
古文中學	六、〇九三	一〇〇	五、九九三	五、六〇九	三八四	九三・四
新制古文中學	二五一	五	二四六	二三四	一九八	九三・一
文實中學	二、九五四	四六	二、九〇八	二、七一〇	一九八	九三・一
新制文實中學	二、六二二	二八	二、五九四	二、四二六	一六八	九三・五
實科中學	四、一五一	五三	四、〇九八	三、八一九	一七九	九三・一
建立中學實科	四一	一	四〇	三五	五	八七・五
建立中學德文科	四〇六	二	四〇四	三八九	一五	九六・二

總　數	一六、五一八	二三五	一六、二八三	一五、二二三	一、〇六二	九三・六

看上面的表，可見考試者都容易及格，比之法國學士文憑的會考，頗不相同。

（七）女子的中等教育。德國的女子中學校，其組織與男子中學相似，種類頗多。最顯著之差別，則女子中學以六年制者佔大多數，九年制者多取改良式的編制。現在多數受中等教育之女生，皆入六年制，稱為 Lyzeum 釋為普通中學。以上再加三學級，構成九學級，稱爲完全中學。其數量在近年來增進頗速。此外又有婦女學校，招收修畢普通女子中學或中間學校者，或修畢完全中學之第六年級者，予以家庭主婦業務上所需要的特殊訓練，並加授關於家政及社會保育的科目。此類學校有爲一年制，有爲二年或三年制。若達三年制時，則稱婦女高級學校。

據一九三一年五月十五日統計，德國的男女中學校數與學生數與從前相比，可得下表：

（A）德國男中等學校統計表

年　期	1921—1922	1926—1927	1931—1932
學校數	1,591	1,734	1,691
學生數	475,000	551,600	531,800
其中男生	461,100	522,800	496,000
其中女生	13,900	28,800	35,800
教員數	27,460	29,940	30,270

其中男教員	27,320	29,390	29,690
其中女教員	140	350	580

（B）德國女中等學校統計表

年期	1921—1922	1926—1927	1931—1932
學校數	824	866	783
學生數	248,000	269,600	256,000
其中男生	160	280	860
其中女生	247,840	269,320	255,220
教員數	14,900	15,400	14,700
其中男教員	3,900	4,000	4,300
其中女教員	11,000	11,400	10,400

高等教育　德國大學在歐戰前爲二十一所，歐戰後變爲二十三所。各大學除新立者外，大抵都設有神、法、醫、哲四科。神科復分新教與舊教二科。凡僅設四科者，其哲學科包括自然科學。也有少數大學分哲學科爲文哲數理兩部，也有若干大學設獨立的理學科，或數理科與哲學科並峙。更有少數大學以獸醫或經濟社會科學爲獨立科。歐戰後成立的大學不設神學科，各科肄業時期，文、理、法三年，醫科五年，僅給博士學位。此外有各種高等專門學校；

加工業專門學校，農業專門學校，獸醫專門學校，森林專門學校，商業專門學校，礦務學院等。

德國大學的校長，原來由各學院院長互選，而各院院長又由各院教授互選，現在正好掉轉頭來，校長由教育部長委任，院長則由校長聘任。教授會因此取消。至若教授分爲三級，教授以下有講師與助教。講師無俸，但可收聽講費。講師任職數年後，若成績昭著，可以升爲教授。教授就職時，儀式隆重，必有公開講演。

學生有正學生，額外生，和旁聽生三種。凡修完九年制中學得有畢業憑證，而進入大學，得爲正學生。工業和農業專門學校也兼收修畢中等學校七年級者爲正學生。在其他高等教育機關執有此修完中學七年憑證者，得入學修完四至六學期，爲額外生。此等學生得與正學生同樣上課，但不得參與國家及博士考試。若未曾經過正式入學手續者，得爲旁聽生。

德國的學位和考試制度，是很簡單的，沒有碩士學士的名稱，只有博士。與法國的學士相類者，是中等學校卒業證書，或稱成熟證書。獲得此證書者，得不經考試即升入更高一級的學術機關，繼續求學。後能得的學位，惟有博士。在頭銜上面加着各種區別，種類甚多。有神學博士、哲學博士、法學博士、政治博士、經濟博士、理學博士、醫學博士、牙醫博士、獸醫博士、工程博士等。其考試由大學正教授會議，指派委員組織各種特別委員會負責主持。首須提出論文一篇，經審查合格。並須經過一個大題目和兩個小題目考試及格。其學位很有社會價值，但沒有職業特權，與法國不同。若要有職業特權，須經一種特種考試。這種考試由政府指派委員組織各種專門委員會主持，並依特種法律辦理。

德國二十三個大學，其名稱，教授數，和各科學生數，據一九三〇年的調查，可列表如下：

大學名稱	教授與教員數	神科	法科	醫科	哲學科	數學與自然科學	助科學	總數
		(註冊學生人數統計)						
Berlin (1809)	743	742	4,548	2,933	3,384	2,270	27	13,904
Bonn (1777–1818)	291	855	1,330	1,581	1,262	960	3	5,971
Breslau (1702–1811)	294	537	1,266	924	926	759	2	4,414
Cologne (1388-1918)	217	—	3,165	602	1,309	638	5	5,719
Erangen (1743)	120	428	422	600	187	221	—	1,858
Frankfort (1914)	323	—	1,768	735	676	617	2	3,778
Freiburg (1457)	207	256	819	1,285	705	600	--	3,715
Giessen (1607)	189	155	409	367	338	444	144	1,857
Gottingen (1737)	244	322	1,197	599	749	1,169	2	4,038
Greifswald (1456)	156	298	358	451	356	341	—	1,804
Halle (1694)	230	372	671	490	467	528	1	2,479
Hamburg (1919)	321	—	872	666	1,606	573	4	3,721
Heidelberg (1386)	231	236	937	1,071	681	470	—	3,395
Jena (1557)	198	148	617	615	1,009	604	1	2,994
Kiel (1665)	212	105	738	850	459	577	6	2,735
Konigsberg (1544)	212	288	998	724	744	669	2	3,425
Leipzig (1409)	360	312	1,435	1,152	2,624	1,140	145	6,808
Margurg (1527)	175	392	679	979	913	599	2	3,564
Munich (1472–1826)	394	204	2,371	2,765	1,727	1,458	292	8,817
Munster (1780)	199	553	855	946	1,053	754	1	4,162
Rostock (1419)	115	122	335	860	313	243	1	1,874
Tubingen (1477)	180	758	672	830	646	435	6	3,347
Wurzburg (1582)	147	232	550	1,489	399	317	3	2,990
總數	5,758	7,315	27,062	23,467	22,533	16,386	649	99,409
其中女生	55	248	2,063	4,261	7,235	3,444	25	17,476
外國人	—	274	997	1,476	1,014	613	58	4,432

由上看來，學生最多者是柏林大學。以分科來論，學生以法科最多，其次醫科，再次哲學科，最少則爲神科。若合其他各種專門學校來說，據一九三二年的統計，列如下表：

高等教育機關＼學校及學生	學校數	1931–1932 學生數
大學	23	95,271
工學院	10	22,540
森林學院	2	142
農學院	3	1,091
獸醫學院	2	983
礦冶學院	2	400
商學院	5	3,810
教育學院	18	3,168
神學院	12	1,842
學生總數		129,247

第五節　師範教育與職業教育

師範教育　師範教育在德國有最長的歷史，也有最好的成績。一六九六年弗蘭克氏（A. H. Francke）於海利（Halle）地方設立一教師院（seminarium）已開師範教育的先河。至十九世紀之初，經大教育家哈爾遲（Harnisch）和帝時他威（Diesterweg）的提倡，師範教育的制度因而確立。即教育專業的精神，也由普魯士而傳播全德。一八四八年教師聯合會有下列六個要求：(1)廢除僧侶管理教育；(2)廢除獨設的預備學校，并將高級小學候補生升入師範學校讀書；(3)在師範學校供給較高程度的普通課程；(4)遷移師範學校於大學所在的地方，并組織爲一種專業訓練的機關；(5)承認教師爲公務員，免除對於教會的義務；(6)學校視察必須由專家主理；(7)教師得派代表加進地方教育委員會。在一九一八年此項要求惟第五項與七項已經實行。革命後舊制師範學院，(專收國民學校之生徒，使繼續受三年之普通教育，即師範預科。——更益以三年之專業訓練，——即師範本科。)已經取消，其校舍用以改辦建立中學。一九二三年二月十四，撒克遜圖林根等各邦在柏林開會，議決師範生之普通教育於中等學校施之。專業教育分學理及實際教育兩部份，前者於大學或高專學習之。後者於大學相聯的教育學院施之。專業教育至少以二年爲度。普魯士決定設立二年的教育學院，於一九二五年規定章程，計劃設教育學院三十八所。至一九三一年已設立者十五所。茲將其職教員、招生、課程、考試各方面略述如下：

(一)職教員　教育學院受教育部監督，其職教員是由教育部選任。院內有指導員、教授、副教授、教員等，以指導員爲行政首領。其學校設備和性質，隨小學校和公共教育的需要而決定。大約一方面供給普通材料，訓練一般學生做小學教員的準備，一方面供給專業智識，如教育方法和實習等，以訓練學生教學的技能。其教員有未受學校教育，而富於小學經驗者。有受過大學教育而全無教學經驗者。現在正設法提高教員程度，使學歷與經驗兩得其全，教授薪金也稍事提高。指導員和有四分之一教授，由九千至一萬四千馬克。有一半教授由七千五百馬克至一萬一千六百馬克。其餘四分之一教授，則由五千七百馬克至九千馬克。

（二）招生　學生們願投考教育學院者，必呈繳個人略歷，中等學校畢業文憑，和健康證。取錄者還要加以音樂考試。（唱歌與彈鋼琴風琴等）女生加試縫紉。學生免付學費，卽平常用費間中也有由國家幫助者。校內未備學生宿舍，惟設閱讀室休憩室和各種會所，學生可以遊息。其平均費用每人大約一千馬克。

（三）課程　教育學院的課程，仍是試驗性質，由教育部規定大綱，其詳細學程得由各校自行規定。課程大約分爲四部：（1）爲專業科目；（2）小學各科目的教材與方法；（3）技能訓練的科目，與實習教學與觀察併合；（4）選科。茲將各科目的時間分配列表如左：

科目	時間	
教育學		
理論	4	
歷史	8	
學校衞生	2	
學校管理——經濟	2	
教材——小學各科教學法	17(18)	
社會學	3	
教學實習	17	55(56)
聯絡科學		
哲學	4	
心理學	9	
宗教	2	
地理(本土)	1	
人種學(本土)	1	
動植物學(本土)	1	
生理解剖學	1	
政治與社會經濟	2	21
美術與實用藝術		
音樂	20(16)	
講演	1	
手工或縫紉	3 (6)	
體育	12	
圖畫	2	38(37)

至若課程的組織可以寶恩教育學院 Bonn Teachers College 爲例：

項　　目	第一學期鐘點	第二學期鐘點	第三學期鐘點	第四學期鐘點
I學術的講演與練習	哲學概論……2 生理與解剖學 1 普通心理學…2 普通心理學的實習……1 系統的教授學 3 普通教學理論的實習…1 宗教研究的引論………2 本土地理……1 本土動植物學 1 本土人種學…1 政治與社會經濟概論…2	哲學概論……2 各種心理學…2 心理實驗……1 教育史………2 教育史實習…2 講演學………1 小學各科的內容與方法 宗教…………2 德文…………1 公民學史……1 算術與幾何…2 自然研究……1 音樂…………1	構造心理學…2 心理實驗……1 教育史………2 實習與教育史 2 小學各科之教材與方法 宗教…………2 德文與活動 教學…………2 地理…………1 圖畫…………1 體育…………1	學校衛生……2 學校管理……1 實習與學校管理………1 實用社會教授學……2 實習與社會教授學……1
II美術與實用藝術	黑板畫………1 音樂…………5 體育…………3	圖畫………1 音樂………5 體育………3 手工………1	音樂………5 體育………3	音樂………5 體育………3 手工………1
III教學實習	教學實習的引端……3	觀察教學與討論………2	觀察教學與討論………8	觀察教學與討論………8
必修鐘點	29	30	30	24
選修的				

此外學生們還要參加各種講演與實習，有關於教育的德文的、歷史與公民、地理和本土研究、數學、自然科學、音樂、圖畫、手工、體育等。

近來教育學院由教育部決定，將附屬的實習學校實行廢除。其原因是由於經濟困難，不易維持。以故教育學院只得利用鄰近的公立小學為學生實習和觀察的場所。平時不特時常出外觀察小學，且觀察許多特殊學校幼稚園，和露天學校等。

（四）考試　教育學院學生，從事教學職業，要經過二種考試：（一）在教育學院讀完了二年功課後的最後考試，名第一次教員考試。（2）任用考試，即第二次教員考試。第一次考試的規程，是根據一九二八年四月十日的命令，應考者須繳履歷表，中等學校畢業文憑，和教育學院平常的上課證，以及教員們所評定的成績，成績太劣者，則不准赴考。考試委員會是合教育學院教員，和一府教育委員而成，其主席是由教育部委任。即新教或天主教的代表，也得被請參加。考試分筆試和口試。筆試包括一論文。口試（一）考專業科目，如教育理想、教育歷史、心理學、哲學、學校管理、學校衛生、和教育社會學等。（2）考教材和教法。如關於德文、歷史、音樂等。考後將其考試成績與平時求學成績一同計算，及格者則給文憑。至若第二次教員考試，則由一九二八年六月二十五日的章程所規定，應考者須繳第一次考試及格文憑，和其服務說明書，并該區視學員的報告等。由府教育委員，或視學員，教育部所委的教育學院教員，小學教員等組織而成。應考者要試教二種科目，給考試委員會觀察。觀察後繼以討論，看其對於教學方法與原則能否充分的利用。

（五）**教員之地位與待遇**　教員們雖非直接由國家委任，然其地位是公務員，可以參加政治。現下有許多教員做着地方議會的議員。其地位頗高。至若薪水數目，是由聯邦法律所規定。

以上是普魯士邦的師範教育制度，其他如巴登（Baden）巴央奥登堡（Oldenburg）也有單設的教育學院。撒克遜圖林根漢堡等邦，將師範教育附於大學或工科大學內，修業期多爲三年或二年，更益於大學三年外加以一年的實習。總之截至一九二八年止，德意志十八邦中，已採用新制者有十二邦。猶保存舊制者凡二邦。舊制已廢還沒有新制代替者，凡四邦。

中學教員之現況　德國各邦的中學教員，都有公同的標準，即是必受大學教育和專門的訓練，幷受國家的指導與檢定。十八世紀時，普魯士即有教員考試的制度，至一八二六年且定若干時候爲教員任用後的試驗時期。現在的制度是一九一七年所規定，其要點有如下述：

（1）**中等教師之必要條件**　凡欲爲中等教師者，至少須有八學期在大學讀書，幷通過了國家考試。在大學必修的課程，除專修欲教授的功課外，還要讀教育學和哲學。若欲教學科學，還要做各種實驗。自一九二五年後，學生必須有二學期的體育。凡欲教學宗教、德文、近代語或歷史者，必要修拉丁文或希臘文或英文。凡欲教近世語者，有兩學期得在外國大學讀書。凡欲教學數學、化學、物理者，可入高等工業學校。赴國家考試的時候，學生須繳進詳細的學業紀錄、論文、體力憑證，教授介紹信種種。若果所進的大學不合標準，考試委員會可以不允他們應考。

（2　**學業考試**（academic examination）　國家考試是由學業考試委員會執行。這委員會是由大學教授，和教育部委派的中學教員組織而成。考試科目分（一）公同必考的：哲學、倫理學、青年期的理論（Theory of Adolescence）論理學、認識論。（二）下列科目中任擇其三：宗教、德文、拉丁、希臘、希伯來文、英文、法文、歷史、地理、算學、物理、化學、植物學、動物學。（三）附屬科目：如哲學概論、政治學、教育學、實用數學、礦物學、地質學、各種近代語、語言學、宗教史、圖畫、音樂、體育等，漫無限制，只得任投考者選擇其一，以爲副科。此外每人尙須備論文二篇。一篇用拉丁文和近世語寫出。一篇用德文寫出。考試分筆試與口試，筆試不及格者不能赴口試。

（3）講習與試教　凡通過學業考試者，即成爲見習教員。受二年的實際訓練，一年在九年制的中學，一年在六年制的中學，普通分配於一校習練者，至多不得過八人。在此兩年中，候任者必須出席於中學班級教授，并逐漸被引領受一專門學科之教師指導，每週有二小時，與專門教師開討論會。此種實際的訓練，第一年稱講習期，第二年稱試教期。不滿意者在第一年末即不能繼續。

（4）專業考試（professional examination）　第二年之末，若中學校長和教員對於見習教員都有滿意的報告，即允許赴專業考試，由考試委員會在各省舉行。考試委員是由省考試部所委任，合部員、中學教員和校長而成。考試也分筆試和口試。通過者即由見習教員進爲助理教員，而取得被任爲中學正教員的資格。被任後則位置頗形穩固，薪水年有增加，老年時得領養老金。

各邦間關於中學教員檢定考試之相互承認，至今尙未完全達到。既結協定者，僅有普魯士、圖林根、米克林堡、希維令、奧登堡、漢堡幾邦。

職業教育　德國的職業預備，開始於義務教育完結以後。其實施職業教育之機關，種類頗多，茲分述如下：

(一)強迫職業補習學校　義務教育完結以後，依聯邦憲法第一百四十五條，凡十八歲以下的幼年，必須入職業補習學校。普魯士依照一九二三年法令，凡各地於可能範圍內，這種補習教育，都是強迫的。普通是三年畢業，每週上課六小時。現在男幼年入此種學校者有百分之八十至九十，女幼年有百分之五十左右。上自政府，下至私人團體，對於此種教育，都極其努力。在城市方面的設施，更爲有效。現在德國大部份都採用新名「職業學校」(Berufsschule)。其目的爲給從事職業活動的青年，給予實際的學識或補習普通分職工、商業、家事、農業等科目。

(二)全時間的職業教育　此種職業教育，修業期一年至三年不等，分低級與高級二種。前者是培養各業的實際人材，後者爲已有職業經驗的人施以較高深之訓練。小學畢業者則進低級。修完中學六年者則進高級。其種類甚多。有關於農林、園藝、畜牧、森林、水產者。有關於建築、礦業、商業者。有關於家庭事務者，其教員是曾受大學專門訓練而富於經驗的人。

(三)商業專科學校　此類學校與商業的職業學校合併設置，其與中等教育有相當的關聯。計共有三類：第一類爲商業實科學校，一部份通常附設於實科學校之商業部。第二類是表現建立中學的質性，在普魯士稱商業學校，在圖林根稱商業專攻學校，或商業中間學校。第三類程度較高，在普魯士稱中等商業學校。

(四)工業及工藝專科學校　此種學校類別甚多，目的與課程彼此各不一律。其目的通常是訓練應用技術人才，如設計者、管理者、工廠監工、工頭以及藝術家與技師等。例如機器製造學校，其修業期間爲四學期，其入學資格須受國民學校教育，并曾經四年工廠實習，其目的是造就工廠首領。又有高級機器製造學校，修業期至少五年，其目的在於實施專門的訓練造成機器之技師。此外又有建築工程學校，通稱爲建築學校，修業時間爲五學期。美術工藝專科學校修業期間二年以上。類別頗多，不得盡舉。

(五)農業專科學校　此類學校在普魯士與南德各邦，近年來進步頗速。有農業學校，以其設於冬令，也稱農業冬令學校。修業期包括兩冬令，實施全時的通俗農事訓練。又有農業專科學校，其程度較高，有時被列入中等學校一類。

職業學校之最高級，則爲高等工業學校（Technische hochschulen）與高等商業學校（handelshochschulen）。其程度與大學相等，招收九年制中學畢業的學生。

近年來因職業教育發達極速，學生從事的職業極其繁多，職業指導因之極重。近來職業指導局，分佈全國，名目繁多，如手工業工業教師等職業局，如婦女青年的指導機關等，目下既合併全國各地機關，成立一聯邦職業局。其任務是溝通合理的經濟組織，并分配各業的工作人員以求國家經濟的最高生產力。職業指導的工作，一方面與學校、教員、家長、以及工廠工頭相聯絡，指導學生從事適當職業；一方面供給職業界消息，使學生獲得職業。近來職業介紹用的心理測驗與智力測驗，亦大有進步。

德國各種職業學校，於職業學科外，仍重公民與社會的訓練。體育一科自初小以至各種職業學校，始終視爲必要。德人強種富民的思想，於此可見。

第六節　成人教育

德國成人教育之發達，略可分爲二時期：自一八七一年至二十世紀之初，爲萌芽時期；自二十世紀初而至現在，爲發達時期。在一八七一年，設立民衆教育弘布會，是爲德國民衆教育的開端。厥後因德國政府給男女市民以選舉權，民衆教育變爲時代上之所需求。以是民衆大學，（如Humboldt 民衆大學於一八七八年在柏林開辦）公衆圖書館，巡迴文庫等，遂逐漸發展。一八九八年爲提高民衆大學的演講，而成立德國大學教授的聯盟，對於民衆教育頗肯努力。大戰時的民衆教育，多以宣傳戰爭爲目的。革命後民族思想爲之一變，設立民衆大學的運動，遂爲一時的新潮流。

德國的成人教育，是自由發展，並不受國家的監督與管轄。其成人教育之機關，通常非由公家主辦，大部份都是由私人自由社團所設立，幫助，或維持。此種社團爲宗教的，職業的，或爲政治的集體。其成人教育的種類爲大學之推廣課程、圖書館、博物院、戲院、劇場和無線電播音等。最使人注意而有研究價值者，即爲民衆大學（Volkshochschule）。

民衆大學可分爲家庭民衆大學，與晚間民衆大學。若按其性質，則可分爲四種：第一種比較偏具智的型式，其重要者在柏林德勒斯登（Dresden）來比錫（Leipisig）等地。第二種是具浪漫性質的，在他薺遮（Thuringia）南部，與中央和薩克森（Saxony）鄉村地方。第三種是有宗教或政治色彩的，如各地基督教民衆大學，德勒斯登的俾斯麥（Bismark）民衆大學是。第四種是聯合主義的民衆大學，如尼森（Essen）地方之民衆大學是。此種大學重獨立研究，並沒有宗教或政治色彩。

家庭民衆大學（Heimvolkshochschule），校舍是在一個家宅中，招收農民和市民，全部修業時間大約四至六個月，學生數約從三十八到六十八。學生年齡約在十八到二十八之間，大約都討論生活與職業的問題，並謀精神上心靈上和身體上的進益。此種大學在全德約有八十。至若晚間民衆大學（Abendvolkshochschule）既普遍於較大的城市中，以便城市工人就學。教員係兼任，常有牧師、醫生、律師、政治家等願意服務者。每校設專任校長，學程甚多，修習期間常由一年到三年。

民衆大學的課程，是有系統的組織，而非隨便的講演。其教學法是討論多，而演講較少。學生要有筆寫的報告。大學也有分科，如柏林民衆大學分自然科學（化學、數學、動物、植物、及天文學）哲學、文學、（哲學、文學、美術、音樂）和社會科學，（市民學、產業史、社會學）可爲一例。近年來設民衆大學的運動，進步極速，教育行政當局亦願爲之努力。教育部之成人教育局，是專門研究調查或討論關於成人教育各種問題。社會人士熱心提倡者，多屬知識階級人物。此種成人教育的目的，與英國的大學啓導學級的運動，丹麥的民衆學院，頗相類似。傾注於文化陶冶，而缺乏職業訓練的意味。

第七節　德國教育之趨勢

德意志國民富於創造性，歐洲各國教育權，由教會手裏收回到國家管理，以德爲最早。其各邦教育，各自爲政。情形已殊，制度也有點差別。然大都以普魯士的制度爲模範，政治如此，教育亦然。自大戰後而至現在，教育改進約有下列四個趨勢。在學校系統方面，有單軌制的趨勢。中等教育方面，有注重現代和德國文化的趨勢。在大學方面，其行政制度又漸有專制的趨勢。在師範教育方面，有極力提高學生程度的趨勢。歐戰前德國學校系統，是雙軌制。此制創立於一八一五年，其時政體專制，重階級思想，故貴族和平民子弟所入之學校，自幼卽分二途：爲平民而設者，有九年之民衆學校，畢業後多入職業界任事。或於工作餘暇，入四年之補習學校，也有少數入職業學校及專門學校，以備任職業界之技師，或入師範學校，爲初等教員的準備。平民子弟極少能入中學和大學，此是一軌。爲上等社會階級而設者，有三年之預備學校，其後則有九年之中學，中學畢業後可入大學，養成爲國家的領袖人才，此又一軌。自革命以後，國體改爲共和，階級思想因之打破。以是於一九二〇年四月二十八日，將革命前之教育制度，明令廢止。廢除了中學預備班，使全國兒童概須受共同之普通教育四年，稱爲基本學校。在此四年中，看學生的志向與成績，優秀者則由中學而大學。天資較次者，則再續國民學校四年，或入中間學校，或從事職業界，或入職業學校。或者由國民學校習三年，就進六年制或九年制的中學，而升入大學，因此由雙軌制，一變而有單軌制的趨向。將來學制上的平民化，定必與時俱進，日見顯著。從前德國的中等教育，是爲着貴族而設。如古文中學重拉丁希臘文。實科中學從事數理學科之深造，並兼顧及現代語言科。文實科中學之地位，介乎兩者之間，其組織有九年的，叫完全中學校。有六年的，是前期中學。自大戰後新中學漸次設立，均有注重近代語與德國文化的趨勢。如德文中學以德意志學科爲中心，研究德意志的文學、經濟、政治、和工藝。新制中學，擬將各類中等學校設置共通三學年的低級段，其中教授一種現代外國語，從此共通的低級段，分爲四支，卽實科中學，德文中學，文科中學，文實科中學，其目的是使在中學之前三年有統一性，遲延學校型別之選定時期。至若建立中學多設在鄉村，以應鄉區兒童入學之要求，其課程內容可爲古文中學，文實中學，或實科中學，或德文中學。事實上屬古文中學類者極少，大多數皆爲實科中學或德文中學。其第一種外國語須於全體六年肄業期間，始終修習。總之德國的中等教育，自大戰後皆趨重近代語和德國的文化，比之從前大不相同。至若學校行政，戰後原有平民化的趨勢。一九一八年十二月漢堡教員中之急進者，隨革命潮流決定脫離一切正式規章之拘束，學校行政取決於教員會議。大學校長及各科院長均由教授選舉，任期大抵一年。教授由各科推薦，由校長呈請政府任命。故大學爲獨立機關，名爲隸屬教育部，而不受其干涉。不料最近普魯士教育部長忽下令取消此種教授治校的自由制度，校長由教育部長委任，院長則由校長聘任。對於全校事務，校長有絕對權力。各院院務則院長負完全責任。向來大學自治制度，現已根本取消，實行領袖制與狄克推多制，一如現在德國的政治組織。其他各邦或將相繼倣傚，可想而知。德國小學的師資，原來由師範學校造成，這種師範有預備學校三年，本科三年，共六年，招收國民學校畢業生。其畢業中間學校或其他機關具有同等程度者，亦可進入。自革命後，此種制度已經取消。新制各邦概已規定投考師範學院或大學師範科之學生，至少須有九年中等學校畢業之程度。因此師範生基本教育之程度，已經提高。學生們經過悠久之中學基本訓練後，不特本人將來所願教的學科內容可以精通，其在學校的經驗亦可因之增進。這是德國教育最近改進的趨勢，我們可一望而知者。且在一九〇〇年新教育先鋒奧托氏（B. Otto）在柏林郊外實驗新教育，課程無固定，學生無賞罰，上課自由，完全根據兒童的興趣頗能引起一時人士之高興。戰後新教育進展益速，漢堡爲實驗教育的中心點。其始由小學更而伸至中學。男女教員得有此種新經驗者，皆注意兒童的本性與需要。所設的學校名community schools，其特性是兒童的父母與教員合作，以期達到教育上的共同目標。柏林不來梅（Bremen）志拿（Jena）來比錫（Leipzig）德勒斯登（Dresden）及其他城市，設此種學校者，聞風興起。在德國教育改進運動中，頗能現一異彩。

練習題

1. 試比較德法兩國教育之史的發展。
2. 試比較德美兩國的教育行政制度。
3. 試比較德法意三國的教育視察制度。
4. 德國的學校系統，有何特異之點?
5. 試述德國幼稚教育的發達史及其現況。
6. 試討論德國基本學校的組織行政及其課程。
7. 德國的高級國民學校，與中間學校有何不同之點?
8. 德國中間學校的課程與教學法，有何特點?
9. 試述德國中等學校之類別及其各種中學的特性。

10. 德國中等學校之設立，須合何種條件？
11. 試比較德法兩國的中等教育。
12. 試討論德國中等學校之招生，及其考試制度。
13. 試比較德法英三國中等學校的會考制度。
14. 德國女子的中等教育，比之男子有何不同？
15. 試討論德國大學校的組織與行政。
16. 德國的學位制度，比之法國與美國有何不同？
17. 試述德國的大學教育各科學生分配的普通現況。
18. 試述德國師範教育的略史。
19. 試述德國教育學院的組織，課程，及其考試制度。
20. 欲做德國中等學校的教員，須有何種訓練與經驗？
21. 試比較德法兩國的師範教育制度。
22. 試討論德國強迫職業補習教育制度。
23. 研究德國職業教育制度後，對於吾國職業教育有何改進之建議？
24. 略述德國成人教育發達史。

25. 試述德國民衆大學的類別，及其組織。

26. 試比較英美德法四國的民衆教育。

27. 德國的民衆大學是否注重職業的訓練？

28. 試述最近德國教育的趨勢。

29. 德國教育對於吾國教育之改進，有何參考資料？

英文參考書

Kandel, I. L.: Comparative Education, 1933 pp. 136–154, 281–291, 425–454, 565–584, 707–756, 842–848

Kandel, I. L.: Educational Yearbook, 1932, pp. 201–262

Ahmad, Z. U.: System of Education in England, Germany, France and India, Longmans, Grene & Co., London and New York, 1929

Alexander, T. and Parker B.: The New Education in the German Republic, The John Day Co., New York, 1929

Kandel, I. L. and Alexander, T.: The Reorganization of Education in Prussia, Bureau of Publications, Teachers College, Columbia University, 1927

Roman, F. W.: The New Education in Europe, E. P. Dutton and Co., New Y
1930

中文參考書

常導之德國教育制度（一九三三南京鍾山書局）
常導之德法英美四國教育概觀（一九三〇商務）一至六七頁
羅廷光師範教育新論（一九三三南京書店）八五至一〇六頁
莊澤宣各國教育比較論（一九二九商務）
職業教育社職業教育之理論與實際（一九三三中華職業教育社）四一至七二頁
張安國譯德國新興教育（商務）一九三四

雜誌論文

謝康譯德國幼稚教育史要（中華教育界二十一卷九期）
雷通羣中日德三國師範教育比較觀（中華教育界十九卷十二期）
宋學文德國小學的自然教材（兒童教育四卷四期）
謝　康德國義務教育史（義務教育特刊七十福建教育週刊七一期合刊）

廖鸞揚德意志之新憲法與新教育（教育研究三五期）
章光濤現代德意志教育理論之鳥瞰（教育雜誌一三卷四五號）
楊希明現代德意志初等教育之教則（教育雜誌一三卷五號）
陳子明最近德國中等教育之發展（同上四號）
吳昌孚德國小學師資之訓練（同上）
林仲達德國新教育之哲學（同上二號）
鄭冠兆德國之工人教育（教育與民衆二卷二期）
吳自強德國鄉士教育思潮之一瞥（中華教育界二一卷一期）
章光濤德國教育改進社之教育思想與主張（同上）
陳震法德兩國的學位考試與學位（安徽教育三卷二期）

第八章　日本教育之演進及其現況

日本以蕞爾小國，雄霸東方，一戰勝我，再戰勝俄，歐洲大戰以後，一躍而爲世界強國之一。論其地域，本島爲一四七、五九三平方英里。合高麗臺灣等總計共有二六〇、六四四平方英里。其人口總數本島有六四、四五〇、〇〇五八全帝國計算共有九〇、三九五、六九八人（一九三〇統計）考其所以能雄視世界，稱霸東亞，乃其普及教育之功有以致之。茲將其教育發達略史，及其近況，一一敍述，以爲吾國人借鑑。

第一節　日本教育之史的考察

日本教育之發達，略可分爲四時期：明治維新以前（一八六八年前，）爲閉關時期；明治元年至十二年（一八六八至一八七九）爲新教育發軔時期；明治十二年至明治末年（一八七九至一九一三）爲新教育改進時期；一九一三年以至現在，爲新教育發展時期。日本未開關以前，其對待外人之態度，正與吾國人在鴉片戰爭以前相彷彿。雖十六世紀豐臣秀吉時，有西人到日本傳教，然不過限於海濱，不許他們入腹地去做工作。直至十八世紀末十九世紀之初，除了荷蘭人外，歐人始終不得與日本公開貿易，這時期叫做：

閉關時期。

閉關時期的教育有二個特點。(一)爲儒家教育;(二)武士教育。日本從前的文化,由中國輸過去,人人都知道的。應神天皇時(晉武帝泰始六年至永嘉四年。)王仁渡日(太康六年,)傳入儒教。在中國隋唐時代,復遣學生到中國留學,中國的文化與漢學輸入日本。貴族除習漢學外,並嗜音樂藝術。後來武士漸漸得勢,自源賴朝以至鎌倉(南宋淳熙十一年至元元統元年)室町(元元統二年至明嘉靖四四年)兩時代,受教育者除貴族外,尚有武士。此後學問藝術惟武士和儒者能學習。一八五二年美海軍中將罷理(Perry)持國書求見日皇,挾着長槍利刃和堅固的艦隊,使日人知歐美新式戰器之可怕,抵抗不得,拒絕不能,只得於一八五二年與美國訂通商條約。英法俄荷各國繼之,亦與日本訂約,以是門戶大開,不久便釀成幕府推倒,與明治維新的政潮。

慶應三年(淸同治六年)十月,德川慶喜奉還政權,江戶幕府因以崩潰。十二月宣告「王政復古」「明治維新。」於明治元年(一八六八年卽淸同治七年)發佈誓文五條:(一)廣開會議,公決萬機;(二)上下一心,實行經綸;(三)文武官員而至庶民,各遂其志,毋沮民心;(四)破除陋習本乎天地之公道;(五)廣求智識於世界,以爲振興王室之基礎。以是君臣上下,一德一心。一方面破除舊習,一方面輸入歐美文化。明年遣使與吾國通好,幷遣學生至外國留學,積極輸入新文化,提倡新教育。教育行政制度以及學校系統,遂有極大的革新。這時期可稱爲。新教育發軔時期。

在這時期中,教育方面有幾種建設,可以令人注意:(一)在中央教育行政方面,於明治四年設立文部省(卽教育部,)管理全國教育事業。當時的學制,分全國爲八大學區,每區設大學一所。大學區中分三十二中學區,每區設中學校一所，全數爲二百五十六所。中學區中分二百十小學區，每區設小學校一所，全數爲五萬三千七百六十所，大抵每人口六百卽設小學一所。八年改爲七個大學區，其制度大半倣自法國。在大學方面設有督學局，其職責是代教育部負責監督學務進行事宜。在中小學方面，設有取締所，其職務爲管理學務，督令該各區兒童入校。（二）在學校系統方面，於明治三年發表中小學規程，小學七年，由八歲至十五歲。小學卒業後，至遲於十六歲入中學，至二十二歲畢業。中學教育爲研究大學五科的預備。其時以昌平學校爲最初大學。其中分科有五，卽教科，法科，理科，醫科，文科。教科內容爲修身學與神學，後來將教科省去，僅分文、理、醫、法四科，此爲新學校系統的始基。（三）在教育思想方面，忽而學法，忽而學美，忽而學英，大有歐雨美風咄咄逼人，不知何所適從之勢。日本學制原倣法國，用全國劃一制度。自美人史克敦爲師範學校教師後（卽今東京高等師範），又聘美人莫爾拉爲學監，各種教育漸習美國風。至明治十二年頒佈教育令，採用自由制度，凡學校區域教科書學費等，教部僅規定大體，各校能便宜從事。十三年後，又盛行斯賓塞主義，趨向美國風，明治初年留學生多派至美國，十年後多派至英國。可見當時日人醉心歐美化，思想常不一定。（四）在女子教育方面，力主男女平等。當時文部省呈報內閣提出書面上的指令，有一點是主張男女教育機會均等。其提出理由：（1）男女彼此無別；（2）男子既受相當教育，女子也要一樣；（3）女子爲將來國民之母，負教養子女之責，故教育甚關要緊。後來日本女子教育之發達，此爲主要原因。全國學校數目與時俱進，明治六年有小學一萬八千五百二十八所，學生一百一十四萬五千八百零二人，至明治十二年學校增至二萬八千零二十五所，學生共二百二十一萬五千零七十八人。中學方面明治六年祗有二十所，學生一千七百四十七人。至明治十二年增至七百八十四所，學生三萬七千二百八十一人，在數年中，進步之速，大有一日千里之勢。

明治十二年後，教育法令與制度常有更改。蓋自維新以來，已經十二年。一方面輸入歐化，一方面試驗新政。經過種種的試驗，即有種種的改進，以是自明治十二年至明治末年爲：

新。教。育。改。進。時。期。

這時期日本教育的改進，約有幾點：(一)爲確定教育宗旨。蓋日本維新以前的教育宗旨，原是作育士風，陶冶品性，純爲吾國的儒教主張。自明治維新後，輸入歐人之科學智識，遂重智育而輕德育，自由民權之思想因此大興。日本教育部恐人心浮亂而難以統治，以是於明治十五年，向各校頒佈勅撰謂：『彝倫道德，乃教育之主。宜以忠孝爲主，仁義爲先。』至明治二十二年頒佈憲法，翌年召集國會，頒佈教育勅語，愛國忠君的教育宗旨，遂以確立。其勅語最要緊處就是：『我臣民克忠克孝，億兆一心，世濟厥善。此乃我國體之精華，教育之淵源亦基於此。……不獨爲朕忠良之臣民，又足以顯彰爾先祖之遺風。』日人以爲忠孝合一，與吾國專制時代忠臣出於孝子之門，同一思想。以此爲數十年來日本之教育宗旨，皇室因之而固，國運隆盛，亦以是乎賴。(二)爲修改學制。明治十四年改小學爲三級，即初等小學，中等小學，高等小學；其修業初等三年，中等三年，高等二年，合共八年，比以前延長一年。至論中學呢，明治十二年的教育命令，中學僅普通科，爲升進大學之預備。至十四年則中學之目的和功用，不特爲一般青年子弟預備升入大學，且養成一部份學生能直接在社會擔任職務。畢業年限初中定爲四年，高中二年，共六年。至若師範呢，也分三等，初等一年，中等二年半，高等四年。卒業初等師範者，可爲初等小學教員。卒業中等師範者，可任初等小學或中等小學教員。至若畢業高等師範者，可擔任各等小學教員。但至十九年小學中學和師範，修改到僅有高初二級之分。此種學制是繼前開後我們不能忘記。(三)爲改進行政制度。明治五年的制度，小學設有取締所，但明治十二年後，人民得自由設學，前時鄉村學務委員由政府任命者，現在可由人民公舉。因此對於學校管理和行政職權，可由人民執行。(四)爲明治四十年，把義務教育延長爲六年。並改訂師範學校規程，延長女子師範學校修業年限至四年。四十三年高等女學校分文實兩科，四十四年改正中學校與高等女學校課程大綱，亦爲此時期教育改進之重要工作。此外如社會教育，至明治十九年教育部頒佈官制，規定第三科掌通俗教育事務，以是正式將社會教育劃入教育行政範圍之內。明治四十九年頒佈朝鮮教育令，規定其對於殖民地之教育方針，謀日本文化積極侵入，務使日、韓民族鎔於一爐。日人用教育爲文化侵略的工具，故其在各殖民地之教育方針，皆不外使被征服民族與之同化。且經過中日之戰、日俄之戰，日人對外疊次得勝，非明治天皇整頓教育之功，斷不至此。待至大正時代，則入：

新教育發展時期

自大正元年（一九一二）以至現在，爲期不過二十餘年。這二十餘年間，日本教育之進步，大有一日千里之勢。在義務教育方面，教育經費一部份由國家補助，此爲大正七年的議決案。此後義務教員薪水，一部份由國庫支給，不特可減輕地方上的負擔，使教育薪金有所着落，即於兒童義務教育之求學機會，亦有保障。此種補助費，最近已增至每年八千五百萬元。義務教育遂日見發達，幾乎凡學齡兒童皆有機會入學。在職業教育方面，工業學校自日俄戰後漸漸增加。歐戰以後，則蒸蒸日上。卽農業教育之發達，亦有東方丹麥之稱。日人經濟靠着向外發展貿易，商業教育爲其向外經濟侵略唯一的準備，近年來亦大有進步。在中學方面，則注重自然科，在大正八年增加自然科時間。蓋自歐戰發生後，日本朝野覺得自然物理化學等科的智識，有提高之必要，故倡言提高程度，增爲全時間百分之十二。不特中學注重此等學科，卽小學亦如之。在高等學校和大學方面，於大正七年發佈大學令，高等學校令，於大正八年新設高等學校十七所，專門學校及實業專門學校凡三十一所。又由專門學校及實業專門學校，升爲大學者計六所。其他如教育行政，學校系統，以及社會教育，成人教育，近年來改革和發達的概況，當在下面分別敍述，以補本節之不足。

第二節　日本教育行政制度與學校系統

日本教育行政機關之組織，可分爲中央與地方兩段，中央設文部省（教育部）有文部大臣總攬全國教育行政，兼文藝宗教事宜，爲釐定全國教育政策指揮下級教育行政機關的總樞紐。至論地方教育行政機關，不過執行中央教育行政機關之命令而已。且地方教育行政沒有獨立的長官一切教育政策和計劃，都由中央文部省委之各地方行政長官——府縣知事去辦，至多不過在府縣知事之下設一教育課長而已。茲將其組織系統列表如下：

內閣
文部省大臣
視學員
大臣官房：秘書課　文書課　學校衛生課　建築課　會計課
宗教師：宗教課　保存課
學生管理司：學生課　調查課
學校圖書司：編修課　發行課
社會教育司：青年教育課　成人教育課
實業教育司：工商教育課　農業教育課
普通教育司：學務課　庶務課
高等教育司：學務課　學藝課
國立大學國立圖書館等
府　教育局　學區　視學員　中學　師範　小學
縣　教育局　學區　視學員　中學　師範　小學
市　教育局　學區　視學員　中學　師範　小學

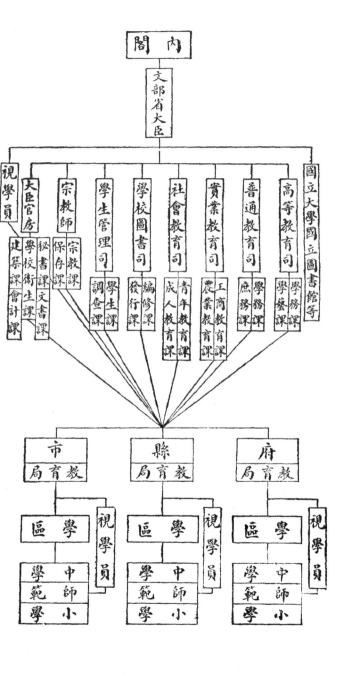

文部省大臣爲內閣一員，同時爲教育行政機關最高的首領，關於政治上的事件，天皇有命令者，有國會副議長爲之襄助。關於本部各部事項，有次官爲之襄助。文部大臣的任務，可類別爲四：（一）關於教育法律命令之立案；（二）關於教育命令之發布；（三）關於府縣知事對教育行政之指揮監督；（四）關於教育行政人員處分等事宜。爲處理上列各項事務，設有議院祕書參與天皇命令以及與政治事項有關係的事務。有督學官，任視察和監督教育事務。有編審官，指導編譯和審查圖書事務。有學校衞生監督，管理衞生事務。此外尚有技師、技士、課長、課員、雇員等，襄助本省各種事務。其組織除大臣官房外，還有七司。

1.大臣官房　大臣官房的職任，相似總務司。凡一切不屬於其他七司的事務則歸本房辦理，內分五課。(一)祕書課，掌管教育行政官吏和公立學校職員之進退，及本部所管各局規程等事項。(二)文書課，管理公文和編製統計報告等事項；(三)學校衞生課，管理學校衞生，校醫以及衞生調查事項。(四)會計課，管理經費預算結算等事項；(五)建築課，管理建築事宜。

2.高等教育司　設司長一人，內分學藝學務兩課。學務課掌理各大學、高等學校、專門學校、各種研究所、國外留學生、及國庫補助公立學校職員年功加俸等事項。學藝課掌理各學院及學術團體研究獎勵等事項。

3.普通教育司　本司分學務庶務兩課。學務課，掌理中等初等各級學校及其他特殊學校，及學齡兒童就學事項。庶務課，掌理國庫擔負義務教育、師範教育、及盲啞教育關於經費事項，

4.實業教育司　本司分工商教育，農業教育兩課。前者掌理工商業專門或普通諸學校及職業教員養成所事項。農業教育課，掌理農業水產專門普通諸學校、及其教員養成、卒業程度之檢定等事項。

5.社會教育司　內分青年教育，成人教育二課：青年教育課，掌理關於青年團體、青年訓練、實業補習學校各種事項；成人教育，掌理圖書館博物館、及其他遊覽施設等事項。

6.學校圖書司　內分編修發行二課：編修課掌理各級學校圖書之編輯；發行課則掌理圖書調查檢定認可事宜。

7.宗教司　分宗教保存兩課：宗教課掌理各教派寺院僧侶教師等事項；保存課是掌理國寶史蹟名勝，及天然紀念物等事項。

8.學生管理司　指導或調查學生關於思想和動作等事宜。

此外還有許多委員會，如檢定教員委員會教科書調查會等，亦屬文部省管轄，惟殖民地教育屬殖民地政府管轄，海軍陸軍教育，歸海陸軍省管轄，此則非在本省權限之內。日政府之政策是將教育事業大部份，置於中央政府管轄下，集中政權，以達到全國教育一律發展爲目的。

至若地方教育行政機關組織極簡單。日本本部分行政區四十六，其中三區稱府，其餘皆稱縣（北海道除外）。地方教育行政權，全委之於府縣知事及市長。在府縣知事之下設一教育課，司理地方教育行政事宜。其下再小的行政區域爲市、町、村，有地方自治團體，司理教育行政，稟承府縣之教育課及知事的命令，執行一切。至論市教育行政，大市有六，卽東京、大阪、神戶、京都、橫濱、名古屋，設有教育局，有局長、視學官及其他職員。教育視察，文部省有視學員及指導員若干人。府縣市亦有視學員。

至若現行之學校系統，大概分爲初等教育，中等教育，高等教育三個階級。

初等教育以前，爲幼稚園，兒童三歲或四歲入之。到了六歲入小學，修業期六年，此爲義務教育年限。尋常小學以上有高等小學，修業期二年或三年。又有五年之中學校，與高等小學平行，因此可以表示其學制有雙軌的色彩。畢業尋常小學者，又可進三年或四年之乙種實業學校，四年或五年之高等女學校，以及三年或四年實科高等女學校，並無定期的實業補習學校。專門教育則有四年之高等師範學校，三年或四年之專門學校，在大學中學間的三年高等學校。若在高等小學畢業者可進四年之師範學校，或三年之甲種實業學校。在高等學校以上，則有大學校。再進則入研究院。其圖如左：

年齡	學年
22—23	XVII
21—22	XVI
20—21	XV
19—20	XVI
18—19	XIII
17—18	XII
16—17	XI
15—16	X
14—15	IX
13—14	VIII
12—13	VII
11—12	VI
10—11	V
9—10	IV
8—9	III
7—8	II
6—7	I
5—6	
4—5	
2—4	

研究院
大學校
高等學校
專門學校
高等師範
師範學校
高等小學
實業學校
乙種實業學校
無定期實業補習學校
中學校
預科
高等女學校
實科高等女學
尋常小學校
（初等小學）
幼稚園

至若近年來各級教育發達的情形，試分述於下，以當蠡測。

第三節　幼稚教育與小學教育

幼稚教育　日本在明治五年所定的學制，已有幼稚教育的名稱，施以入學前的教育。明治十九年東京女子師範有附屬幼稚園之設立，是爲日本幼稚園的嚆矢。到了現在，日本的幼稚園，頗爲發達。玆將其辦理情形，略述如左。

一宗旨　依幼稚園法令第一條，規定：『以保育幼兒使之身心健全發達，涵養良好的性情，以補助家庭教育爲目的。』其教法是順其身心發達的程度，授以幼兒容易體會的材料，幷給他們以良好的榜樣，使之模倣。

二組織　幼稚園收受三歲至六歲的幼兒，人數不能超過一百二十人。於特別情形之下，得增至二百人。幼稚園的教育者，稱爲保姆，保姆一人可保育幼兒四十人。

三課程　課程分遊戲，唱歌，談話，及手工等四種。上課時間由管理者設立者定之。

四現狀　據一九三〇年的調查，總計有幼稚園一千三百九十六所，內師範附屬者二十一所。市町村立四四二所，私立九三三所。幼兒數目一一四、七四六人。保姆四、二九五人。平均每一幼稚園有保姆三人，幼兒八二人。每保姆管幼兒二十七人。

小學教育

日本之小學教育，分爲二段；卽初等小學與高等小學。男女兼收，以留意兒童身體發達，授以道德教育的基礎，及其生活所必需的普通知識技能爲宗旨。初等六年，是強迫的，初高二等可分別設校，或將初等高等合併爲兩等小學校。茲將其課程、編級、教學法、經費等分別敍述。

（一）課程　尋常小學校之科目爲修身、國語、算術、國文、地理、理科、圖畫、唱歌、體操、女子得加縫紉。又得依地方情形，加設手工科。茲將兩等小學的科目，表列如下：

尋常小學

科目＼學年	1	2	3	4	5	6
修身	2	2	2	2	2	2
國語	10	12	12	12	9	9
算術	5	5	6	6	4	4
日本史					2	2
地理					2	2
理科				2	2	2
圖畫			1	1	男2 女2	男2 女1
唱歌 體操	4	4	1 3	1 3	2 3	2 3
縫紉				2	3	3
總計	21	23	25	男27 女29	男28 女31	男28 女30

高等小學

科目＼學年	1	2	3
修身	2	2	2
國語	8	8	8
算術	4	4	4
日本史	2	2	2
地理	2	2	2
理科	2	2	2
唱歌	1	1	1
體操	3	3	3
縫紉	(4)	(4)	(4)
總計	24 (28)	24 (28)	24 (28)

由此看來，初高二級小學科目大約相同。於必要時高小可加手工、商業、家事、外國語，或其他學科。惟男生額外時間，每週不得過六小時，女生不得過四小時。

（二）編級　日本每一小學校不得超過二十四學級。但有特別情形時，不在此限。一學級學齡兒童在尋常小學不能超過七八十人，在高小不能超過六十人。若有特別情形，最多可加增十人。至若編級方法，有下列三種：（一）全校祇為一級，即單級制；（二）全校分二級以上，為多級制；（三）一校之某級與別校之某級併合而為一級，為聯合制。在一校中有些學科如修身、圖畫、體操、唱歌、裁縫、手工、農業等，可把兩級不同之學生合為一班。

（三）教學法　日本小學教學方法，用啟發式居多，然因學科性質不同，又可分為示範、示教、對話、問答各式。其足為吾人仿傚者，約有三點。（一）重實行。日本人注重即知即行，對於禮儀一項，常教兒童隨時演習。其他如服裝之整潔，言論之誠實，事君以忠，事親以孝，對友以信，均以「實踐化」爲唯一目標。(二)重勞作。刻苦耐勞，是日本人的天性。小學校內，教師極力指導兒童做種種工作，工作範圍有園藝、畜牧、建築、製造、家事等，隨學校環境而定。(三)重體育。日人尚武，注重體育，小學校除普通瑞典式之體操外，尙有角力、競走、棒球等種種遊戲。男女兒童均能極力練習。(四)用電影助教。教育行政機關規定影畫教材，凡歷史、地理、自然、農業、商業等教材，不能直接觀察者，則輔以影畫。各校可盡量採用影片。其他如新學校所謂實驗學校，實驗新教學法者，亦勃然興起。

(四)經費　小學經費，年有增加。在明治十四年不過六百六十三萬元。四十年增至四千零九十一萬元。至一九二九年增至三億八百三十九萬元。其對小學教育的努力，於此可見一斑。

六歲至十四歲，爲學齡兒童。按照強迫教育法律，無論貧富貴賤，最低限度，都要入尋常小學讀書。各城鎮鄉小學林立，最近幾年來學齡兒童入學者，幾達到百分之九九·六。據一九三〇年的統計，全國小學校有二〇、六一九所，其中祇有尋常小學校者六、六八四所。祇有高等小學校者一四九所。其餘一三、七八六校，均有尋常及高等小學。小學校兒童有九、八六〇、六二九人。學級二〇、七九四人。平均初小一學級有四九人，高小有四十人。就學的百分數，男九九·六二，女爲九九·五七。

日本有小學校二萬餘所，小學生九百餘萬。吾國小學生數不過八百萬。日本人口不及吾國五分之一，而牠的小學生數，竟超過吾國。且吾國人民窮苦者衆，即四年之義務教育，尙有許多農民無能力送子弟入學。而日本定六年義務教育，人民尙以爲單設尋常小學，不能應多數之要求，以是城鎮稍鄉有能力者，即設兩等小學，所以兩等小學在調查表上，佔其多數。初等或高等小學畢業後，尚有各種學校可進。卽實業補習學校的數目，於一九二八年竟達到一五、三六一所。日人熱心求學，教育普及，其國運裏所放出來的一切異彩，乃由於其新教育的栽培與灌漑。

第四節　中等教育與高等教育

日本之中等教育，是包括下列幾種中等學校：(一)中學校；(二)高等女學校；(三)實業學校；(四)實業補習學校。茲將中學校，高等女學校，先事敍述。至若實業學校和實業補習學校，歸入職業教育範圍，詳述於第五節。

(一)中學校　中學校在尋常小學之上，修業期五年。日本之中學校令，規定中等教育以適應一般男子尋求高等普通教育爲目的，對於國文和道德的訓練極其注重。入學資格，入本科者(一)卒業預科(中學預科一年)；(二)卒業初等小學；(三)或有同等學力而年齡相當者。至若預科則入一年者以讀完小學四年班年滿十歲或有同等學力及年歲者爲合格。入二年者應有相當年齡或讀完小學五年級。中學校的科目爲修身、公民、國語、漢文、歷史、地理、外國語、數學、理科、圖畫、音樂、作業、體操，試列表如下：

Y	
I	
2	
4	
3	
4	
1	
5	
20	
第一種	第二種
1—3	1—3
2—5	4—7
2—4	2—5
1—4	1—2
3—5	
1—2	1—2
1—2	1—2
11—15	10—12
31—35	30—32

<table>
<tr><td colspan="2">學年
科目</td><td>I</td><td>II</td><td>IV</td><td colspan="2">IV</td></tr>
<tr><td rowspan="12">基本科目</td><td>修身</td><td>1</td><td>1</td><td>1</td><td colspan="2">1</td></tr>
<tr><td>公民</td><td></td><td></td><td></td><td colspan="2">2</td></tr>
<tr><td>國語漢文</td><td>7</td><td>6</td><td>6</td><td colspan="2">4</td></tr>
<tr><td>歷史地理</td><td>3</td><td>3</td><td>3</td><td colspan="2">3</td></tr>
<tr><td>外國語</td><td>5</td><td>5</td><td>6</td><td colspan="2"></td></tr>
<tr><td>數學</td><td>3</td><td>3</td><td>5</td><td colspan="2"></td></tr>
<tr><td>理科</td><td>2</td><td>3</td><td>3</td><td colspan="2">4</td></tr>
<tr><td>圖畫</td><td>1</td><td>1</td><td>1</td><td colspan="2"></td></tr>
<tr><td>音樂</td><td>1</td><td>1</td><td>1</td><td colspan="2"></td></tr>
<tr><td>作業科</td><td>2</td><td>1</td><td>1</td><td colspan="2">1</td></tr>
<tr><td>體操</td><td>5</td><td>5</td><td>5</td><td colspan="2">5</td></tr>
<tr><td>總時數</td><td>30</td><td>30</td><td>32</td><td colspan="2">20</td></tr>
<tr><td></td><td></td><td></td><td></td><td></td><td>第一種</td><td>第二種</td></tr>
<tr><td rowspan="9">增課科目</td><td>國語漢文</td><td></td><td></td><td></td><td>1—3</td><td>1—3</td></tr>
<tr><td>外國語</td><td></td><td></td><td></td><td>2—5</td><td>4—7</td></tr>
<tr><td>數學</td><td></td><td></td><td></td><td>2—4</td><td>2—5</td></tr>
<tr><td>理科</td><td></td><td></td><td></td><td>1—4</td><td>1—2</td></tr>
<tr><td>實業</td><td></td><td></td><td></td><td>3—5</td><td></td></tr>
<tr><td>圖畫</td><td></td><td></td><td></td><td>1—2</td><td>1—2</td></tr>
<tr><td>音樂</td><td></td><td></td><td></td><td>1—2</td><td>1—2</td></tr>
<tr><td>總時數</td><td></td><td></td><td></td><td>11—15</td><td>10—12</td></tr>
<tr><td>合計</td><td>30</td><td>30</td><td>32</td><td>21—35</td><td>30—32</td></tr>
</table>

以上課程表，是昭和六年修改的。其要點如下：(一)把中學第四年以上各級課程分爲兩種(卽表上第一種第二種。)將全體課程，分爲基本科目，與增課科目。第一種增課科目爲卒業後入社會謀生之人而設，偏重實業方面。第二種爲卒業升學學生而設，偏重外國語，化學和數學。有時也可從第三年起，就把增課科目分成二種，其時間分配變成下表：

科目＼學年		I	II	III		IV		V	
	修身	1	1	1		1		1	
	公民					2		2	
	國語漢文	7	6	4		4		4	
	史地	3	3	3		3		3	
	外國語	5	5						
	數學	2	3	3		4		4	
	理科	3	3	3					
	圖畫	1	1						
	音樂	1	1						
	作業科	2	2	1		1		1	
	體育	5	5	5		5		5	
	總數	30	30	30		30		30	
				第一種	第二種	第一種	第二種	第一種	第二種
增課科目	國語漢文			1—3	1—3	1—3	1—3	1—3	1—3
	理科			1—2	1—2	1—4	1—2	1—4	1—2
	實業			3—5		3—5		3—5	
	圖畫			1—2	1—2	1—2	1—2	1—2	1—2
	音樂			1—2	1—2	1—2	1—2	1—2	1—2
	外國語			2—5	4—6	2—5	4—7	2—5	4—2
	數學			1—2	1—2	2—4	2—5	2—4	2—5
	總數			11—15	10—12	11—15	10—12	11—15	10—12
	合計	30	30	31—35	30—32	31—35	30—32	31—35	30—32

中學校學生，每校以八百人以下爲原則，但若得文部大臣許可，可以酌量增加。欲在中學設預科，則須計算將來中學一年級要幾多學生，按名額招進。若學生人數過多，則每級可分甲乙二班，每班人數約五十。修身、實科、唱歌、體操等，不拘其學年學級，均可合堂教授。

近年來學生人數和中學校數，都加增得非常迅速。兹將一九二五至一九三二年的統計列下：

年期	中學校數	中學學生數
一九二五	四九一	二七三、〇六五人
一九二八	五三二	三三一、六五一人
一九三二	五五七	四一九、〇〇〇人

至若中學教員，據昭和五年度調查，有資格者有一萬二千人，無資格者有二千人。總計一萬四千人中無資格者約爲百分之十五。公立中學經費，在昭和四年度爲四千二百六十萬元。昭和五年稍減至二千二百六十六萬元，平均學生每人費七十七元。

（二）高等女學校　高等女學校在明治二十八年前，尚無特别規定。其施設是根據普通中學法令而已。自二十八年有女學校令之頒布，規定修業時間爲六年。如地方情形不同，得增減一年。後來經過幾次的改變，至明治四十三年又有實科高等女學校之設立，入學者以卒業小學爲合格，期間四年，若學生修完高小一年，進入實科學校則修業三年。修完高小二年或卒業者，則修業二年。如此辦法，對於設立高等小學與高等女校，彼此能夠聯絡。至大正九年的高等女校令，改爲修業期間二年至五年不等，視學生入學之程度而定。茲將高等女學校及實科高等女學校課程，列表如下：

(A)高等女學校科目及每週時數支配

五年修業時間表						四年修業時間表					三年修業時間表			
學年／科目	I	II	III	IV	V	學年／科目	I	II	III	IV	學年／科目	I	II	III
修身	2	2	2	1	1	修身	2	2	1	1	修身	2	2	1
國語	6	6	6	5	5	國語	6	6	5	5	國語	5	5	5
外國語	3	3	3	3	3	外國語	3	3	3	3	外國語	3	3	3
歷史 地理	2	2	2	2	2	歷史 地理	3	3	2	2	歷史 地理	2	2	2
數學	2	2	3	3	3	數學	2	2	3	3	數學	2	2	2
理科	2	2	3	3	3	理科	2	2	3	3	理科	3	3	3
圖畫	1	1	1	1	…	圖畫	1	1	1		圖畫	2	1	
家事	…	…	…	2	4	家事			2	4	家事		2	4
裁縫	4	4	4	4	4	裁縫	4	4	4	4	裁縫	4	4	4
音樂	2	2	1	1		音業	2	2	1		音樂	2	1	1

體操	3	3	3	3		體操	3	3	3	3	體操	3	3	3
合計	28	28	28	28	28	合計	28	28	28	28	合計	28	28	28

(B)實科高等女學校每週時數支配

四年修業時間表					三年修業時間表				二年修業時間表		
學年 / 科目	I	II	III	IV	學年 / 科目	I	II	III	學年 / 科目	I	II
修身	2	2	1	1	修身	2	1	1	修身	1	1
國語	6	6	5	5	國語	6	4	4	國語	4	4
歷史	2	2	2		歷史	2	2		歷史		
地理					地理				地理		
數學	2	3	2	3	數學	2	2	2	數學	2	1
理科及家事	3	3	3	4	理科家事	3	4	4	家事	4	5
裁縫	8	8	8	8	裁縫	8	8	10	裁縫	10	10
圖畫	1	1	1		圖畫	1	1		圖畫	1	
唱歌	1	1	1		唱歌	1	1		唱歌	1	
實業			2	4	實業		2	4	實業	2	4
體操	3	3	3	3	體操	3	3	3	體操	3	3
合計	28	28	28	28	合計	28	28	28	合計	28	28

由上表看來，普通高等女學校之科目，與實科高等女學微有不同：(一)普通高等女學有外國語，而實科則沒有；(二)實科有實業科目，而普通則沒有；(三)實科對裁縫特別注重，而普通科則歷史地理鐘點較多。關於上列課程尙要說明如下。高等女學校之外國語是英文或法文。若在特別情形之下，外國語、圖畫、音樂可以省去，而法制經濟、手工教學法等可以加入，每週時間可以增加。實科高等女學校之圖畫，唱歌及實業，在特別情形之下也可省去，而加入法制經濟、手工教學法等科。此外還有二年或三年之高等科或專攻科，課程由文部省大臣許可，另行訂正。

近年來高等女學校校數與學生數，皆大有加增，其中有許多設有高等科或專攻科，使女子能受較深之教育，茲列表如下。

一九三一至一九三二年各類高等女學統計列下：

類別	數目	學生數
公立高等女校	五五二	（昭和五年）
私立高等女校	二二四	三四六、二二五人
公立實科高等女校	一八二	二七、六六八人
私立實科高等女校	二〇	
總數	九七八	三七三、九〇三人

高等教育是包括幾種學校而言，(一)爲高等學校。(二)專門學校。(三)大學校。(四)高等師範與女子高等師

範。除高等師範學校將於師資訓練段另行敍述外，玆將高等學校，與專門學校，大學校等分述如下：

一高等學校　高等學校介大學與中學之間，原來的目的，是供給較專業的訓練，爲學生進大學的預備。但至現在，完全爲大學與中學間的過渡橋樑，修業年限是七年，高等科三年，尋常科四年。現在設立的大半都是高等科，尋常科課程與中學相似。玆將高等科文理二科之課程列表如下。

科別／學年／科目	文科			理科		
	I	II	III	I	II	III
修身	1	1	1	1	1	1
國語及漢文	6	5	5	4	2	
第一外國語	9	8	8	8	6	6
第二外國語	(4)	(4)	(4)	(4)	(4)	(4)
歷史	3	5	4			
地理	2		1			
哲學概論			3			
心理及論理		2	2			
法制經濟		2	2	2		
數學	3			4	4	4 (2)
自然科目	2	3				
物理					3	
化學					3	
生物學				2	2	
鑛物及地質					2	
圖畫				2	2	(2)
體操	3	3	3	3	3	3
合計	29 (33)	28 (32)	28 (32)	28 (32)	28 (32)	28 (32)

（上表中有括弧的是隨意科）

此種高等學校，卽是大學預科，同時有許多大學設立預科代替高等學校的。高等學校畢業後，還有研究班，課程可選下列幾科：日文中國經書、中國文學、外國語、歷史學、哲學、倫理學、社會學、法律學、政治學、經濟學、數學、物理、化學、植物學、動物學、礦物學、地質學、天文學、氣象學、實用化學、機械工程以及其他工商科目。但此種研究班很少設立，因畢業高等學校者若要進學，已直接進到大學去了。

現行高等學校令有下列幾個優點：(一)廢止歷來大學預科，授與高等普通教育；(二)規定入學資格爲完了中學四年班之學生；(三)高等學校以七年學制爲本體，於高等科分文理二科，以適合學生之個性；(四)除官立高等學校外，另有公立私立者。然現在之高等學校，僅爲預備機關，無獨立機能，頗受人批評爲不完備的教育。

高等學校的教員其資格有一定，即須有文部大臣授予的高等教員證書。無證書者，須經認可。教科書亦須受文部大臣認可。

高等學校的現況，在一九三二年的調查如下：

學校類別	學校數	學生數
官立高等學校	二五	一六、三七一人
公立高等學校	三	一、三七六人
私立高等學校	四	一、一〇五人
總數	三二	一八、八五二人

(二)專門學校　現行之專門學校令，是頒發於明治三十六年，修正於昭和三年。其目的是研究一種學術技能。各府縣市若認爲該地有需要設專門學校時，即可設立，即私人亦可設，修業年限是三年。入學資格須在中學

修業滿四年，或高等女校畢業或有同等程度者。但習藝術或音樂科者，須讀完中學，或女子中學三年。入其他特別科者要中學或女子中學畢業，或有其他同等學力者。學校內分專修科、預科、及特別科。無論何科，須經文部大臣規定。

專門學校的宗旨，曾規定『專門學校爲教授高等之學術技藝的機關』並在專門學校中，注意人格陶冶，和國體觀念的養成。就設備來說，已規定須具有教室、事務室、實驗室、實習室、研究室、圖書室、器械室、藥品室、製煉室等。

專門學校的科目，分工業、農業、商業、商船業、外國語言、牙科、美術、音樂等。據一九三二年統計有學校一百二十所，其中官立者十七所，公立者八所，私立者最多，學生數達七萬五千三百八十八人。

（三）大學校　大學校爲研究學術最高機關。有設單科者，有設幾科者。按據大學校令『大學以教授國家所需要的學術理論及應用，並及究其蘊奧爲目的，更須留意人格的陶冶，及國家思想的涵養。』大學得設法、醫、工、文、理、農、經濟、商業等學科。大學以上得設研究院，以下得設預科。入大學者須(一)畢業各該校預科；(二)畢業高等學校高等科；(三)有相當程度者。修業三年，各科及格，授予學士學位。然醫學則定四年。若入研究院，須得各科主任允許。若在研究院讀了二年以上，論文經教授會通過後，可得博士學位。或未曾讀研究院科目，繳進畢業論文，經學校當局特別認爲有資格時，亦可給博士學位。

大學中辦理最善者，是帝國大學。帝國大學共有五所。即東京帝大，東北帝大，京都帝大，九州帝大，及北海道帝大，最近設置大阪帝國大學。又官立之單科大學十三所，公立之單科大學三所，私立者二十四所。東京帝大共分法、醫、工、文、理、農六大部。法部設四十一講座。工部三十一講座。文部三十九講座。理部二十七講座。農部三十四講座。

至若教員數與學生數在一九二八年五座帝國大學共有教員一、七二四人，學生一七、九八八人；其他三十二個大學共有教員二、九一九人，學生三八、五三六八。總共有教員四、六四三八，學生五六、五二四人。

第五節 師範教育與職業教育

日本政府深覺良好教師之必要，極力整頓各級學校的師資（如中小學校教員，實業學校教員，師範學校教員。）設有高等師範，高等女子師範，及其他特殊機關。學生入學者常有種種優待或奬學金。即專門學校和大學校學生有志教育者，亦有種種之免費與優待。特殊成績之學生，有時得選送至外國留學，籌備回國後改良教學。茲將各種師資訓練機關，分述如左：

（一）小學教師訓練機關

師範學校爲小學師資訓練機關，又有東京音樂學校乙級，專是養成音樂教員。師範學校內分平常班與畢業班。平常班分爲初高二級：初級修業五年，凡修完高等小學二年課程，或有相當程度者可以考進；高級則男子一年，女子一年或二年，凡在中學或女子中學畢業或有相當程度者，可以考進。至論畢業班，則收師範學校畢業生，或有相當程度者，修業期爲一年。茲將其課程列表如下：

（A）初級平常班五年科目及每週時數支配

科目＼性別＼年級	I 男	I 女	II 男	II 女	III 男	III 女	IV 男	IV 女	V 男	V 女
修身	1	1	1	1	2	2	2	2	2	2
教學法					2	2	3	3	5	5
日文與漢文	6	6	6	5	4	5	5	5	5	5
英文	5	(3)	3	(3)	3	(3)	3	(2)	3	(2)
歷史	2	2	2	2	3	3	3	3	2	2
地理	2	2	2	2						
算學	4	4	4	4	4	3	3	3	3	3
自然史	2	2	2	2	2	3	3	3	3	3
物理化學			3	3	3	3	3	3	3	3
法制經濟							2	(2)	2	(2)
農業商業					2		2	(2)	2	(2)
家事學								2		2
縫紉	2	4		4		3		2		1
習字	2	2	2	2	1	1		2	2	2
圖畫手工	3	3	3	2	2	2	2	2	2	2
音樂	2	2	2	2	1	2	1	1	1	1
體育	5	3	5	3	5	3	4	3	4	3
總數	34	31 (34)	34	31 (34)	34	31 (34)	34	31 34)	34	31 (34)

表中有括號者是隨意科

（B）高級平常班科目及每週時數支配

科目＼年級／性別	I 男	I 女	II 女	III 女
修身	2	2	2	2
教學法	8	7	4	4
日文與漢文	3	3	5	5
歷史地理	2	3	2	2
數學	2	3	2	2
自然史	2	2	2	1
物理化學	2	2	2	3
法制經濟	2	2		2
農業或商業	3		（2）	（2）
家政縫紉		4	4	4
圖畫手工	3	3	2	2
音樂	2	1	2	1
英文			（2）	（2）
體育	3	3	2	3

（C）畢業班每週各科目時數支配（一年）

科目＼性別	男	女
修身	2	2
哲學	3	3
教學法	4	4
日文與漢文	4	4
農業與商業	5	
家政與縫紉		5
體育	2	2
隨意科目	8—12	8—12
總數	28—32	28—32

畢業班之隨意科，爲英文、歷史、地理、算學、自然史、物理化學、圖畫、手工、音樂，大約每科每週四小時，由校長規定學生選擇。

東京音樂學校乙級修業一年，是招收中學及女子中學畢業生，或有相當程度者，據一九三二年調查有師範學校一〇四所，學級一、一九三，學生數三萬九千二百五十八。

（二）中學師資訓練機關

中學師資訓練機關，爲高等師範，高等女子師範，特別師資養成所，東京美術學校圖畫訓練科，及東京音樂學校乙級訓練科。入學大概以中學校，女子中學校，或師範學校畢業，或有相當程度者爲合格。高等師範且有畢業班與研究科；女子高等師範亦得設學生畢業後再添修的課程。據一九三二年調查，高等師範有男子二校，女子二校，生徒數二千六百零七八（男子一、七三〇人，女子八七七人）。有美術學校，音樂學校的師範生徒一七二八（內女子七四人）臨時教員養成所學生四二六人（內女子一〇八人）此外凡有學問優良之教師，無論在本國或外國學校畢業者，政府得給與教員許可狀。

凡高等學校以上的教員，則沒有特殊訓練的機關。惟設有各種奬學金，凡大學研究院或高等師範畢業班的學生，有志爲教員者，可得奬勵。加功研究，預備爲高等學校教員。凡有特別材能學問者，政府得派遣至外國留學。據一九二八年統計，此種學生在大學和高等師範者有三十人，在外國者有四百三十七人。

職業教育　普通教育完畢後，若不由中學而大學者，可受一種職業教育。內分實業學校（是指中等程度的；

包括工業學校，農業學校，商業學校，商船學校，水產學校）職業學校，及實業補習學校等。茲分述如左：

（一）實業學校　實業學校之目的，是供給學生各種職業智識與技能，以供給各地方職業上的需要。有一種是招收尋常小學校畢業生，或有相當程度者，修業期二年至五年，爲乙種實業學校。有一種是招收高等小學卒業生，修業期二年至三年，曰甲種實業學校。若因特別情形，可增減一年。

實業學校以教授任事實業者必要的智識技能爲目的，兼重德性涵養。其種類爲工業、農業、商業、商船及水產五種。至若女子實業學校，課程則多以商業家政爲主。

（二）職業學校　職業學校與實業學校兩兩平行：甲種職業學校，與甲種實業學校平行，是屬中等；乙種職業學校，與乙種實業學校平行，是屬初等。中等者其程度與中學相當；初等者與高小相當。

實業學校與職業學校相比，則實業學校年限較長，上課時間也比職業學校爲多。且實業學校畢業學生，得升入專門實業學校，以資深造。而職業學校畢業者，只得升入高等科及專科。可見實業學校程度較高，畢業學生的進展，也較有希望。

昭和四年日本全國公私立實業學校與職業學校比較如下：

（一）公立實業學校

種類	甲種			乙種			共計		
	校數	級數	學生數	校數	級數	學生數	校數	級數	學生數

種類	甲種校數	甲種級數	甲種學生數	乙種校數	乙種級數	乙種學生數	共計校數	共計級數	共計學生數
工業	八一	一、〇七一	二八、九三一	一六	八八	二、四二五	九七	一、一五九	三一、四〇六
農業	二〇七	一、一七五	四七、七五三	一一四	四六四	一八、〇〇二	三二一	一、六三九	六六、五五五
商業	一五六	一、八三〇	八四、二〇四	一四	八一	三、四一六	七〇	一、九一一	八七、六二〇
商船	一一	九三	二、四二六	一	九	一七八	一二	一〇二	二、五九九
水產	一二	七一	二、〇〇一				一二	七一	二、〇〇一
職業	六九	三八〇	一六、〇九〇	一三	五七	二、一三八	八二	四三七	一八、二二八
合計	五三六	四、六二一	一八一、四五五	一五八	六九九	二六、九五四	六九四	五、三二〇	二〇八、四〇九

(二)私立實業學校

種類	甲種校數	甲種級數	甲種學生數	乙種校數	乙種級數	乙種學生數	共計校數	共計級數	共計學生數
工業	六	七三	三、一一八	三	一二	二〇五	九	八五	三、三一六
農業	七	三六	一、七三四	六	二二	五二九	一三	五八	二、二六三
商業	九〇	九三二	四七、一〇八	一一	五一	一、九〇三	一〇一	九八三	四、九〇二
職業	七八	五三九	二、一一八	六	三〇	一、一五三	八〇一	五六二	二二、二七一
合計	一八一	一、五八〇	七三、〇七一	二六	一一五	三、七九〇	二〇七	一、六九五	七六、八六一
公私合計	七一七	六、二〇一	二五四、五二六	六四	八一四	三〇、七四四	九〇一	七、〇一五	二八五、二六〇

實業學校教員的訓練機關，是在大學和專門學校，修業以三年爲期。凡師範學校中學校或五年之實業學校（卽尋常小學畢業後加修五年）畢業者，可以進入。近年來政府爲獎勵實業人材起見，在大學或專門學校設有獎學金，凡畢業後有志爲實業學校教員者，可得獎勵。其他特別學校畢業，程度優異者，亦可得實業學校教員許可狀。

（三）實業補習學校　實業補習學校的目的，使男女補習各種職業智識或技能，畢業後可直入社會謀生。其學科分兩期：前期二年，後期二年或三年。入第一期者須卒業尋常小學；後期則以修畢前期或高等小學畢業者爲合格。

學科前期有修身、國文、數學、理科、及關於職業各學科。後期有修身、國文、數學、及關於職業各學科。女子前期有修身、國文、數學、家政、裁縫、及關於職業各科。後期有家政，裁縫，修身，及關於職業各科。男女可共習的，有歷史、地理、體操、法律、經濟、外國語、及其他職業各科。前期與後期可看地方情形分設，且後期畢業之學生，有時仍可教授較高深之課程。

據一九二五至一九三二年統計實業補習學校數與學生數如下：

年期	實業補習學校數	學生數
一九二五	一五、〇五四	一、〇二五、五四四人
一九二八	一五、三六一	一、一八二、〇二四人
一九三二	一五、六六三	一、二七一、三八七人

各府市設有實業補習學校師資養成所，凡尋常小學畢業經過五年的實業學校的訓練，即合格入學。其他如師範學校，中學校，女子中學校畢業生，或有相當程度者也可以考進。據一九二八年統計，有這種養成所四六所，學生一三〇一人。

（四）職業指導。　職業指導，自尋常小學第五年起，即有實行。其行政機關，在中央之內務省社會局，設有中央職業介紹事務局，文部省設有中央職業指導協會。大約關於研究工作，則由文部省及地方教育局擔任。關於介紹指導事宜，則由內務省擔任。

第六節　社會教育與成人教育

日本社會教育，當溯源於明治四年（一八七一）在教育部內創設博物局，陳列國內外產物，即東京小石川舊有的藥園（今名植物園）亦歸其附屬。明治五年改稱博物館，同年教育部創設東京書籍館藏集古今中外圖書，公開許人民入館閱覽。厥後公園圖書室博物館相繼設立，日本的社會教育事業漸次發達，故社會教育行政上非有一定方針以事指導不可。明治四四年教育部遂頒佈通俗教育調查委員會，至大正八年（一九一九）改正教育部官制，在普通學務局內設置管理社會教育的主任官，社會教育在行政上遂佔重要位置。大正十年（一九二一）教育部改稱通俗教育爲社會教育，設第四課，分掌關於圖書館、博物館、青年團，盲啞教育、及特殊教育、社會教育等事務。大正十三年（一九二四）這第四課改稱爲社會教育司，分掌圖書館、博物館，成人教育、特殊教育等。

各地方教育課內，亦設社會教育科，明年頒佈地方社會教育職員制，各縣得設社會教育主事及主事補，而社會教育在教育行政上遂告完備。近年來圖書館，成人教育博物院，以及其他社會教育團體，日見發達，玆特略述一二，以供參考。

（一）圖書館　明治十年（一八七七）東京建築博物館，稱教育博物館。（1）蒐集教育用品使公衆觀覽。（2）設備教育圖書與通俗圖書。（3）貸出教育參考品於館外，幷歡迎批評介紹。（4）開設特別展覽會及講習會等。明治十五年後，日本教育部發佈關於圖書館的訓令，力謀圖書館的設立。同年東京設立遊龍館及帝室博物館。遊龍館專陳列軍器，帝室博物館幷附設動物園。自此後圖書館之設立風起雲湧。據一九二六年統計全國公立私立圖書館共有三千九百零四座。其中以帝國圖書館爲最大，據一九二六年調查帝國圖書館的圖書冊數，日文與漢文有三〇五、四六七冊，西文八九、七八九冊，總數三九五、二五六冊。參觀人閱讀之書八一八、七四六冊。借出圖書一二、七二七冊，每日平均閱覽人數一千一百八十八人。日人好學可見一斑。至若全國公私立圖書館情形，據一九三二年統計列表如下：

縣府立圖書館	四五
市立圖書館	八四
町立圖書館	五四〇
村立圖書館	二、五一九

組合立圖書館	三五
私立圖書館	二、二六〇
總數	五、四七三

至若圖書册數據昭和五年調查，除帝國圖書館外有八萬四千萬册以上。一館平均藏書一、九二五册。閱覽人數二千六百四十六萬以上。一館每日平均十六人強。帝國圖書館藏書七十二萬三千册，每日閱覽人數平均千二百八。

（二）博物館及其他觀覽處　明治四年日本教育部內創設博物局。後二年政府令各府縣開放勝區舊跡，及從來羣衆觀覽場所。東京的上野公園，芝公園、淺草公園、深川公園、飛鳥山公園等，先後誕生。大阪、千葉、茨城、岐阜、山形、岡山、廣島、高知各縣亦相繼設立公園。明治二十八年奈良設帝室博物館，二十九年東京設農商省商品陳列場，岐阜設名和昆蟲研究陳列場，三十年京都設帝室博物館。明治三十二年全國共只十二館，三十八年亦僅十八館。到了一九三一年，博物館除帝室博物館及東京科學博物館外，有一七三館。東京博物館可供讀自然科學及實用科學者的參考，且有書籍雜誌以供衆覽。有時開展覽會，講演會，或電影，施一種民衆教育。至若動物園和植物園就沒有博物館和圖書館這樣發達。園內除教育的娛樂外，只養多少動物和植物而已。

（三）男女青年團　學生離學校以後，對於德智方面的訓練，則有男和女青年團。現在幾乎城鎮鄉無處無之。其工作與活動，俱合青年人的需要。如講演會，研究會，讀書辯論，體育娛樂，旅行觀察等，都以促進德、智、體、羣、四育爲宗旨。近年來青年會發達迅速，據一九三二年調查男子青年團聯合團體數有六六〇單位團體數二五、六八一，團員二、五二二、九七一人，女子青年團聯合團體數六一七單位團體數一三、五七七團員六、九九、九二七人。又少年團（童子軍）總團數七三一、團員七一、九一二八。

（四）民衆娛樂　關於民衆娛樂方面文部省對於民衆讀物、電影、留聲機等都有詳細調查與選擇。其他如演劇、俗謠、亦極注意。文部省對於電影，專設調查委員會，立有認定或推薦帶有教育性或藝術性的優秀影片的制度，專以養成一般國民增加尊皇思想爲目的。文部省從大正十四年另外要求預算專門製作關於學術和風教的影片，以感化羣衆，現今日本本國所製的影片，以教育影片爲最多。

（五）成人教育　日本之成人教育，在明治四十三年幾漸次發達。至大正八年以後可算是最發達時期，其方法是由文部省委託全國大學或直轄學校等，舉行公開演講或講習。講題是多關於思想善導，或促進科學與工業智識。即職業指導與公衆衛生，亦常爲演講問題。遇必要時由文部省派遣講師專任指導之責。其他如新聞雜誌、博覽會、音樂會、各種教化團體，近年來亦漸發達，與社會教育大有關係。

第七節　拓殖教育與殖民地教育

日本位居三島，地狹人稠，除了向海外拓殖，不足以解決其人滿爲患的問題。在此種特別情形之下，拓殖教育，因之興起。且自明治維新以後，國勢日盛，用武力攫取了琉球，臺灣，朝鮮，以爲殖民地。茲將其拓殖教育與殖民地教育略述一二。

日本對於開拓事業，曾設拓殖大學。此大學始於明治三十三年，其時原是臺灣協會設立之臺灣協會學校，其目的在養成從事臺灣及南中國公私事業之人材。厥後內容組織常有變更，至大正四年改校名爲東洋協會殖民學校，七年改稱拓殖大學。十五年後經文部省認可，擴張預科分爲第一部與第二部兩種。第一部修業年限爲二年，收受中等學校畢業程度之學生。第二部修業年限爲三年收受中學四年修完之學生。現在第一部每年招收二百名。第二部每年招收一百名。除預科以外有大學部與專門部。專門部則分拓殖科、商科、法科每科每年招收一百名。現有預科學生五百十五人，大學部五百八十三人，專門部七百二十八人，共有一千八百十八人。

拓殖大學之目的，是求殖民地之進展，養成在海外經營事業之人材，注重殖民智識以及海外活動必要之外國語。如華語，馬來語，荷蘭語。其他如俄羅斯語德語必須選擇一科。此外有殖民政策，與東洋事情，殖民史，外國史等，亦極注意。畢業生既有二千二百十一人。散佈的地方，除朝鮮外以中國爲最多（朝鮮二九一人）（中國二四九人）而我國又以在東三省者爲多，此外尚有國士館，高等拓殖學校於民國十九年成立。其目的在養成拓殖南美與巴西之人材。凡中學四年修完之學生，或有同等學力者，可以考進，修業期爲一年（參看陳作樑日本之拓殖教育見中華教育界二十卷一期。）

至論其殖民地，以朝鮮臺灣爲最大。日人對於朝鮮殖民地的教育方針，在明治四十四年專以抑制漢學，普遍日本文化爲主旨。大正十一年之新朝鮮教育令所規定之學制可畫圖如下：

學齡	學年
XIX	24
XVIII	23
XVII	22
XVI	21
XV	20
XIV	19
XIII	18
XII	17
XI	16
X	15
IX	14
VIII	13
VII	12
VI	11
V	10
IV	9
III	8
II	7
I	6

大學
專門學校
高等普通學校
師範學校
女子師範學校
實業學校
職業學校
普通學校
職業補習學校
中學校
高等女學校
尋常小學校

這種新教育令，最高機關爲大學，次爲專門學校，再次爲高等普通學校，最低教育機關爲普通學校。此學制與日本內地的學制，有點不同，因專爲朝鮮人而設。至若日本在朝鮮之殖民，則設尋常小學與中學校（看上圖），與其本國學制相銜接。不過爲廢除日韓民族間之隔閡，冀使韓人歸其同化起見，亦開放日本人所獨享之尋常小學與中學，允許韓人子弟亦得入學。據昭和六年的統計，普通學校一五三七所，學生六二九、四〇五人。小學校四六三所，學生六〇、七一四人。中學校一一所，學生五、四六三人。高等女學校二三所，學生七〇、五六八人。高等普通學校二四所，學生一〇、五五八人。高等女子普通學校十五所，學生三、五五三人。書堂一四、九五七所，學生一九一、六七二人。實業學校與實業補習學校一一六所，學生一一、五〇五人。師範學校十四所，學生二、四二九人。專門學校十所，學生一、七六六人。大學預科一，學生三〇六人，本科二，學生四七二人。由此看來日本人對於朝鮮之高等教育，極不注意，即學制上有大學校亦由大正十一年起。

日人對於臺灣之教育設施，大體仍如朝鮮。惟極力排除漢文學，強迫臺民學習日文日語，比在朝鮮更加嚴厲。初等學校有二種：一爲小學校，等於日本國之尋常小學，爲移殖臺灣之日人而設，設備完善。一爲公學，爲臺灣人而設，修業六年，內分初等四年，高等二年。據昭和四年的統計，小學校爲一三三所，學生三一、九八〇人。公學校七五三所，學生二二五、四四〇人。

高等普通教育有中學校，高等學校，高等女學校，皆爲教育日人子弟的機關，銜接小學校。臺灣人進入者，寥寥無幾。又有高等補習學校相似朝鮮高等普通學校，專爲臺人教育之機關，修業三年，有多至四五年者。據昭和四年統計，中學校十所，學生四、七九七人。高等女學校一二所，學生五、〇六一人。

此外實業教育之機關，有商業學校二所，學生一、〇〇四人。工業學校一所，學生六一一人，農業學校一所，學生一七八人。農林學校二所，學生七〇四人。實業補習學校三所，學生一、五五五人。師範學校四所，學生一、二三五人。（參看漆琪生文，在中華教育界二十卷一期。）

至若大學與高等專門教育，則有臺北帝國大學一所，內分文政學部一，學生六一人。理農學部一，學生五六人。直轄於日本文部省。有高等專門學校四所，學生一、三七〇人，屬臺灣總督府學務課之統屬。

第八節　日本教育之趨勢

日本以領土計，不過中國十七分之一。人口不過五分之一。其能雄飛世界爲列強之一，非其維新以來整頓教育之功斷不至此。此外近年來日本教育界之趨勢可以令人注意者，尙有下列三點。試略述之，以爲本文之結論。

（一）普及教育　普及教育的意義，在一八七二年頒佈的學制，略有說及。卽是「必使一般人民，市無不學之戶，家無不學之人。幼童子弟無男女之別，均須從事於學。」日人抱定此種普及的宗旨，國家地方對於教育經費，作爲一種最重大的投資。據一九二八年統計，除私人辦理學校所費金錢無從統計外，日本中央政府與地方政府，總共用去五二七、二九五、五五二元。其中以辦小學校的經費佔最多數，約三一八、二二三、六九四元，已佔全教育經費之大半。其次是大學校經費，共四三、一一二、〇九二元，約佔全教育經費十二分之一。又其次為實業學校經費，共四〇、九一七、五一一元，約佔全數教費十三分之一。又其次為圖書館費，共三〇、二九六、九九九元，約佔全教費十七份之一。日人小學經費特別之多，使小學生不必付費得享受義務教育。至一九三二年學齡兒童幾乎已全數入學。尋常小學畢業後，若家事窮困無力進中學大學者，則可入實業學校與實業補習學校，使畢業後可以謀生。故政府特費重資，而此種學校數竟達一萬六千左右。社會教育特別重視，博物館、圖書室、以及其他娛樂場所，相繼並進，日人教育無論其為兒童或成人，均能普及，國家強盛，是為主因。

(二)軍事教育　日本帝國主義拓殖方法，一方面整頓拓殖教育與殖民地教育，一方面極力注重軍事教育。日人身體短小，為強種計，乃極力注重各校體育之設施。學校訓練是軍隊式的。學校內除嚴格檢查身體以外，小學校之體操遊戲，概含有軍事訓練的意味。中學校加擊劍及柔術二種。其在普通學校附設軍事訓練，是仿歐洲大戰前德國的辦法。照他們自己說：「在學校附設軍事訓練之目的，是鍛鍊學生之身心，涵養團體觀念，加高國民之中堅的資質，且可增進國防能力云。」至若陸軍學校，屬於教育總監部管轄，而有精神者十二所。不屬教育總監部管轄者六所。其造就之專門人材是專為拓殖的利器。

(三)思想善導　教育已經普及，人民的思想必龐雜而難治。故日本之統治者，以為欲日本之軍國主義，維持不墮，應以對於全國青年竭力提倡扶翼皇運的教育為職志。自昭和二年日本經濟恐慌，失業者衆，日本學生的思想，漸呈左傾。而馬克斯主義亦為一部份青年所信從。以是日人遽謀挽救之策，於昭和五年日本教育部迭次與日本教育當局會商結果發表思想善導的方針。一方面嚴格取締左傾學生，一方面宣傳反馬克斯主義。更進而改正高等學校修身科增進其所謂國民道德的信念。學生入學前有思想考查，升學時學生報名的時候，須由學生母校校長塡發的學業成績，並細述學生的品行體格，及其思想傾向。日本教育部且常召集所謂學生善導講習會，專研究如何善導學生。

至若日本之新學校，自歐戰後大有蓬蓬勃勃之勢。據小原國芳氏日本的新學校一書所紀載，約有三十多校。

練習題

1. 試述日本閉關時期的教育情形。
2. 試述日本新教育發軔時期的情形。
3. 在日本新教育改進時期，有何幾點可以敍述？
4. 從一九一二年而至現在，日本教育發展的情形如何？
5. 試比較中日兩國中央教育行政機關之組織。
6. 中日兩國地方教育行政機關之組織，有何不同之點？

7. 試比較中日兩國的學校系統
8. 試述日本幼稚教育的情形。
9. 試比較德法日三國之小學校教育。
10. 日本小學校的教學法，有何特點？
11. 試比較德日兩國的中等學校制度。
12. 試比較法日兩國中學校的課程。
13. 日本的高等女學校與實科高等女學校的課程，有何不同？
14. 日本的高等教育機關，包括幾種學校？試述其最近的情形。
15. 試比較德法日三國的學位制度。
16. 試比較德法日三國的師範教育制度，並批評其得失。
17. 試述日本的實業學校之組織，及其種類。
18. 日本的職業學校與實業學校有何不同？
19. 試述日本實業補習學校的現狀。
20. 試述日本社會教育發達的略史。
21. 試述日本圖書館發達的略史及其現況。

22. 試比較德日兩國的成人教育。

23. 試述日本拓殖教育的歷史，及其現況。

24. 朝鮮的學校制度，與日本的學校制度比較，有何不同？

25. 試述臺灣的教育現況。

26. 試述日本教育的趨勢。

27. 研究日本制度後，對於吾國教育有何改進之獻議？

英文參考書

A General Survey of Education in Japan, Department of Education, Tokyo, 1930

Educational Yearbook 1930, International Institute of Teachers College, Columbia University, pp. 339–425

Educational Yearbook 1932, International Institute of Teachers College, Columbia University, pp. 315–330

The Statesman's Yearbook 1932, Macmillan and Co., pp. 1057–1059

Fifty-Third Annual Report of the Minister of State for Education for 1925–1926, Department of Education, Japan, 1930

中文參考書

常導之比較教育（中華）一四一至一六三頁
阿部重孝日本教育現狀及其歷史背景（嶺南大學教育學系出版）
莊澤宣各國教育比較論（商務）一七〇至一九四頁
日野田義夫著林萬里譯日本明治教育史（商務）
鄔振甫著最近日本教育概況（文化）

雜誌論文

廖鸞揚近代日本教育之史的發展及其現況（中華教育界二十一卷八期九期）一九三四年二三月
鍾魯齋中日教育之比較（民族雜誌一卷五期一九三三年五月）
中華教育界二十卷一二期日本教育專號上下（一九三二年七八月）
金傳書日本社會教育概況（浙江教育行政週刊四卷四期）
教育研究（日本教育專號）
吳玉德日本之實業學校（福建教育週刊一一七至一一八期）
鍾道贊歐美各國職業教育概況（職業教育之理論與實際中華職業教育社一九三三年）
江恆源日本職業教育概觀（教育與職業一二六期）

潘文安日本職業指導概觀（教育與職業一二六期）
林樹藝一九三〇年日本教育之回顧（教育雜誌二二卷六號）
吳自強日本教育制度的缺陷與勞動者的教育（教育雜誌二三卷九號）
劉擇賢日本社會教育的沿革（魯省民教館民衆教育月刊二卷三期）
吳自強日本的專門大學教育（學藝十一卷五號）
楊希明現代日本教育的解剖（教育雜誌二三卷九號）
吳家鎮日本教育對於我國教育改進之參考資料（中華教育界二一卷七期）

第九章　結論——各國教育之比較與吾國教育改進上的種種問題

吾國自辦新教育，若從一九〇三年初次採用新學制算起，至今已有三十餘年了。在這三十餘年當中，無時無刻沒有改進教育的問題。改進的動向，或因內部政治和社會的變遷，而自已實行創造。或因歐風美兩咄咄逼人，乃採用歐美各國辦學的成規，而實行模倣。究其實際，吾國的教育方法與制度，出自創造者極少，出自模倣者特多。前清之末，國人仰慕日本之維新自強，則實行採用日本式的學制。其時吾國留學生往日本者特衆，日本的教育思想與制度，遂直接影響於吾國。民國成立後，情形忽變，國人以爲日本強盛原是傚法歐美。我們果欲圖強，不如也直接去學歐美。以是留學歐美的學生日多，英美式的教育思想與方法，又漸在中國獨佔勢力。中國的教育書籍多來自美國。什麼六三三的學制、設計法、道爾頓制等等，均一一從美國販來。國民政府成立之初，曾直接模倣法國的教育行政制度，在中央設大學院，擬在各省設大學區。經江浙和北平試驗，因誹議者衆，不兩年而取消。自國聯教育考察團來中國考察後，對中國教育改造，曾作種種獻議。吾國教育部乃特派歐洲教育考察團至俄德意法各國去調查。中國教育改造的趨勢，又將由美化而轉到歐化。中國的文化是一複雜的文化。以其地大民衆，正相似汪洋浩瀚的大海，常能廣滙衆流，以成其大。自清末至今日，吾國的教育思想制度與方法，眞可謂近學日本遠傚歐美。我們既讀了英美俄意德法日本七國的教育概況後，究竟這幾國的教育制度有何相同相異之點？對於吾國教育之改進，可否能供給多少參考資料？本章特做一點比較的工作，順便附入一些中國教育的現況，來討論吾國教育改進上的種種問題。

談各國一切制度者，常分爲大陸派，與英美派，即法律也有大陸法系和英美法系之別。教育制度又何嘗不然？大陸派以德法爲領袖，其勢力影響於歐洲其他各國，尤以北歐諸國爲甚。即南歐之意大利，在歷史上也曾受法國教育的影響。自歐化東漸，日本首先倣行。其特點是整齊劃一，在行政上效率較大。至若英美派的教育制度，盛行於英美兩國的屬地，即南美之阿根庭，東亞之暹羅，也曾模倣其輪廓。其特點是無劃一標準，崇尙自由，奬勵實驗，以適合各地方的需要。這兩派的教育制度，本書已以德、法、意、日、和英、美爲其代表。而新興的俄國根據社會主義，另創新制度，本書也曾敍述。然則讀完本書以後，我們已經明白世界各國教育制度的大略，自當再進一步作比較研究的工作。著者爲閱讀利便起見，仍根據各章的編制先作歷史的比較，然後則由行政系統與學校系統，說到各級各種教育以歸納其異同點。最後說到世界教育的趨勢，以當本書的結論。

第一節　各國教育之史的比較

歐洲教育發達，在歷史上看來，大都經過了二個時期：一爲宗教教育時期；二爲國家管理教育時期。讀過世界教育史的人，大都知道近代文化約有四個來源：曰希臘文化，曰羅馬文化，曰基督教文化，曰條頓族文化。教育和文化有密切的關係，是則我們近代的教育，是根源於希臘羅馬基督教和條頓族。希臘的教育，是審美的教育。希臘人長於思想，對文化上貢獻空前的文學哲學和藝術。羅馬民族宗尙實際，政治法律，特別發達，其教育是實際的教育。自紀元四百七十六年西羅馬亡後，歐洲成一黑暗世界，基督教傳入羅馬，其初受羅馬人種種的虐待和殘殺，卒至以堅忍奮鬥的精神，戰勝強暴，在羅馬社會樹了極大勢力。至中古時代，歐洲蠻族縱橫，斯文掃地，賴基督教一般僧侶之力，和查爾曼（Charlemaque）大帝之功，發達一種基督教教育，給歐洲民族一點新生命。基督徒辦理種種學校，主張階級平等，種族平等，男女平等，感化平民，功勞不小。至中古末年，歐洲人民漸次覺悟，想脫離中古時代的種種束縛，以是對於從前的一切文物制度，宗教，學說等等，都發生了疑問和批評的態度。用着這種態度，對於學術發生文藝復興；對於宗教，則爲宗教改革；對於地理，則發現美洲；對於政治，則發生美洲獨立和法蘭西革命；對於科學，則有種種新發明；對於教育，則產生新制度、新方法、和種種新的理想。近世文化是空前的文化，因此對於中古以來教會管理的教育權，也發生了疑問。以是國家由教會收回管理教育權的運動，遂由德法而漸及於他國。玆將德、法、意、英、美、俄六國的情形，簡略總束如下。

（一）德國　歐洲各國最初將教育權向教會收回的，算是普魯士。威廉第一很注意國家教育，主張王權神授，於一七三七和一七三八兩年，兩次頒佈關於教育的條例。其子太弗特烈又於一七六三和一七六五年，兩次頒佈學校條例。到了一七九四年普魯士法律裏邊，有重要規定認學校和大學均爲國家機關。至一八〇四年，內務部設教育部，派人至瑞士研究裴司泰洛齊的教育方法。一八〇九年設師範學校，於是國家教育制度成立，教會教育權也漸次完全收回。

（二）法國　法國將教育權由教會收回，是用着革命的手段，當然在一七八九年大革命以後，比德國後了幾十年。革命前各皇帝的權力全不利於教育一般平民。而通俗教育幾乎完全忽略平民教育除了少數的教區學校，和其他教育機關，如十七世紀基督教兄弟會所設立者外，差不多從來沒有注意到初等教育。自革命後，關於初等教育中等教育高等教育均有所規定，拿破崙一世在一八〇四年創設全國教育行政制度，一八三〇年路易腓立嗣位，增加初等教育經費，添設師範學校。後有古新（Victor Cousin）調查德國教育的報告，及吉叔（Guizot）一八三三年的教育條例，直到一九〇四年教育遂完全脫離宗教的羈絆，而終成了現在的制度。

（三）意大利　意大利繼法國而興，將教育權由教會收回，是開始於一七九六年拿破崙的軍隊侵入意大利之時。拿破崙佔了意大利半島後，將法國教育制度遷用於意國。後撒丁尼亞王陽瑪諾第二興起，經一八五九年加撒第法令（Casati law）意國的教育制度成立，教育漸由國家管理。

（四）英國　英國人素稱保守，國家教育制度，進行極緩。他們以為教育並非國家事務。至一八三三年後，態度漸變，一八五六年始設教育局。一八七〇年通過初等教育法律，一八九九年設中央教育部，一九〇二年將一切教育收回地方政府管轄。一九一八年通過菲奢法案，建設國家教育制度乃完全成功。

（五）美國　美國教育漫無系統，自一八三七年荷蘭斯門氏為麻塞邱塞省教育局長後，始有公立學校新制度。復經許多奮鬥，將公民團體和私家管理的教育，歸省政府設施。至一八四三年美國至德國的考察教育團回國後，方纔有確定公立學校的制度。後來漸次由一省而傳至他省。

（六）俄國　俄國地跨歐亞，位居北部，其文化發展，比之德法諸國較遲。在俄皇太彼得以前，國勢衰弱，無善可述。在教育方面僅有教會團體主持其事。自彼得大帝勵精圖治，創設學校，後起的君主，稍注意於教育。然專制時代，君主仍主愚民政策，直至二十世紀之初，仍然是一個不學無術的國家。照一九二〇年人口調查的結果，蘇聯人口中不識字者還佔百分之六十八。自大革命以來，教育完全由國家主辦，絕對廢止宗教，即私立學校也不准設立。

由此看來，歐美教育的歷史演進，大都由宗教教育時期而進到國家管理教育時期。在進步的歷程中，教育行政系統與學校系統，相繼設立。至十九世紀末年，教會教育權全變爲國家的教育權，教育遂變爲國家的一種工具。大戰後各國教育的改進運動尤爲從前所未有。德國由帝制而變共和，新學制新思想因而產生。俄國由帝制而進爲社會主義的國家，其新學制之實驗，更足爲世界教育界供給一種新貢獻。意大利由專制而爲獨裁，其法西斯蒂主義的黨化教育，正與俄國的共產主義的黨化教育，遙遙相對。其方法和主張雖然不同，而用教育爲改造社會國家的工具則一。英國於大戰期間，通過菲奢教育案。法國普通學校的建議，在德兵迫近巴黎，國家正多事之秋，尚且注意教育之改進，世界富強的國家，皆重視教育，於此可見。至若美國的教育，自歐戰以來新方法新思想新實驗進步尤速，到現在談教育學術者，美國當首屈一指。

至論東方的教育，當然以中國和日本爲代表。日本辦理新教育，在明治維新以後（一八六八年後）明治以前的教育，是儒學教育和武士教育，上章已說過。明治維新，教育制度因之而新。明治三年發表中小學規程，學校系統漸具雛形。明治四年設立文部省，行政系統從此建立。明治十五年頒佈勅撰，教育宗旨因而確定。直到現在，日本教育之普及，已卓著成績。我國自鴉片戰爭以前（一八四二年前）爲閉關時期。鴉片戰後至民國成立，可算是過渡時期。由民國而至現在，是新教育發達時期。中國辦理新教育，歷史算是最短，無怪夫事事模倣別人，比歐美各國的教育，竟瞠乎其後。其情形當於下面略述。

第二節　教育行政制度與學校系統方面

教育行政系統，爲國家管理教育的機關，其組織與性質，大有比較研究的價值。研究各國的教育行政制度，我們要注意的幾點即單一國與聯邦國；集權制與分權制；參議機關與行政機關；委員制與領袖制；專家化與民衆化。即教育視察問題，也有討論的價值。茲分別比較如下：

（一）單一國與聯邦國　一國的教育行政系統，與其國家的組織大有關係。如法、意、日本和中國是單一國。美蘇聯德爲聯邦國。英國本部稱大不列顛與北阿爾蘭聯合王國（United Kingdom of Great Britain and Northern Ireland）是屬聯邦制的一類。在單一制的國家，其中央政府，設有全國最高之教育行政機關，主持全國教育的設施和監督事宜。如法國的公共教育部與美術部，意大利的國家教育部，日本的文部省，中國的教育部是。至若聯邦國家，其聯邦政府所操的教育權能，各國頗不相同，其組織亦各有差別。美國合四十八省而成，其中央教育行政機關，僅於內務部設教育所。該所權限極小，除管理阿拉斯加的土人教育外，對本國教育僅負指導調查之責。對於各省教育，沒有干涉和管理權。蘇聯合好幾邦（大小有二十五）而成，其聯邦政府沒有教育行政的特別機關，僅藉各邦最高教育長官會議，以實行其共產主義的原則，統一教育上的訓練。德國聯合十八邦，其聯邦政府設有教育科與教育委員會，其委員是由七個邦代表充任，其權限也不過討論教育基本法律的原則。行政大權，仍歸於各邦。英國的英格蘭、蘇格蘭、北阿爾蘭各有其獨立的教育部；而英格蘭教育部，其權力僅以英格蘭及威爾士為限，對於境內權限，亦分給於地方當局。由此看來，凡聯邦國家，其聯邦政府對於教育管理和行政權，都極微薄，與單一國之中央教育行政機關相比，大有逕庭之別。

（二）集權制與分權制　教育行政有中央集權制與地方分權制的分別。如視教育為國家事業，一切須受國家權力之監督指揮，地方興學，須秉承中央政府的意旨，不容自由舉辦，是為中央集權制。反之，若認教育為地方事業，由地方自治機關負責舉辦，中央政府僅居於策勵輔導的地位，此為地方分權制。聯邦制的國家，也有中央集權者，因其權皆集於各邦，如德與蘇聯是。聯邦式的國家，也有地方分權者，如英國是。茲以德、蘇聯、意、法、日本為集權一類，英美為地方分權一類。德國每邦皆是中央集權，歐戰前在上者發令，在下者遵行，極其專制，近來各地方各學校漸有自主權，以事調和。蘇聯各邦也厲行中央集權。上級教育行政機關，對於全邦教育行政，居於指揮監督的地位，地方政府一切計劃與施設，必須絕對受上級機關的命令。其專權與德的各邦相類。法國雖號稱共和，上官權力極大，教育行政則令發於上，通行全國。各地方各學校絕少自由伸縮的餘地。意與日本同屬集權式。而英美則不然。英人富於自由精神，任各地方自由實驗。如地方當局不希望教育部的津貼，即可自由計劃一切本區內的教育事項。美國各省雖有計劃其省內一切教育設施的權能，然事實上各市各縣仍有極大的自由，發展各地的教育事業。

究竟集權與分權各有何利弊，待談及中國教育行政改造問題時，再事說及。

（三）參議機關與行政機關　教育是一種重大事業，若僅恃官廳籌劃督率，恐難適應各地的特殊狀況。且人民已負教育上經濟責任，必當使他們有表示意見的機會。為免除教育行政上的獨裁起見，故許多國家都組織一種參議機關，以便使教育行政長官有所諮詢。其表示民意的方式各有不同，大約可分為三類：

第一類是顧問式的，專備行政官廳的諮詢，如英國教育部的參議委員會是。該參議委員二十一人由教育部長委任，用以代表各方的意見，其作用僅為顧問，所有提議，部長能否聽從，一任自由。惟英國的地方教育行政機關的縣與縣邑（有稱為府與府邑）之教育委員會，權限甚大，有決斷教育政策及其他問題，其權責是立法式的。人數各地不同，大約由五人至五十人。其行政人員則有委員會的主席和其他。

第二類是參議式的，專以參與行政官廳的教育計劃和行政政策，其權是審核和議論，如法國的最高教育會議是。該會議合五十六議員而成，其職權為規定全國教育政策，修訂課程，改革教學法，制定考試規則，編製學校管理法，審定教科書，及討論其他教育上重要問題。且全國教育上有紛爭事宜，都在該會議謀解決，即教員被革退，也可向該會議上訴。開會時教育部長為當然主席。此外又還有參議委員會處理關於教員任用和升進事件，然全國大權集於教育總長一人之身，其指令、告白、訓話、幾等於法律。最高教育會議的議決案，不能強迫教育部長執行，必須經過教育部長批准，方能發生效力。大學區則有大學區參議會，各府有府教育參議會，即每縣每區都有教育參議會，其作用也是審議教育上的重要問題。意大利教育部的最高教育會議，亦屬這類。

第三類爲立法式的，監督指揮行政官廳之教育計劃及行政方針，官廳僅爲其執行機關。如美國各級教育行政機關的董事部是。美國有四十二省設有董事部，其人數少則三人多則十三人，其職權是決定教育政策，其性質是立法的，監督的。自各省而至各縣市教育行政機關的組織，都可分二大部：一爲董事部司，教育上立法事宜；一爲執行，部主理行政事宜。其行政首領是局長，對於董事部負責任。

（四）委員制與領袖制　俄羅斯教育行政系統，從中央到最低級的地方行政區域，都採取委員制。法德日本採取領袖制。英美則折衷於二種制度之間，而仍偏重領袖制。蘇俄的教育事業在中央設人民教育委員部，部內復分八部。至若地方教育行政，變爲普通行政中之一部，並沒有獨立組織。在各省的蘇維埃政府，則有教育司維持管理一切高級學校職業學校，市或縣的蘇維埃直接管轄施行社會教育和民衆教育機關。區蘇維埃委員會管理民衆教育機關之物質方面。總之各地方的蘇維埃，視教育爲行政的一部，執行中央人民教育委員部之所委託。法國則中央教育部設一部長，各司設有司長，各大學區有一大學校長，同時兼任該區的教育行政長官，各省有省長，各縣市區亦有縣長市長區長爲該地政治長官，同時又爲教育行政長官。普魯士教育部設部長，各司設司長，其地方教育行政分爲省和府，省長和府長爲該地政治長官，同時亦爲教育長官。日本中央設文部省大臣，內分各司，司有司長，地方教育行政權委之於各府縣知事。此種領袖制，行政效率較高，全國教育機關如身之使臂，臂之使指，運用靈敏，只要教育部下一命令，就可通行全國。意大利倣法制，將全國分爲十九學區，惟法國各區以大學校長兼一區教育行政，而意則每區設教育廳長，區以下設環區，其域內教育事務，由區長去管理。其性質也是領袖制。英美的教育行政，因地方分權的緣故，教育長官命令下級的行政官，不像法德的直捷。英國教育部長權力有限，而各縣和縣邑則設教育委員會，其主席稱指導員，執行教育委員會的訓令事項。美國的省縣市有教育局，其局長執行董事部議決事項。英國各地方教育委員會和美國各省縣市的教育局的董事部，權限頗大，惟其行政權交付領袖，而領袖又不能擅專，此是折衷制。

（五）專家化與民衆化　教育行政應當由何人去主理？這也是一個重大的問題。有些國家主張教育行政應由教育專家去辦，不是人人都能濫竽。民衆僅能於相當範圍內，選舉代表，參預教育行政事務。以是教育行政大權，都操在專家手裏，這是專家化。反之，若謂教育爲民衆事業，教育行政事務，應顧民衆利益，應由民衆的代表去主辦，這是民衆化。世界上的國家多是折衷於二者之間。完全趨向民衆化者，惟有蘇聯。蓋蘇聯各邦人民教育委員部和各地蘇維埃，都是由工人農民紅軍等代表組成。其教育委員部工作中最重要的一部份，是由工人所舉出的團體代表擔任。多數代表會議中，對於公衆教育特別注意。又有各種協會聯合無數工人，對於公衆教育熱心協助，關於除文盲，增進兒童幸福等，尤爲努力。即各校之校務委員會，都合教員、工人代表、校醫、工會代表、共產黨代表等組織而成，可謂極端的民衆化。至若英、德、法、意在高級教育行政機關，可謂近專業化。在地方教育行政機關，可謂趨向民衆化。試看英國教育部的參議委員會，委員二十一人，均由部長委任，其中至少須有三分之二能代表大學及其他從事教育事業團體的意見，可見多數是教育界人。至者各地方的教育委員會，其構成份子大約三份之二代表參議會（即地方行政機關）僅三分之一爲對教育素有經驗者。按參議會議員由選民按選舉區舉出，可以代表民衆的利益。德國教育行政機關儘量登用專家，然其府學務局，市學務代表會，鄉區學務局等，都有許多人民代表和教會代表參加，這又顯然是民衆化。法國最高教育會議其議員有大總統委任者，有部長委任者，又有由大學和其他高等教育機關選出者，也有由中等和初等教育機關選出者，均以專家爲主體。全國有十七學區各以大學校長爲教育行政長官，當然是專家。然府與環區的教育行政長官，由府長與區長兼任。而郡之校董，爲本郡公民的代表，每高小有家長委員會，更可爲民衆化的表示。意大利的中央和十九學區，都重專家，而其學區下的環區教育事務，由區長和區議會去管理，又是趨向民衆。至若美國則行政人員如省縣市教育局長，都是專家。惟董事部則插入民衆代表，最是折衷的辦法。

（六）教育視察問題　教育行政的作用，照大體說來，分立法、設施、與視察和指導。立法的責任，普通由董事部或委員會擔負，上面討論參議機關的時候，已略說過。設施的責任，由行政長官擔負。視察與指導之責，則由視學員和指導員去擔負。有時視學員兼負指導之責；視學則根據法定之標準，視察其實施之程度。指導則於視察之外，更加以詳密的診斷，予以同情的輔助。視學制度有三級制與兩級制。前者如法、意、日本是。後者如德、俄是。法國的第一級爲中央視學員，分任視察中等教育初等教育和幼稚教育。第二級爲大學區視學員，分配於該大學區所轄各府，管轄中等學校並監督初等學校。第三級爲初級視學員，及府幼稚教育女視學員分佈於各環區，視察初等學校和慈幼學校。意大利在教育部有中央視學員，在各地方教育行政機關則有地方視學員，以下則有初等教育指導員，總計指導員有二千名。每一指導員直接管轄三十至四十學級，爲該國教育行政上一種特殊制度。日本在文部省設視學員及指導員若干人，地方政府也設視學員和助理視學員，下至一縣或府內所劃分的各區內，也各設視學員。至若普魯士則省和府設視學員，省視學員視察中等學校，府視學員視察初等學校。此兩級視學員都由邦教育部長委任。蘇俄的視察制度，可分邦與地方兩級。邦視學員爲邦教育委員的代表，其任務在考察學務，並幫助公共教育之改進。地方視學員其職務與邦視學員相似，不過其視察區域較小。英國有中央視學員和地方視學員，每一地方視學，必附從於教部視學員之下，而與之合作。爲強迫兒童入學各地方政府又設入學督促員。美國視學員大約可分爲兩種：一爲輔導教學，一爲輔導行政。各省縣市教育局都設視學員。

此外在教育行政上還有一個問題，就是除普通行政區外，是否有另設教育行政區之必要？大部份國家都爲行政組織簡單化起見，以教育行政爲普通行政機關職責之一。惟法國分全國爲十七個大學區。意大利則十九學區，皆依天然及社會環境，人民風俗職業需要等，專爲教育行政而設，與普通行政劃開。

至論各國的學校系統，通常分爲單軌制雙軌制，或多軌制。所謂單軌制，卽是學生由初等學校而中學而大學，或其他專門學校，成一直綫之學制。在雙軌制的學校則不然。小學與中學一部份成平行式，彼此不相交通。修畢小學者只可續入職業學校，職業補習學校，或訓練小學師資學校，這是一軌。若經過中學則入大學或高等專門學校，此又是一軌。在大戰前德法皆爲雙軌制，戰後則有單軌制的趨向。英國還是雙軌制，初級小學和高級小學皆與中學平行。現在多數國家，都折衷於單軌雙軌之間。如德與日本可稱爲折衷制。美國完全採取單軌制，俄國學制，可稱爲獨創。成人教育黨化教育和兒童教育各有系統，以其稱爲單軌制，不如稱爲多軌制。

至若我國教育行政機關之組織，可分三級。（一）中央教育部；（二）省教育廳；（三）縣教育局。教育部爲全國學術及教育行政之最高機關，其內部組織分爲大學委員會華僑教育設計委員會，祕書處，參事處，督學，及高等教育，普通教育，社會教育，蒙藏教育，總務等五司；並各種臨時委員會。國立編譯館等。部設部長一人，政務常務次長各一人。各司有司長，司內有科長，處理一切行政事務。至若教育廳爲省政府所屬各廳之一，廳長由省政府委員兼任，對於行政仍受教育部管轄。廳之組織，各省稍有不同，大致分設四科或五科。第一科主掌高等教育中等教育及學術文化團體事務。第二科主掌初等教育義務教育及地方行政事務。第三科主掌社會教育及保存圖書文獻事務。第四科主掌文書會計編輯及庶務事務。此外還有督學、祕書、技士、並省稽核委員會，稽核全省教育經費。縣教育局純爲地方教育行政機關，爲縣政府所屬之一局。局長由縣長介紹，請教育廳委任，故其行政須受教廳管轄。其局內組織，各省略有不同。據浙江縣教育局組織法，則局分設三課。及縣視學，指導員，此外再設教育委員會，爲輔助教育局籌議全縣教育事宜。教育款產委員會，爲管理全縣教育款產的機關。復於各鄉區設區教育員，秉承局長辦理區教育事宜。至若中央直轄的市教育局，其地位與教育廳相等。省直轄市教育局，其他地位與縣教局相等。

至若我國現在之學校系統，可繪圖如下：

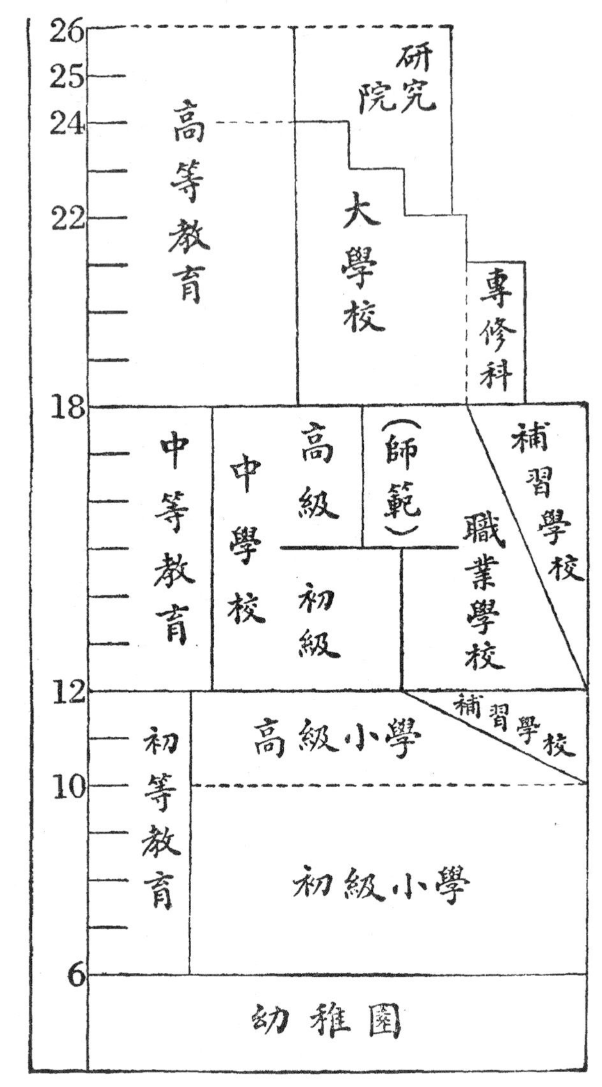

設立此種學制，是根據下列的原則：

（一）根據本國實情；

（二）適應民生需要；

（三）增高教育效率；

（四）謀個性之發展；

（五）使教育易於普及；

（六）留地方伸縮餘地。然此種六三三制是模倣美國的單軌制，是否根據本國實情，適應民生需要，尙屬問題。

中國是單一國家，其教育行政系統的缺點就是似乎立法行政都完全集於一人，以至人存政舉，人亡政息。且教育行政人選，毫無標準，若有政治勢力，無論何種人物都可濫竽其間，既非民衆化，又須專家化。任用私人，盤踞要職，簡直是封建化。比較歐美各國教育行政系統以後，吾國教育行政之改造，約有下列幾點。

（一）改造中國教育行政系統，在原則上應調和中央集權制與地方分權制。中央集權與地方分權各有利弊，如促進統一，加增行政效率，劃一教育標準，實現教育機會均等的理想，是集權制的利。適應地方需要，奬勵教育自由試驗，培養人民對於教育的興趣，利用國人愛護桑梓的觀念，於相當範圍內免避政潮的影響，是地方分權的利。反之，集權的利，是分權的弊。分權的利，是集權的弊。爲擇長補短計，中國不能絕對中央集權或地方分權，只得酌中辦法，一方面要顧到行政效率，最低標準，實現教育機會均等的理想。一方面又要兼顧地方需要，自由實驗，民衆愛護桑梓的觀念和避免政潮影響。法德太過集權，現在正有人大議擴充地方對於教育的權限。英美太過分權，現在也正有人努力擴張中央教育部或教育所權力的範圍。我們此後須規定中央與地方權限，於合理範圍內，予各省有伸縮餘地，以適應其需要。採取酌中辦法，乃是順應着世界教育行政上改進的潮流。

（二）中國各級教育機關，應設立一種立法式的教育委員會。自一九二一年第七屆全國教育會聯合會開會於廣東以後，國人對於教育行政系統已知有必要的改革。其時主張折衷美國地方教育董事部及教育局的成例，將省縣區教育行政事權，分配於立法及執行兩機關。立法機關在省為參議會，在縣為董事會。執行機關在省為教育廳，在縣為教育局。次年教育部召集學制會議，成立省區教育行政機關，設立參議會案。縣教育行政機關組織大綱，及特別市教育行政機關組織大綱，三案所議設立之機關，是參議式的。國民政府成立之初，中央之大學院設大學委員會，各省之大學區設評議會，各縣區設委員會。其性質又是立法和監督式的。自廢止大學規復教育部以後，各省縣設立教育立法機關的進行，竟無形停頓。國聯教育調查團於一九三一年來華，也建議中國各級教育行政機關，應有一帶顧問性質的委員會以與教育機關合作。然以中國土地廣大，各地社會經濟情形頗不相同。與其採用顧問式的，不如採取立法式的。因後者有權按各省情形決定教育政策與計劃，使教育行政人員執行，以適應各地方的需求。

（三）委員制與領袖制各有利弊。委員們責任不專，時常會議，難免會而不議，議而不決，決而不行，行而不通的弊病。然能採集衆見，以免一二人擅專，又是委員制的利。領袖制，行政專責，效率較高，是其利。然大權獨攬，若任用不得其人，為害極大，是其弊。在中國教育行政的改造，應當約中辦法，立法機關採取委員制。如美國的教育局的董事部，英國各府和府邑教育委員會是。至若行政機關，應當採取領袖制，如美國教育局長是。此種原則既有學理的根據，也合世界的教育潮流。

（四）須調和專家化與民衆化。中國教育行政事務應交給專家，立法事務須插入一部份的民衆。教育行政是一種專門學識，斷不是張三李四，都能濫竽。做教育行政長官的人，必定要有教育行政上的專門學識。所以英美德法皆重用專家。然教育又是民衆事業，太信專家，恐理論太高，不適合各地的情形，與其實際。民衆代表應能發表意見，並在教育行政上佔一地位，以是有人提倡中國各級教育行政，應加入立法機關。在中央各省各縣都設立教育委員會，其委員應包括三方面的代表。委員之多寡看各級委員會的範圍而定。但其中必須有三分一代表黨部或政府。三分一代表民衆團體，另三分一代表教育界，（看杜佐周中國教育行政之改進。中華教育界二十一卷七期。）將政府、民衆、專家三方面的代表而構成教育的立法機關，這是一適當的辦法。

（五）中國地方教育行政機關，應設入學督促員和指導員。英國各區教育指導員之下設許多入學督促員，凡無故缺席的兒童，督促員必調查原因而加以糾正，因此強迫教育極著成績。在美國分行政指導與教學指導，尤以教學指導爲最重。據美國中央教育局一九一三年統計，平均三五九學生中，即有指導員一人。此種指導員行政長官之委任，依據行政方針及教育標準以代表行政資格，而爲教師的頭腦。他們常至各學校作詳細觀察，並指導各教員改進教學。吾國中小學教師多數不明教學方法，視學官又如旅行訪客，一視而散，與事實無補。此後似宜多設指導員專門指導中小學的教員，以求教學方法之改進。

（六）中國學校系統上，宜有工讀學校和半日學校的位置。中國學制完全由資本化的美國運來，名爲單軌，其實既將平民教育摒之於系統之外。平民貧苦者簡直無機會求學；以故四年義務教育不能普及。著者曾批評中國學制，並提議爲平民設想，在學資上須有平民工讀學校補習學校，民衆學院等，在民族雜誌一卷三期中國教育問題與中國民族之出路一文已詳細說過。第一次全國教育會議，也將補習學校加入高級小學和中等教育一段。然此仍是文字上的改革，未曾見諸實行。國聯教育調查團來中國調查，也建議「爲小學畢業即就職業之青年計，宜盡量發展半日學校。此種學校的任務，應一方面補習普通課程，一方面教授與職業有關之實際知識」（看國立編譯館譯中國教育之改造六八頁）誠以中國多數兒童小學畢業後，都沒有進學機會，半日學校工讀學校等，適足以應彼輩的需求。英美注重補習教育，且有強迫的趨勢。蘇俄學制有成人教育一軌，由廢除文盲學校而至工人學校，勞動大學，可爲先例。

第三節　幼稚教育與小學教育方面

幼稚有廣狹二義：就廣義來說，小孩們要受教育影響的時期，都是幼稚時期；就狹義來說，則僅指五歲左右的幼兒時期。爲這種幼兒而施的教育，叫做幼稚教育。根據兒童發展的原則，將未入學的兒童所有的自然遊戲與本能，組成一種適宜的機關，施以有系統的訓練，普通叫幼稚園。幼稚園的思想，始於英之培根，他將教師所訓導的兒童，比之園丁栽培植物，主張注重幼兒教育。後來塢美紐斯（Comenius）提倡母親學校，是爲幼稚教育的先驅。自一八三七年德國的教育家福祿培爾（Froebel）創設幼稚園以後，幾十年來幼稚園遍佈各國。茲將各國幼稚教育的現狀比較如下：

（一）幼稚教育所根據的原理　現代幼稚教育的原理與方法，約有三派：（一）是福祿培爾派；（二）是蒙台梭利派；（三）阿波第（F. Aporti）派。福祿培爾根據兒童遊戲而組織爲有系統的教育機關，構造兩種遊戲的玩具：一種爲無需實物者；一種爲需用實物爲媒介以表現其觀念者。前者的遊戲屬於社會合作與制裁，可分爲演劇遊戲與技能遊戲。後者爲繼續發展兒童的構造能力與美術能力的玩具，如最著名的恩物與作業（gifts and occupations），其工具是利用鑄型紡織刀鋸之類。當時遊戲的第一節，即爲唱歌。到了現在，其教學程序與方法，都頗有改變，而盛行於各國。俄國於一八六一年遣人至德國學習幼稚園，而今已普遍於各大都市。英法雖保持其嬰兒學校，然受福祿培爾的理論影響不少。美國的幼稚園始於一八五五年間，爲福氏的弟子叔爾斯夫人（Carl Schurz）所辦，後來也極發達。而德國爲幼稚園發祥地，其初並不爲社會所重視，到了現在各大城市也有幼稚園。蒙台梭利女士是意大利人，生於一八七〇年，於一九〇七年羅馬住宅改良會組織兒童院。蒙氏自製器具，教授學生，其教育法注重感覺訓練，製造種種教具訓練兒童的觸覺、温覺、重覺、嗅覺、視覺、聽覺等。且注重實地練習，不久風行於意大利，且傳播於其他各國。現在的國家有偏重福氏的理想，也有偏重蒙氏的方法。然大多數折衷於兩派之間，兼取兩派之長。至若阿波第也是意大利人，於一八二七年創設嬰兒學校，招收三歲至七歲兒童，其方法與斐司泰洛齊式的學校，大約相似，在意大利頗盛行，但其勢力不出國門，無甚足稱。此外又有比利時的德可樂利（Decroly）亦曾創造新方法，重觀察，聯合發表三段，傳佈於瑞士。

（二）幼稚教育之範圍　幼稚教育的範圍，其上端容易與初等教育相混，而其下端又易與家庭教育相混。其收受兒童的年齡，及其修業年限，各國不同，而名稱亦不一。茲列表如下，以示一斑：

國別	名稱		年期
英國	嬰孩學校二至五歲	幼兒學校五至八歲	共六年
法國	母親學校二至六歲	幼兒班（小學附設）	共四年
德國	幼稚園二至六歲		共四年
美國	嬰兒學校二至四歲	幼稚園四至六歲	共四年
俄國	托兒所三歲前	幼稚園三歲至七歲	共六年
意大利	幼稚學校三至六歲		共三年
日本	幼稚園三至六歲		共三年

由此看來，幼稚教育以六年爲最長，如英俄是。最短爲三年，如意大利與日本。普通則四年，如美德法是。有分爲二級者，如英、美、俄是。有僅爲一級者，如法、德、意、日是。其名稱以幼稚園比較普通。

（三）幼稚教育在學制上所佔的地位　幼稚教育在各級教育裏邊，歷史較短，其在學制上所佔的地位，各國不同。有編入學校系統，一部份與小學相混者。例如英國小學校常編有幼兒部，收受五歲至七歲兒童，簡直與幼兒學校的程度相等。法國小學附設幼兒班，與母親學校的程度相等。意大利小學附設預備部，其程度又與幼稚學校相等。因此幼稚教育竟變爲小學教育的一部份了。有幼稚教育與小學教育劃分清楚者，如俄國的幼稚園，與統一勞動學校劃清可爲一例。有在國家教育系統中未曾確定地位者，如德國的幼稚園是。所以德國幼稚園教育，比之他國較有遜色。至若美國幼稚園，在教育制度上的地位，不得謂爲正系。惟大體多編入於學校系統中。近時且規定小學第一年課程要與幼稚園相聯絡。其重視幼稚教育，於此可見。

至若幼稚教育應否作爲義務教育的一部份，此問題未易回答。現在俄國似有視爲義務的傾向。蘇俄政府勵行五年實業計劃，凡僅有子女一人之婦女，均須入廠工作，將嬰孩送入托兒所代育。因此俄國的幼稚教育極其發達。在英國也有人主張在工業區域內，幼兒常受不良家庭環境所影響，應強令他們入嬰孩學校，但未曾見諸實行。現在多數國家仍以爲兒童未達入小學的年齡時，入幼兒學校與否，一任父母自由。

我國於前清光緒末年，各省通都大邑已設立蒙養園。民國十一年教育部改訂的學制系統，也將幼稚園加入。據最近統計，全國幼稚園概況可列表如下（看申報一九三三年年鑑一三頁）：

類別	學校數	教職員數	兒童數	經費數		
				歲入	歲出	盈虧
公立	六六二	一、三一八	二六、一八七	三一八、一八九	三二三、一三五	虧四、九四〇
私立	一六七	二六一	五、七八〇	五八、〇五九	五六、八一九	盈一、二四〇
合計	八二九	一、五八〇	三一、九六七	三七六、二四八	三七九、六五四	虧三、七〇六

至若每兒童平均歲佔經費數爲十二元強，每職員平均教育兒童數二十左右。每校園平均兒童數三八零十分六。然以中國之大，幼稚園僅有八百餘所，尚不及日本（日本在一九三〇年有一三九六所）。吾國一般幼兒所處家庭環境之惡劣，爲父母者多缺乏保護兒童健康，訓練兒童種種活動的能力，使作者更感覺幼稚教育的重要。而公立的幼稚園經費缺乏，所入不敷所出，此是教育當局應亟設法解決的一個重要問題。

至若小學教育歷史最長，吾國古人八歲入小學，十五入大學。凡家塾黨庠皆小學也。到了現在，中國的小學教育，比之歐美竟瞠乎其後。我們現在比較各國的小學教育，應注意的，約有下列幾點。

(一)初等教育在學制上所佔的地位　小學教育在學制上所佔的地位，各國微有不同。第一種是自成一系統與中學校和其預備班平行者，如英法是。英國的初級小學，與高級小學皆與中學和其預備學校平行。兒童讀完初級小學大約十一歲至十三歲時，有一種教育行政機關的甄別試驗，看其成績等第，升送於中學校，中央學校，或高級小學。可見小學與中學沒有直接關係。法國的初等和高級小學，也與中學校和中學預備班平行。中學生多是來自預備班，小學畢業者可以進入中學，但沒有直接的關係。第二種是小學的低級段，爲一切學校的共同基礎，而高級段則與中學校平行者，如德國、意大利、日本是。德國小學八年，其前四年爲基本學校，爲全國兒童應經過的階級，但其高級國民學校，則與中學平行。意大利初小五年，爲全學制的基礎，其上的三年職業班，又與中學平行。日本尋常小學六年爲全學制的基礎，其高等小學又與中學平行。第三種是小學校爲整個學制的共同基礎，如美俄是，美國六年小學，直接中學。俄國中小學不分，通稱爲統一勞動學校，當然中學小學有直接聯絡的關係。然則小學教育在學制上所佔的地位，若是雙軌制，則屬第一種。折衷制則屬第二種。單軌制則屬第三種。

(二)初等教育與義務教育　義務教育也稱強迫教育，言兒童在一定年齡限度以內，有必須入學的義務。這段教育是強迫的。有不入學的兒童，他們的家長或負責人，應當受處罰的。有人以爲初等教育就是義務教育，然義務教育年限與初等教育年限未必盡同。茲列比較表如下：

國別	小學年限	義務教育年限
英國	幼兒部（五至八歲）初級小學（八至十一歲）高級小學（十一歲至十四歲）共九年	五歲至十四歲共九年
日本	尋常小學六年（六歲至十二歲）高小二年或三年（十二至十四五歲）共八年或九年	六歲至十二歲共六年
美國	舊制八年（由六歲至十四歲）新制六年（由六歲至十二歲）	多則九年少則四年
德國	基本學校（由六至十歲）高級國民學校（由十至十四五歲）共八年或九年	至少八年
法國	初小七年（六至十三歲）高級三年（十二至十五歲）共十年	七年（六至十三歲）
意大利	初小五年（六至十一歲）職業班（三或四年）共八或九年	五年（六至十一歲）
俄國	統一勞動學校前四年（八至十二歲）	四年（八至十二歲）
中國	小學六年（六至十二歲）	四年（六至十歲）

由上表看來，小學年限最長者是九年，如英日本德法意大利是。最短者四年如俄國是（但俄中小學校難分，統稱統一勞動學校。）義務教育時間最長者九年，僅英國與美國多少省份。最短者爲四年，如俄中國和美國多少省份。普通算來，許多國家都是義務教育時間短於小學時間。世界上最早實行義務教育的算是德國。於一七一七年卽發佈敕令強制爲父母者，送其子女入學。至於俄國至一九二五年秋，始先後各邦以法令規定義務教育期間四年。到現在的成績以德國爲最佳。據一九二七年統計，全國六歲以上不識字者僅佔千分之三。意大利一九三一年統計，不識字者減至百分之九或十。美國不識字者全國平均約佔百分之六；在土著白人僅百分之二。

（三）小學的課程　小學各科目的發達，在西洋教育史上略可分爲三時期。在一八二五年前爲練習科目

(drill subjects) 發達時期。其時僅有讀書，拼字寫字，算術，宗教科目。由一八二五至一八七五年爲內容科目 (content subjects) 發達時期。文法、地理、簿記、縫紉、歷史、自然科學、圖畫、音樂、體育等，漸次加入。至一八七五年後爲發表科目 (expression subjects) 發達時期，又加入手工、家庭藝術、遊戲、園藝等科目。到了現在，各國小學的科目名稱和內容，有點不同。茲列表如下：

國別	
意大利	（小學科目）宗教，唱歌，讀書，寫字，拼字，算術，簿書，常識，園藝，手工，家政，體操，衛生，自然科學，歷史，地理，初步政治經濟。 （職業班）模型工作，機械工作，家庭電力，常識，農業。
英國	（初級小學）宗教，算術，體育，地理，英文，休憩，圖畫，針黹，歷史，手工，詩歌，音樂，跳舞，遊戲，自由活動，觀察的功課，讀書。 （高級）英文，外國語，地理，歷史，數學，初級科學，藝術，音樂，體操，家政。
法國	（初等小學）道德與公民教育，讀書，寫字，法文，歷史，地理，算術，幾何，物理，自然科學，圖畫，手工，音樂，體育，休憩。 （高級小學）參看第六章二節。
德國	（基本學校）宗教，鄉土研究，德語，寫字，數學，圖畫，唱歌，體育，針黹。

（高級國民學校）宗教，德文，歷史與公民，地理，自然科學，算術，幾何，圖畫，唱歌，體育，手工，針黹。

美國（舊制小學）國語，讀書，拼字，寫字，算術，歷史，公民，地理，科學，衛生，體育，遊戲，休憩，工藝，圖畫，音樂：

蘇俄　勞動學校（八至十二歲）不分科目，注重自然，勞工，社會三方面。

日本（尋常小學）修身，國語，算術，日本史，地理，理科，圖畫，唱歌，體操，縫紉。

（高小）大約同上。

中國（六年小學）公民訓練，衛生，體育，國語，社會，自然，算術，勞作，美術，音樂。

由此看來，各國小學的科目，有簡有繁。其中以宗教爲小學科目者，有英、德、意三國，絕對無宗教意味者，則俄國與法國。美國公立學校也沒有宗教科。日本則有修身科；中國則有公民訓練，大多數國家都爲着適應女生需要而設縫紉針黹等科目。英意二國且設家政學，而吾國小學課程，對於女生並無特殊的設備，這也是改進吾國小學教育應注意的問題。

至若課程的編制，歐戰前的普魯士及現在的法國，其小學課程，皆由最高教育行政機關頒佈，強令全國執行。日本的小學課程由文部省規定，各科教本由文部省編輯或審閱，然後發行。英國教育部僅發行教師參考書。其中說明小學校之教授科目，各學校主任教師有編製選擇的自由。美國各省政府所製的課程，也僅供各縣鄉區小學的參考。吾國小學的課程標準，由教育部規定，此後爲適合各地方情形起見，似應允許各地有變通的自由。

（四）小學的教學方法　現在各國小學的教學法，舊的不要說，所謂新教學方法，以其發源地來論，在美國有設計教學法，道爾頓制，文納特卡（Winnetka system）制，葛雷制（Gary system）。在歐洲有比利時的德可樂利（Decroly）教學法。意大利的蒙台梭利（Montessori）教學法。此各種教學法的原則和實際作者曾著小學各科新教學法之研究一書（商務出版的大學叢書）第三章約略說過，此間不事再述。然此種新方法多用於實驗小學，普通小學並未通行。現在蘇俄又有所謂複授法（complex method）。此法之實施，一方面注重自然教材，一方面注重政治與社會的問題，使兒童由淺入深，由近及遠，對於物質與社會之環境，皆能概括了解，以適應其新生活。此法與其小學課程的合科制，大有關係，但須富有經驗之教師，方能運用無弊。

至若實業學校，其發端的歷史算極悠久。斐司泰洛齊（Pestalozzi 1746-1827）創辦的嬰兒學校，已開實驗學校的先河。到了最近，所謂新教育，試行其新理想新教法者，在美國極其發達。即歐洲各國的新學校，也如雨後春筍。有華虛朋著的歐洲新學校一書可以參考（Washburne C., The New Schools in the Old World）

中國地廣人衆，初等教育尚未發達，與各國相比，在申報一九三三年年鑑裏邊，曾列一表（看該書Q十九頁）。據注該表是取材於日本文化協會所編之國際年鑑，除中國外，皆係一九二四至一九二八年所調查者。表內所列數目，或與本書所有的統計不甚相符。然爲便利起見，特將該書所載關於本書所論列幾國的初等教育狀況，比較如下：

中國與各國初等教育狀況比較表

國別	兒童數	教員數	學校數	按人口計算每千人中平均入學兒童數
英國（本國）	六、四四〇、六七二	一八四、六一八	二五、六三六	一四三·〇
意大利	三、八三一、五三九	一〇三、一四八	三五、四二〇	九四·四
法國（本國）	三、七五三、七七八	一一九、九二二	八〇、四四六	九二·四
德國	六、六二九、七七九	一八〇、二七三	五二、三二〇	一〇五·五
美國	二〇、九八四、〇〇二	六四四、六三一	二五六、一〇四	一七九·一
俄國	九、九〇三、〇〇〇		一〇八、四二四	六七·四
日本（本國）	九、一八八、五六〇	二〇九、八九四	二五、四五九	一五三·八
中國	八、八八二、〇七七	三八、〇〇〇	二一二、三八五	一九·四

由上看來初等教育以美國為最發達，日本次之，英又次之。在各國平均起來每人口一千總有一百左右兒童入學，而吾國僅得一九·四。比之暹羅印度（按暹羅五四·五，印度二四·五），尚瞠乎其後，我們應當如何普及吾國的教育，這又是吾國教育改進中一個當前的問題。

第四節　中等教育與高等教育方面

中等教育　中等教育有廣義狹義之別。就廣義來說，是指初等和高等中間的教育，凡學校系統上大學和小學中間一段的一切學校，都包括在內，如意大利的中等教育，除文科中學理科中學外，還包括工藝學校，師範學校，中等職業預備學校等。日本學校系統，除中學校外，尚有師範學校，和甲乙種實業學校。中國的學校系統，除中學校外，尚有師範學校職業學校。就狹義來說，中等教育是專指以實施文化陶冶準備為高深學術研究的中學，如法國的中等學校，僅指國立中學和市立中學兩種。其他如中學程度的高等小學，職業學校，和初級師範，雖然與中學校平行，並未曾包括在中等教育之內。即普魯士教育部也於一九二五年規定：「各類中等學校，均非為特種職業或特種高深學科之預備教育。」英國也規定凡受政府津貼之中學，不得設置專門性質的學科。本節之所論列，是狹義的而非廣義的。其他如職業學校師範學校等，當於後節再述。

(一)中等教育在學制上所佔的地位　中等教育所佔的地位，與初等教育有密切的關係，也可分為三種：第一種是自成系統，與小學平行者，如英法是。英國的學制最不整齊，尤其關於中等教育，其下段是直接幼兒學校或私立小學，其全部中學竟與初高二級小學平行。法國的中學校和其預備班，也與初高二級小學全部平行。第二種則中學與初級小學相連接，而與高級小學成平行式的，如德、意大利與日本是。第三種則中學下接小學，上聯高等教育機關者，如美國俄國與中國是。然則中等教育在學制上所佔的地位，看其學制的性質而定。

(二)中學校之組織及其課程　各國中等學校的名稱，和其內部的組織，極其紛歧，尤以英美為甚。英國的中等學校組織方面，課程方面，都沒有一定的標準。照教部建議，中學是六年，學生由十二歲至十八歲，後二年為高級科。在高級科分自然科學、與數學、古文學、近代文學、文化研究、地理學等。在美國普通舊制四年，新制六年。玆將各國中等學校的名稱及類別，與修業年限，列表如下：

國別	類別	年限	學生年齡
英國	公立學校 文法學校與中學校 議會設立之中等學校	八年至十年不等	普通十一歲至十八歲
美國	舊制中學校 新制中學	四年 六年	十四歲至十八歲 十二歲至十八歲
德國	九年制中學 六年制中學	九年 六年	十歲至十九歲 十歲至十六歲
意大利	文科中學 理科中學	八年 四年	十一歲至十九歲 十五歲至十九歲
法國	國立中學 市立中學	七年	十一至十八歲
俄國	統一勞動學校二三段	五年	十二至十七歲
日本	中學校	五年	十二歲至十七歲
中國	中學校	六年	十二至十八歲

由此看來，學生年齡最早入中學者（十歲）是德國。最遲入中學者是美國的舊制中學（十四歲。）中學年限最長者是九年或十年，如英國、德國。最短者是四年，如美國的舊制，或五年如日本與俄國。至若中學課程的組織，約有二種；一種在中學高年級分科，如英、美、法、俄、日本是；一種中學於開始時即行分校，如德國與意大利是。英國的中學學生讀完初級科時約十六歲，後進高級科，分古學組、今學組、數學組、自然科學組，讀至十八歲止。美國新制初

中三年爲普通科，高中三年開始分科。而舊制中學有時設科目甚多，以適應學生們的需要。法國中學前六年是普通，後分哲學科與數學科，至第七年末。俄國前段三年普通科，至後段二年，卽分普通科與特別科。後者更分爲師範課、合作課、蘇維埃行政課。日本的中學校前三年是普通，三年以上有基本科目與增課科目。一方面準備學生升學，一方面預備學生至社會謀事。可見多數國家都於中學高年級設備不同的課程，以適應個性的需要。而德國則中等教育一段，分了許多中學校，如古文中學，文實中學，實科中學，德文中學，新制中學，建立中學等。各種中學各有其特殊課程。意大利以文科中學預備學生進入大學文科，理科中學預備學生進入大學理科，都是分校式而非分科式。

(三)中等學校的考試　中學校畢業會考，英法有之。英國在中學讀至十六歲，卽受第一次考試。十八歲時則受第二試，由國家承認的考試機關執行，其目的是整齊學生的程度，幷選拔一小部份成績優良的學生，由國家津貼進學。法國中學畢業考試，名爲學士文憑考試，也分到二次。第一次舉行於讀完中學第六年時，再隔一年卽舉行第二次，及格者給與學士文憑會考地點，在大學區或由教育部長指定的城鎭由考試委員會執行。考試及格者，常不達百分之五十。德國的中學校，也有二次考試，讀了中學六年時有結束考試，讀完九年時有畢業考試，及格者常達百分之九十五，比之法國容易一些。意大利中學考試有入學考試，和畢業考試，後者，由教育行政長官所委的委員會執行。其目的是提高程度，甄別人才，其考試法極其煩難複雜，上面已說過。此種考試都是國家考試，看得非常重要。俄美日本則除學校舉行考試外，並不舉行會考。

（四）中學校男女同學問題　中學校應否男女同學？這是一個有價值研究的問題。主張者爲男女平等，當有同等權利，若果男女合校可奬勵男女共同作業，其利一。省得另設女學可以減輕辦學經費，其利二。男女異性相刺激，可引起競爭心，其利三。男女同學可習練男女交際，免得彼此因隔膜而想像太多，至一有機會接觸，易引起好奇心，而發生不道德的事情，其利四。但反對者亦有理由：謂當中學時期男女身體正在發育，若果同校，易發生不道德的行爲，其弊一。男女學習心理不同，所擅長的職業亦異。男女同校，不能適應女子之所需求，其弊二。且男女分校彼此因想像易生愛慕之心，正如羨慕西湖的人，未到西湖思慕西湖一般。若果男女同校，彼此明白，豈非像遊過西湖的人，覺得蘇堤春晚雙峰插雲，都不過名字好聽，其實亦不過如此嗎？因此有中學校男女共學者，如美俄是。有男女完全分校者，如法國與日本是。有折衷於兩者之間，大體仍取分離主義者，如德、英、意是。美俄各級教育皆男女共學，此間可不必多說。法國有市立女子中學，和國立女子中學，並有女子中等科，爲未完成的中學。但是一九三〇年後，若地方上未設女子中學而該地的男中學學生又在二百以內者，得按情形任令女子入學。日本的中等教育設有高等女子中學實科高等女學與男子中學成平行式的。日本社會階級懸殊，有男尊女卑的觀念，或者不許男女共學，此亦一因。普魯士在小學校若有學生三班以上，就男女分校。在中間教育一段有女子中間學校，在中等教育一段有女子普通中學（六年制）和完全中學（九年制），且有婦女學校招收修畢普通中學的女子。近年來男中學混入多少女生，女中學也混入多少男生（看本書第七章三節德國中等學校統計表）。英國蘇格蘭採取共學制，威爾士有一部共學，一部分離；英格蘭教育原則上爲分離主義。近時行共學組織之實驗研究者漸多。意大利設女子高級中學與理科中學平行。其學生來自低級文科中學或師範學校。此皆採取折衷制。

我國中等教育在學制初級三年，高級三年，但依設科性質得定爲初級四年高級二年，或初級二年，高級四年。初級中學施行普通教育，但得視地方之需要，兼設各種職業科。高級中學得分普通、及農、工、商、家事、師範等職業科，但酌量地方情形得單設一科，或兼設數科。原來吾國的中學組織，是分科式的。但二十一年十二月中央第四屆三中全會議決高中不分文理科，現有農工商等高中，均應改爲職業學校。以是最近中學課程已取消選科制。查辦理職業學校，經費較多，將農工商高中改爲職業學校，事實上有許多困難，此層於下面論職業教育時，當再討論。而以高中不分文理科，完全爲學生進大學的準備，此種辦法，可謂離奇。即日本的高等學校預備學生進大學者，也分文理二科。今中國已不像英美法俄的分科式，又不像意大利和德國的分校式，其中缺點：一則不足以適應個性的需要；二則設使地方上僅有一間高中，若改爲職業學校，則該地將無高中。若另設各種職業學校，又恐財力辦不到。是則高中不分科，又不足以適應地方上的需要。此是改造吾國中等教育中所發生的一個很大的疑問。

吾國中學畢業的會考制度，倣自英法，用以齊整學生程度，用意未嘗不善。然英人爲獎勵聰明和貧寒的學生起見，自一九〇二年後，對於貧寒而有志求學者，設一種獎學金制度。有由各縣和各邑的教育長官給予者，有由教育部給予者。自一九一八年後，教部根據第一次中學考試成績，曾規定每年得受國家獎學金的學生二百名。今中國最近試行的畢業會考，不特沒有獎勵制度，且其弊多利少，常爲一般專家所批評（看中華教育界二十一卷五期。）此後會考方法宜大加改良，即政府對於會考成績優異的學生，也非獎勵不可。

中國與各國中等教育之比較，可列表如下：

國名	校數	學生數	教員數	人口數（單位千人）	每萬人中得受中等教育之人數	每教員平均教授學生數	每校平均學生數
德國	四、一五八	一、〇五二、〇五八	五五、一七一	六四、〇三八	一六四·二九	一九·〇七	二五三·〇四
意大利	二、〇七一	二〇六、四四〇	一二、六一七	四〇、七九六	五〇·五八	一六·三六	九九·六八
英國	一、七二九	五一一、五〇〇	二六、六二四	四四八、三七五	一一五·二八	二二·六〇	二〇九·三九
美國		三、六五〇、九〇三	一五五、七六八	一一八、六二八	三〇七·七八	二三·四四	
法國	五六六	一六七、五五五		四〇、九六〇	四〇·九一		二九六·〇三
俄國	一、六四〇	七〇七、〇〇〇		一四七、〇一三	四八·〇九		四三一·〇九
日本	二、一〇八	七七七、七〇八	三三、六一六	八三、四五六	九三·一九	二三·一三	三六八·九三
中國	二、一一二	三四一、〇二二	二八、五六八	四六四、九〇五	七·三三	一一·九三	一六三·四四

由此看來，中等教育最發達者，算是美國，每萬人中有三百餘中等學生。其次德國，有一百六十餘學生。又其次英國，有一百一十餘。又其次日本，有九十三人。最後是中國，僅有七人。一國的強弱，與人民教育程度之高低，大有關係。吾國在世界上為一教育最落後的國家，果欲圖強，非速振興教育不可。

高等教育　高等教育分大學與專門學校兩種。大學之任務在於專門之研究與科學之陶冶。專門學校注重各種應用科學，以造就各項專門技術的人才。致大學（university）之本義，乃為特種目的而組成的團體，初不與全體學識（universal knowlege）相關。至中古時代漸漸演進而為學術研究機關的名稱。當十二世紀時大師講學，其校舍多附屬於天主教堂而稱爲研究院。其時研究院最出名者，在意大利有波羅拿（Bologna）大學，在法國有巴黎大學，在英國有牛津（Oxford）和劍橋（Cambridge）大學。其他如德奧西班牙也有大學，此爲今日歐美各大學的先聲。吾國古代禮書說「虞則有上庠下庠，夏則東序西序，商則右學左學，周則東膠虞庠，」而周又有辟雍、成均、瞽宗之名。上庠、東序、右學、東膠、大學也，是養國老的。下庠、西序、左學、虞庠小學也，是養庶老的。大學之制自周以後，屢有興廢，其組織內容時有不同。自清末設立新學制後，中國的大學組織和課程，做自外國。玆將高等教育在學制上所佔的地位，各國大學的組織，行政，及其學位制度等等，略事比較如下。

（一）高等教育在學制上所佔的地位　高等教育立於中等教育之上，大都爲中學畢業生進學的機關。其下接聯中學校。惟日本學制，大學之下接高等學校，因此高等學校的性質，相似大學的預科。吾國清末，學制做自日本，大學預科附設於大學堂，其修業年限定爲三年，入學資格須中學畢業或與中學同等之學校畢業，經考試合格者。至其一切課程，大抵與高等學堂相同。民國六年大學預科改爲二年，亦有定爲一年者。自美國六三三制輸入中國以後，中國學制上沒有高等學校和大學預科，惟代以高級中學。近代各國學制除日本外，都是大學與中學相連。蘇俄學制讀完九年制的統一勞動學校後，得入大學，和其他專門學校。

（二）各國大學組織的比較　大學的組織，有兩個問題：一爲分科問題；二爲修業時間問題。在歷史上看來，歐洲最早之大學，爲十二十三世紀間在意大利、法蘭西、西班牙等國所設者。十四世紀後盛行於德語諸國的大學，專設神、法、醫、哲四科，而自然科則包括於哲學科之內。此外或設獨立的理科與數學科，而與哲學科對峙。因此大學組織有神學、法學醫學、文哲學數理學等，這是舊制。德法和意大利仍沿用之。德國還有少數大學以獸醫或經濟社會科學，爲獨立一科，神科復分爲新教和舊教二科。而新設的大學，則沒有神科。法國普通大學設文、理、法、醫四科，也有設三科或二科者。這類舊制的分科，往往也隨時代變遷，略加更改。至若新制的組織，則除舊制所有各科外，兼設農、鑛、工、商，等科，英美日本和中國則採用新制。英國大學之學科組織，各校不同，牛津與劍橋大學有許多分立的學院，尤爲特色。美國稱大學者通常分法科、醫科、工科、理科、農科、商科、神科、及其他種種分科，總合稱爲 university。而哈佛大學，設有文、理、法、醫、教育、工程、商業、牙醫、神學等科。哥倫比亞大學更加入新聞科。總之英美的分科，比之德法派詳細一些。

至論各大學修業時間之長短，與其中小學修業時間長短，大有關係。中小學的年限，上面已有說過，此間只得將幾國大學的修業時間和學生年齡，作一比較。

國別	修業時間	學生年齡
英國	通常三年（學士）再一二年（碩士）再一二年（博士）	十八歲開始
美國	通常四年（學士）再一年（碩士）再二年（博士）	十八歲開始
德國	文理法三年醫科五年均以博士結束	十九歲開始
法國	文理二年法三年（碩士）再二年（博士）	十八歲開始
意國	文哲法理四年（學士）研究院年限依目的而異	十九歲開始
俄國	四或五年	十七歲開始

日本	三年（學士）再二年（博士）	二十歲開始
中國	四年（學士）	十八歲開始

看上表知入大學年齡以蘇俄爲最早（十七歲時，）以日本爲最遲（二十歲時。）全學制求學時間，以日本、英美爲最長，讀完博士學位至早都要到二十五歲。德法至早二十三歲。至若學位制度有一級制，僅給博士，如德國是（但德國專門學校有給碩士。）有二級制，學士博士，如日本是。有三級制學士，碩士，博士，如英、法、美是（法國學士是中學畢業的稱號。）法國之博士，有大學博士，與國家博士兩種。前者大約都是爲外國人而給，後者是國家考試及格而給。德意兩國的學位，若要有職業上的特權，也要經過國家考試。

（三）大學之行政　大學之行政，其自由的程度各國不同。有管理權集中於政府者，如法國是。法國的大學皆是國立大學校長概由總統任命，其各學區之大學校長，其職權不獨管理本校，且統治本區內一切教育機關和中學。各科學長及評議會會員，由教授推選，呈教育部轉請總統任命。有行政權操於大學之評議會者，如德國是。德國各大學都有評議會，由校長，大學法官，各院院長與一部份教授組成。校長及院長由評議會推舉，一年一任。但現在又轉過頭來校長由教育部委任，院長由校長聘任。至若英美各國，大學多私立，經濟權操於董事會。校長由董事會延聘。美國私立大學董事，多爲資本家。省立大學的董事部有省長，省教育局長，及其他政界或各界人物，其人數不等。

（四）各國大學的特色　俄國的大學是總合高等專門學校，其特色有二：一爲民衆化，其目的務使各種職業的人，皆有機會進大學；二為專為造就各項專門人才，非如西歐大學之偏重純粹學術的研究。德國的大學，以發現眞理為主要目的。其特點注重研究學問，以實驗室圖書館為唯一場所，以視察實驗為唯一手段。英國的大學注重考試，注意高材生，且各學院互有所長，而有獨立之精神。美國的大學注重訓練個人之思索力，使成高深思考之人物，藉思索以求品性之發展。日、法的大學，以造就社會有用人材為目的，似近職業學校的性質。近來英、美大學也有德國化的傾向，注意涵養科學的精神。

歐陸大學因舊式的編制，僅設文、理、法、醫諸科，不足以容納一切高深應用科學，故除大學外仍設許多高等專門學校，以補大學之不足。而英美制的大學，設科甚多，每一科既與一種專門學校相等，似在大學外無多設專門學校之必要。然而普通說來，大學偏重學理的研究，而專門則偏重專業的訓練。且專門學校僅設一科，使各地方比較容易設立，得以因地制宜，適合各地的需要。如農業的地方，辦農業專校，通商大埠辦商業專校，工業區辦工業專校。以其有特殊的作用，當然除大學外，仍有辦專門學校之必要。

吾國現制倣自美國，大學校分設各科，為各學院（至少須有三學院。）單設一科者，稱某科學院，修業年限四年至六年。醫科法科至少五年。因學科及地方特殊情形，得設專科學校或稱專修科，如農、工、商、美術、音樂等科，均得獨設，收受高中畢業生，修業三年以上。年限與大學同者，待遇亦同。據最近調查文、法、商、教育、藝術學院的學生，佔百分之七十，達二萬三千二百三十八，而理、農、工、醫等學院學生，佔百分之三十，計九千九百二十八人（見一九三三年五月二十二日申報。）因此教育部有限制文法等院招生的命令。其目的使理、農、工、醫等科學生數與文、法、商、教育等學院學生數得以平衡，以免側重人文，忽視生產，形成人才過剩與缺乏的矛盾現象。然此種限制是否合理？增加實科人才，是否能使中國增加生產？是否使畢業學生能找出路？這還是疑問。上海大學教聯會，呈教部文裏邊有說：「在吾國習文法科者，雖使一時擁擠，彼輩當可以著書立說為其生涯。若習理工科畢業過剩，社會一無用武之地，個人且感謀食之艱」（一九三三年六月二十八日申報。）他們又以為理工科畢業生，更無出路。究竟文科人材多於實科；是否各國的普遍現象，本書論法德兩國高等教育一段，有統計可以參考。著者以為中國文科人材過剩，乃社會背景使然。蓋中國社會不是一種生產的社會，卽有實科學生，也難找出路。日本與蘇俄恰與中國相反。蓋日本近年來學生投考理科者，比文科多。因大學畢業生就職理科者比文科為確定。俄國最近缺乏之專門人材，是醫生和教師，卽圖書館員和經濟學者也很缺少。其原因乃是青年人醉心工藝，以至學校學工藝者非常擁擠，習教育醫學者反寥若晨星。然則吾國政府要加增實科人材，須極力整頓實業，使實科人材有出路，方是一種根本辦法。限制招生，恐徒勞無補呢。

至若中國和各國大學教育概況相比，據教育部全國高等教育統計，可列表如下：

國別	根據年份	大學校數	大學教員數	大學本科學生數	人口總數	每百萬人中之大學本科生數
英國	一九二八	二一	五、三三八	五二、五一一	四四、一八二、〇〇〇	一、一八九
美國	一九二六	九七六	六二、二二四	八二二、八九五	一一八、六二八、〇〇〇	六、九三七
德國	一九二七	二三	五、一七五	七二、一三五	六三、一八〇、六一九	一、一四二

法國	一九二七	一七		六〇、九六九	四〇、九六〇、〇〇〇	一、四八八
意大利	一九二六	二五		三七、一七五	四〇、七九六、〇〇〇	九一一
俄國	一九二七	四四	八、〇〇〇	八四、〇〇〇	一四七、〇一三、六〇〇	五七一
日本	一九二八	四〇	四、九一〇	三七、〇九六	六三、八六二、五三八	五八一
中國	一九三〇	五九	五、二一二	二八、六七七	四七四、六八七、二八六	六〇

高等教育若以人口與學生數比較起來，以美國爲最發達，法國次之，英德又次之。至若中國眞望塵莫及了。一經比較，能不汗顏。

第五節　師範教育與職業教育方面

師範教育　師範教育之興起，當溯源於十七世紀末葉（一六八五年）。其時法國某教會盛興學校，特創一種學校專爲師資訓練的場所，且設附屬小學以爲實習之地。至十八世紀之末（一七九四年）法國師範學校（Ecole Mormale）興起，當時歐洲教育家提倡新教學法者，在瑞士有斐司泰洛齊（Pestalozzi 1746-）他的教學法，注重觀察。在德國有赫巴脫（Herbart 1776-1841），把觀察法和其他教育方法，發揚而光大之，階段式的教學法（formal steps of instruction）因而成立。彼等皆主張師資須有特殊之訓練，及後師資訓練制度，由德法而傳佈於各國。大約師資養成可分二級：一爲初等教員；一爲中學教員。至若高等教育的教員，在原則上不設特別之訓練機關。凡有專門研究者，可以充任。本節所比較者，僅限於中小學教員之養成，茲特分段敍述：

（一）師範教育在學制上所佔的地位　師範教育在學制上所佔的地位，若以師範學校來看，約可分為二類：第一類是師範學校與中學大學成平行式者，如法意與日本是。法國的師範學校，在高等小學之上，與中學高年級平行。其高等師範與大學平行。意大利之低級師範與高級師範，皆與中學平行。而其高等師範則與大學平行。日本之師範學校，也設於高小之上，與一部份中學平行。其高等師範一部份與大學平行。第二類則師範學校設在中學之上與大學平行者。如德國的教育學院，英國的師資訓練學院，美國的師範學校是。至若蘇聯則折衷於二者之間，其教師養成所，和九年制勞動學校最後二年的師範科，與後一段的中學平行。其教師訓練所則與大學平行。據理論之，蘇聯還是屬第一類。

（二）師範學校之組織　因師範學校在學制上所佔的地位不同，師範學校的組織，也不相同。以是有中小學教員分校訓練者，如法、意、日本是。有合一校而給予不同的課程者，如美國是。有師範院僅訓練小學教師，中學教員則由大學訓練者，如英德是。茲將其組織列表比較如下：

國別	小學師資訓練機關	年齡與程度	中學師資訓練機關	年齡與程度
法國	師範學校三年	招收高小畢業者年齡約十五年	高等師範三年	入學年齡與程度與大學等
意大利	師範七年（高三低四）	低級招收五年小學畢業生	高等師範	收錄學生以通過教師考試者
俄國	教師養成所四年	收中學第一部畢業生約十五歲	教師訓練所	收中學畢業生

日本	師範五年加高級一二年	收高小畢業者約十四歲	高等師範四年	收中學畢業生約十六七歲
美國	師範學校由二年至四年	一二年畢業者小學教師四年者得爲中學教員		收中學畢業生
英國	訓練學院二年	收中學畢業生	大學訓練部四年	收中學畢業生
德國	教育學院二年	收中學畢業生	大學至少八學期	收中學畢業生

以上的表，不過舉其要者，並不能包括一切師資訓練機關。例如大學和中學也爲中小學教師的來源地，大學的師範院或教育科也會產生許多中學教員。且有許多特別師資養成所，說不勝說。總之以受基本教育的時間來論，在制度上則小學教師的程度，英、德、美三國較高，因其訓練機關，須在中學畢業後方能進入。不像法、意、俄等國設了與中學校平行的師範學校，去造成一般小學教員。

此外師範學校在組織上，通常有實習學校與之聯絡，使學生一面讀書，一面實習。惟德國近來因經濟影響，已將實習學校廢除。意大利師範學校雖有聯絡的學校，也不注重教學實習，不過多作觀察工作而已。

（三）師範生之考試　師範生之考試，以德意兩國爲最特別，考得也最嚴。德國教育學院畢業生，欲從事小學教育者，要經過二種考試：一爲畢業考試，名第一次教員考試；二爲任用考試，卽第二次教員考試。後者是由教育行政人員等組織的委員會去主考，及格者方得任用。而中學教員也要經過學業考試和專業考試。意大利的小學教員除師範學校畢業考試外，也要經過任用考試。大學畢業的學位，僅可爲候補教員，必須經過國家考試，方能受正式的任用。而美國則不重考試，注意由已被承認的學校所得的文憑，但也有由教育行政當局給予教學憑證者。

吾國的師範教育制度，與法國、意大利、和日本相似，師範學校與中大學平行；有六年之師範學校，前三年等於初中，為普通準備，後三年等於高中，為專門訓練。有後期之師範學校招收初中畢業生，修業三年。有高中之師範科，也三年畢業。此外為推行義務教育計，各縣仍得設相當年期之師範講習所，或曰前期師範。以上皆與中學平行者，其目的是造成小學教員。中學以上為補充初級中學教員之不足，得設二年期師範專修科，附於大學的教育學院，收受師範或高中畢業生。再高為教育學院，師範大學，或大學教育系，其目的是造成中學教員。

現在吾國師範教育有二個重要問題：一是師範畢業生程度問題；二是教員檢定的問題。前期師範畢業的學生，照學制年齡不過十五歲。如此年幼無知的人，是否能充小學教師？比之英美德的師範制度，固望塵莫及，即與日本意大利相比，也相差甚遠。此後吾國的前期師範，非取消不可。最低限度，為小學教師者，都要高級師範畢業，此其一。吾國中小學教師，都沒有嚴格的檢定。似覺讀過大學二年或大學畢業者，大體可為中等學校教員。讀過中學二三年或高中畢業者，大體可為小學教員。無論其讀那一科，以為教學法是可以不必學，以至全國中小學教員，大半都缺乏教學的知識與訓練。二十一年十二月的三中全會議決「大學設師資訓練班，凡大學畢業生願任教師者，應入該班加修功課一年，以備中學校教師之選。」然而大學畢業生究有幾人能自動去加修？即去加修，實際上也未見有若何優待。此後中小學教員的檢定與待遇，非有一適當的規程，求其實行不可，此其二。據一九三一年調查，中國有師範學校二三六所，學生二九、四七〇人。專科以上研究教育的學生數，在一九三〇年有二、九七一人。

職業教育　職業教育的意義，在於供給兒童關於職業之智識和技能，使他們能盡公民的天職。其與補習教育，關係密切。因補習學校大都是職業性質的。十九世紀以來，各國經濟競爭日烈，德法首倡職業教育，各國繼之，其運動遂及於全世界。

（一）職業教育在學制上所佔的地位　職業教育有廣義狹義之別，就廣義而言，凡與職業有關係的教育，皆可稱職業教育。下而至於小學職業陶冶的科目，上而至於大學之專門科目，如農、工、商、礦科等，也可包括在職業教育範圍之內。就狹義而言，僅小學與大學中間的一段教育，與職業有關係者。凡中學以上的教育，是屬高等教育範圍。本章是限於狹義的，而非廣義的。

（二）職業教育之類別　職業教育大約可分爲三類；一爲普通教育帶有職業訓練者；二爲半時間之補習教育；三爲全時間之職業專門教育。德國之中間學校，設六年課程，前三年爲普通科；後三年男生則分商科，職工科，與工科，女生則分商科、職工科、家庭經濟與社會福利科。法國之高級小學三年畢業，男校自二年級後，分爲普通科，和農工商科，女校則分普通科商科、家政科。意大利有補習學校，又小學五年以上的職業班，仍繼續普通教育，惟加模型、工作機械、工作概要、家庭電力常識，農業之理論與實際、手工、烹飪、家政等科。英國的中央學校，四或五年畢業，男生分工科商科，女生分普通科與商科，這是屬於第一類。其地位是在小學與中學之間，其性質是兼文化陶冶與職業準備。至若半時間之補習教育，夜學校也包括在內，多是爲小學畢業後從事職業活動之人而設，在美國有半日職業學校或職業科，夜學校。半日職業學校，稱爲補習學校，是爲十四歲以上十八歲以下的青年而設，有二十七省已實行強迫。德國聯邦憲法亦規定男女青年已完畢八年義務教育者，在年齡未滿十八歲以前，有繼續受職業補習教育的義務。在英國亦曾依菲奢案而實行強迫補習教育，但經過二年，旋卽中止。法國若地方當局認職業補習爲必要時，亦得與職業教育局核定作爲強迫。日本的補習教育，亦分爲前期二年後期二年或三年。俄國有夜間工人專科學校，這都是屬於第二類。其地位在小學以上，其目的是使有職業的人，能補習從事職業必要的常識與技能。至若全時間職業專門教育，通常稱爲職業學校。分農、工、商、家事四科。但其種類甚雜，言不勝言。各國情形本書既分章敍述者，茲不贅述。

(三)職業教育的行政　職業教育的行政，在美國中央設職業教育部，在各省設職業教育科。在英大抵由教育部管理。法國中央教育部設職業教育司，日本於文部省設實業教育司。普魯士商部管理商業教育，農林部管理農業教育，各邦中有職業教育歸教育部管理者，也有歸工商部管理者，也有兩部共管者。蘇俄則在人民教育委員部內設有職業教育部。

吾國前清末年學制做自日本，如甲乙種實業學校，專門學校，工商學校，都以日本的制度爲吾國的藍本。自民國六年吾國教育家考察菲律濱的教育回來後，提倡職業教育之呼聲，遂遍聞全國。民國十一年教育部公佈之學校系統，予職業教育以明確的地位。據中華職業教育社十五年的報告，全國職業教育機關共有一千六百六十六所。然據二十年教育部統計，職業學校僅一四九所，學生一六、六四一人。似覺近幾年來職業學校之減少，竟一落千丈。此後要改進吾國的職業教育，似宜注意下列幾個問題：

其一經費問題　據一九二九年全國中等教育概況統計，在中等教育中，中學生每生歲佔經費數一一二六元餘，初中生七七元餘，師範生一一〇元餘，而職業學生則一五五元餘，可見辦理職業教育，用費較多。而三中全會議決案，謂「各省市應盡量擴充職業學校……公私立中學成績不佳，或地方無此需要者，一律改辦職業學校。」想公私立中學成績不佳，缺乏經費或爲其中主因之一。今反使改辦最花錢的職業學校，豈非辦理上更加困難？按美國獎勵職業教育，中央政府照一九一七年議決案，預撥國庫補助費，遞增至一九二六年爲七、三六七、〇〇〇元。及後每年預算都規定此數。各省要中央補助款者，至少要由本省籌足同一數目，方准如數發給。（即中央補助一元，省政府也籌一元。省政府對於各地方同樣辦理。）如用途不合時，得將原款收回。由此中央倡之，各省和之，美國職業教育之發達，此亦一因。吾國中央政府似宜一方面規定各縣市教育費應佔全部政費之百分數，在原則上將教育經費提高。一方面要由國庫項下提出一筆款，仿美國辦法獎勵各地方興辦職業教育，於事實上方有裨補。

其二行政問題　熱心辦理職業教育，固不乏人。然若無強有力的機關主持一切，則一盤散沙，不特無以集其大成，且無人負主持指導之責。美國中央有職業教育部，法國和日本的教育部，蘇俄的人民教育委員部，皆設專管職業教育的機關。吾國教育部似宜加設職業教育司，任專家主持其事。

其三職業教育機關問題　吾國職業學校法，按前年立法院二一四次大會通過的，謂職業學校分初級和高級。初級招收小學畢業生或從事職業而具相當程度者，修業年限一年至三年；高級招收初中畢業生，年限三年。以設立單科爲原則。有特別情形者，得設數科。又職業學校，得按情形附設多種職業班。然則吾國職業學校，以高級初級爲主，以各種職業班爲輔。這寥寥數種之機關，定不足以應國人之所需求。此後須加增職業學校的種類；如半時間之補習學校，夜學校等，宜視各地情形提倡設立。

此外如職業師資訓練，和職業指導，職業課程等，皆有研究討論的價值。茲因限於篇幅，從略。（參看拙作參考美國職業教育來討論吾國職業教育幾個重要問題，見教育週刊一四五期合刊，福建教育廳編印。）

第六節　成人教育方面

成人教育在歐戰前英美各國已有人提倡，多出於私人和慈善團體，並沒有整個確切的計劃。大戰後各國對於成人教育，極其注意，尤其一九一九年英國創立世界成人教育協會。（World Association for Adult Education）更能喚起世界各國對於成人教育的注意。茲將成人教育的範圍，目的，行政各方面作簡略的比較。

（一）成人教育的範圍　成人教育與社會教育的關係至為密切。原來社會教育乃對家庭教育學校教育而言，凡對社會上一般民衆，不論年齡性別，而施行的一種教育，就叫做社會教育。社會教育的對象，是一般民衆。雖然不分年齡，但是社會上大部份民衆是成人，所以社會教育的對象，還是成人。社會教育的機關如圖書館，陳列館，劇場，公園等，都是成人於業餘閑暇之時養身休息之地。可見社會教育，是包括成人教育；成人教育也是社會教育，所以日本以成人教育為社會教育一部份。本節論成人教育，當然也是論到社會教育。

（二）成人教育的類別　成人教育約可分為三種。一則給年長失學的人得受一種普通文字的教育：如俄國的不識字者學校，半文盲學校，意大利消除文盲委員會所給的識字教育，中國的平民學校，可以為例。二則給成人得一種文化上的陶冶：如德國的民衆大學，英國各大學辦的啓導學級；意大利國立休閑活動會所做的工作，美國大學的推廣教育，其他社會教育之機關，如圖書館劇場等，都屬於這類。三則給成人以職業上的常識，如俄國的夜間講習會，法國各公立小學所辦的補習課程，及其教育部管理的成人職業補習班，屬於這類。間中也有除文字教育外，仍給以職業常識者，上面分類不過就其大概而言。

(三)成人教育的行政　成人教育在行政上有受國家教育行政機關管轄者，有由各團體各社會管轄者。在現代各國中，因成人教育日見重要，有些國家在中央教育行政機關，設有專司。如日本文部省設社會教育司，內分青年教育課，與成人教育課。英格蘭教育部設成人教育委員會。蘇俄教育人民委員部，設成人教育部。普魯士教育部也設成人教育司。法國將初等程度之成人教育，隸屬於初等教育系統之下。然歐、美各國的成人教育，由國家直接興辦者甚少，多數都由私人或文化團體主持。如法國的民衆教育社，英國的工人協會，可以爲例。大多數國家對於私人或團體辦理的成人教育，有成積者，常給以指導或幫助。

我國地廣民衆，對於成人教育比之歐美各國更加重要。自民國十一年後有平民教育的提倡與運動，到了現在頗著成績。中國教育部也設有社會教育司，對於民衆教育未嘗不加以重視。據教育部十八年度全國社會教育統計，有如下表：

中國全國社會教育總統計

類別	數量（公私立合計）	經費數（單位元）	職員數
民衆學校	二八、三八三	一、三八五、二六二・八八五	四九、〇四五
農人補習學校	四、〇〇〇	一一五、八二一・〇〇〇	四、七四〇
工人補習學校	一九三	一八一、九〇〇・六九〇	六四五
商人補習學校	一五一	五八、六七二・三五〇	四二〇
婦女補習學校	二九九	九三、九三四・六四〇	八五九
其他補習學校	七一八	一五六、九一四・六八〇	一、九九〇
盲人學校	一三	二一、二一八・〇〇〇	四五
啞人學校	三	二、六六〇・〇〇〇	八
盲啞學校	八	一七、三三一・八〇〇	三〇
民衆問字處	七、六〇一	四九、〇九二・〇〇〇	六、七六二
民衆識字處	二、八一一	七七、七三三・〇〇〇	二、三七八
民衆茶園	二、四一九	二四四、六七六・〇〇〇	四、一一一
民衆教育館	三八六	七五三、七九二・九四〇	一、八五七
公共體育場	一、一三九	二五七、二六四・〇三〇	一、五四五
圖書館	一、一三一	九六六、四二二・七六〇	二、二三〇
博物館	三四	一〇九、七四三・八〇〇	一六〇
民衆閱報處	九、五一八	二八三、三七〇・二四〇	六、〇二五

通俗講演所	二、七〇五	四四一、〇三〇•一九〇	四、四八五
公共娛樂場	九五八	一、八四一、二九九•〇〇〇	四、四七五
美術館	二六	三四一、七六五•六二〇	一一五
音樂會	五〇八	一二六、四三五•五〇〇	二、二五六
電影場	二〇九	四四四、四四六•〇〇〇	一、八三三
新劇場	三一三	五七一、五九八•〇〇〇	二、五六六
公園	三八九	四三六、三四三•五〇〇	八六三
其他	三一七	六九六、七二七•八六〇	一、七五一
總計	六四、二三二	一三、〇三〇、三三七•四八五	一〇二、二〇三

上列統計，足以表現中國社會教育之一斑。此種成績比之日本還差得遠。例如日本圖書館全國有五、四七三所，中國僅有一、一三一所，不及其四分一。日本博物館在一九三一年有一七三所，中國僅三四所，僅達其五分之一。與歐美各國比，更不必論。此後要提高吾國的文化，非努力成人教育不可。如大學推廣教育之提倡，剷除文盲會之設立，皆宜速即進行，勢不容緩的。

第七節　尾聲——世界教育之趨勢

現在世界的教育，究竟有何種趨勢？程其保先生由歐洲考察教育回來，謂世界教育有三個趨勢：一為全民化的趨勢；其特徵是爲求學機會平等，增加強迫教育年限，和一般精神訓練提高。二爲國防化的趨勢；其特徵是注重訓練體格，實施團體訓練，陶冶國家觀念。三爲生產化的趨勢；在消極方面辦教育不亂花錢，在積極方面使學生有生產能力（看湖北教育月刊一卷六期，程其保世界教育的趨勢和我們應有的努力。）著者比較各國教育現況後，也與程先生發生許多相似的意見。歸納起來可說世界教育，有平等化的趨勢，民族化的趨勢，和生產化的趨勢。試略說一二，證以事實。

從歷史上看來，在教育方面有兩種不平等：一爲階級不平等；二爲男女不平等。歐戰前德法等國的學制，都是雙軌制；平民一軌，貴族與資產階級又一軌。到了現在雙軌制已漸次淘汰，德國學制廢除中學預備班，定四年的基本學校，爲全國兒童應經的階級。法國的中學預備班與小學界限，也已打破，即中等教育也有平民化的趨向。至若蘇俄教育制度，是社會主義化，階級平等，實行得更爲徹底。美國學制原是單軌平民主義的教育思想佔着極大勢力。加之近年各國社會教育與成人教育之發達，普及教育更由兒童而及於成人。德國人民不識字者，不到百分之一。英國人不識字者，僅百分之三。沿波羅的海之國家，教育極其普及。即南歐之意大利，北歐之蘇俄，近年來有廢除文盲的運動，曾大著成績。意大利不識字者在一九三一年，已減至百分之九。蘇俄在一九三二年已減至百分之十。世界上的國家莫不力求教育普及，即男女教育須求平等，亦是近代各國的新潮流。法國延長女子中學的課程，而達到學士考試，使與男子中學程度相等。德國的女子中學種類甚多，其組織也相似男子中學。即女子受大學教育的機會也與男子相等。素稱保守主義的英國，近年來牛津、劍橋兩大學，也招收女生。女子在小學教員中所佔的百分數，法國百分之四十六，意大利百分之六三，俄國百分之三六，英格蘭與威爾士百分之七一，蘇格蘭百分之六三，阿爾蘭百分之五三。美國大學和學院及專門學校，共有一、〇七一所（一九二八統計）其中有男教員五二、二六三人，女教員一四、九四六人。男學生五六四、四〇二人，女學生三五五、八六八人。小學和中學教師，女子佔其多數。男女教育的機會平等，顯而易見。從此後各國仍繼續努力，希望平等化的教育，更加發達。自國家由教會收回教育權以後，各國皆用教育爲造成民族思想的唯一工具。一八七〇年普魯士戰勝法國，當時毛奇將軍以戰勝之功歸於小學校教師。後來德國的霸國主義，法國的復仇主義，英國的海王主義，都用教育使其人民有一致的思想，以達到其國家所懷抱的目的。現在德國的中小學校，注重德文化的訓練，以促進日耳曼民族的統一與復興。意大利使教育爲法西斯蒂化，鼓吹意大利民族之勇敢之偉大，以發揮意大利民族的精神。日本陶冶人民有忠君愛國的思想，使人民注重體育，以發揚其所謂大和魂武士道之威望；一方面又鼓吹其民族向外發展，實現其侵略人國的目的。美國對移民施以美國化的教育，希使其同化。俄羅斯實行其社會主義的教育，使國內各民族團結，以改進其人民的生活。現在世界上的國家，莫不注重民族化的教育，且用之以感化異族；如各帝國主義國家之在其殖民地，皆用教育使被征服地的民族，忘記其國家。文化侵略，成效極著。且自十九世紀以後，各國工商業大發達，欲圖國家強盛，皆欲增加生產爲切要之圖。以是各國皆提倡生產教育，在小學設一種科目，養成兒童有生產常識或習慣，使將來成爲社會的生產份子。如意大利初級小學即有教學農業工業的常識，六年以上則設職業預備班。法國高級小學之分農工商科，德國高級國民學校設種種科目，預備兒童畢業後得入職業學校肄業。英國之中央學校，德國之中間學校，其課程除普通教育外，也注重職業的陶冶。各國除提倡職業教育外，中學教育又加重自然科學，大學教育之理農工商科，皆是注重專門研究，造成生產人材爲國家社會服務。俄國教育的勞動化與生產化，比之其他各國更進一步。其所收的成效亦至大。現在已由農業工業國，一變而爲工業農業國。資本主義的國家近年皆受經濟恐慌的影響，而俄國獨能渡此難關，出產日增，生計日見充裕。凡此種種都可爲各國注重生產化教育的證據。吾國有四萬萬民衆，總計有小學生八、八八二、○七七八（女生約佔百分之十六）。中等學校二、一一一所，學生三四一、○二二八（其中僅有女生五五、五七一八）（十八年度）大學校五九所，學生二八、六七七八（男女合計）。按人口計算每千人中平均有小學生十九人。每萬人中得受中等教育者七人。每百萬人中僅有大學本科生六十人。以全國人民計，不識字者尙有百分之八十。政府根據三民主義爲教育宗旨，欲求民權普遍，教育須平等化。欲求民族獨立，教育須民族化。欲求民生發展，教育須生產化。論其意義，甚合世界教育之趨勢。然而全國人民失學者衆，民權未得普遍，民族將陷危亡。四海困窮，民生凋敝。此後宜如何實行三民主義的教育，便是我國教育改造上的中心問題。吾國人當如何努力提高吾國人民之教育程度以挽救危亡呢！

練習題

1. 各國教育在歷史上對於吾國教育曾發生何種影響？
2. 教育制度可否分爲大陸派與英美派？試述其理由。
3. 試比較各國教育發達的歷史。

4. 單一國與聯邦國在教育行政系統上有何不同?
5. 試比較集權制與分權制的教育行政制度,並言其利弊。
6. 教育行政制度上的參議機關有何三種?
7. 試比較委員制與領袖制專家化與民衆化的利弊。
8. 研究各國教育行政制度與學校系統後,對於吾國教育之改進有何獻議?
9. 試述幼稚教育,初等教育,中等教育,在學制上所佔的地位。
10. 試述師範教育職業教育在學制上所佔的地位。
11. 幼稚教育所根據的理論共有幾派,試詳述之。
12. 試述吾國幼稚教育的現況,及其問題。
13. 小學教育是否就是義務教育?試申說之,
14. 試比較各國小學的組織及其教學法。
15. 試比較各國中學之組織及其考試制度。
16. 研究各國中小學制度後,對於吾國教育之改進有何獻議?
17. 各國中學校是否皆男女同學,試略述其現況。
18. 各國大學之組織與行政有何不同?

19. **各國大學教育有何特點？**
20. 除**大學外，**我國有否另設專門學校之必要？
21. 試比較各國師範學校之組織。
22. 試述吾國的師範教育制度及其改造問題，
23. 試述各國職業教育機關之類別，及其行政。
24. 改進吾國職業教育，有何種重要問題？
25. 試述成人教育的範圍、行政、及其類別。
26. 現在世界各國的教育，究有何種趨勢？

參考書

莊澤宣各國教育比較論（商務）

申報年鑑（一九三三）一至六二頁

姜琦邱椿中國新教育行政制度研究（商務）第一二三章

程湘帆中國教育行政（商務）第二段

常導之新中華比較教育（中華）

程其保世界教育的趨勢和我們應有的努力（湖北教育月刊一卷六期）

高踐四中國教育近七十年來改造趨勢（同上）

夏承楓改造地方教育行政之建議（國立中央大學教育叢刊一卷一期）

鍾魯齋科學的教育學對於吾國教育之改進幾個可能的貢獻（中華教育界二一卷六期）

鍾魯齋改造吾國教育運動中，吾人應注意之要點（南華評論）

鍾魯齋中國教育問題與中國民族之出路（民族雜誌一卷三期）

杜佐周中國教育行政之改造（中華教育界二一卷七期）

吳家鎮日本教育對於我國教育改造之參考資料（同上）

張　懷法國教育對於我國教育改造之參考資料（同上）

陳劍脩英國教育對於我國教育改造之參考資料（同上）

羅廷光美國教育對於我國教育改造之參考資料（同上）

程其保俄國教育對於我國教育改造之參考資料（同上）

鍾魯齋參考美國職業教育來討論吾國職業教育幾個重要問題（福建教育廳教育週刊第一八四期）

(教本)大學叢書 比較教育 一冊
(33210精)

每冊定價大洋貳元玖角
外埠酌加運費匯費

著作者 鍾魯齋

發行人 王雲五
上海河南路

印刷所 商務印書館
上海河南路

發行所 商務印書館
上海及各埠

中華民國二十四年九月初版

張